KB039231

Trump's America First

트럼프의 미국 우선주의

이 도서의 국립중앙도서관 출판예정도서목록(CIP)은 서지정보유통지원시스템 홈페이지(http://seoji.nl.go.kr)와
국가자료공동목록시스템(http://www.nl.go.kr/kolisnet)에서 이용하실 수 있습니다.
CIP제어번호: CIP2018032821

TRUMP's

트럼프의
미국 우선주의

박행웅 편역

박동철 해제

America
First

"동맹국과 협력국들은 미국의 위대한 힘이다. 그런 국가들은 미국의 정치적, 경제적, 군사적 및 정보의 측면과 여타의 능력에 직접 보탬이 된다."

「미국의 국가안보 전략」

"미국의 전략은 중국과 가장 선명하게 차별화되는 자산, 즉 동맹을 활용하는 것이어야 한다. 우방이야말로 중국이 경제적, 군사적 힘을 확대하는 과정에서 미국의 이익을 지킬 최고의 근원이다."

≪이코노미스트(The Economist)≫, 2018년 10월 20일

차례

옮긴이의 말

　미국 행정부는 '전략은 예측가능하게, 작전은 예측불가능하게'(「2018 미국의 국가방위 전략」)라는 모토하에 미국의 기본적인 전략 보고서를 공개하고 있다. 이 책은 미국 트럼프 대통령의 미국 우선주의 정책을 뒷받침하는 전략 보고서와 그 외의 중요한 문서들을 선별하여 번역하고 그에 대한 해제를 더한 것이다. 그중 제1부는 총론에 해당하는 것으로서 미국의 국가안보 전략을 총괄적으로 다루었다면 제2부는 각론으로서 국방, 핵, 무역 전략을 다룬 것이다.

　트럼프 대통령은 미국이 냉전에서의 승리 이후 자기만족에 빠져 있었던 결과 불구 국가(crippled nation)가 되었다고 주장한다. 미국이 이러한 불구 국가에서 벗어나 예전의 위상을 되찾기 위해서는, 다른 나라들이 그런 것처럼 미국도 국익을 최우선으로 하는 정책을 강력히 추진해야 한다는 것이다. 그러나 트럼프는 미국 우선주의는 '미국 혼자'를 의미하는 것이 아니라고 역설한다. 미국이 자유 진영의 중추적인 일원으로서 막강한 국력을 회복하여 문명국가들의 가치를 옹호하는 것이, 그 가치를 공유하는 국가 모두의 이익이 된다는 것이다.

　트럼프의 미국 우선주의 정책은 세계정세를 크게 변화시키고 있으므로 미국 우선주의가 어떤 논리에 입각하여 어떤 가치를 추구하며, 그것이 이루고자 하는 세계의 모습이 어떠한지를 정확히 이해하는 것은 매우 중요한 일이다. 특히 미국과 긴밀히 공조하여 한반도의 비핵화라고 하는 난제를 해결하여야 하는 우리나라의 입장에서는 더욱 그러하다. 다행히「미국의 국가안보 전략」에서 한미 관계에 대하여 "역사적으로 시련을 거치면서 다져진 한국과의 동맹 및 우호 관계는 과거 그 어느 때보다 군건하다"라고 밝히고 있는 점은 매우 다행스럽다. 이「국가안보 전략」에서 수많은 나라를 언급하는 가운데 유일하게 한국을 특정하여 그 동맹 관계의 군건함을 천명하는 것으로 미루어 생각할 때 이것은 단순한 외교적 수사가 아니라 실상을 반영하는 것으로 보인다.

또한 우리나라처럼 국가 경제에서 무역의 비중이 큰 나라에서는 미국의 무역 전략이 어떠한가도 매우 중요한 일이 아닐 수 없다. 그래서 제2부의 각론에는 미국의 무역정책과 관련된 문서 3개를 수록했다. 우리나라의 무역정책을 담당하는 정부 당국자나 무역의 일선에서 활약하는 비즈니스맨들에게 중요한 기본 자료가 될 것으로 믿는다.

아울러 이 책을 통하여 미국의 국가운용 시스템이 어떻게 작동하는지에 대하여도 그 일단을 이해할 수 있을 것이라고 생각한다. 미국은 현대 국가들 중에서도 국가운용 시스템이 가장 잘 갖추어진 나라에 속한다. 신임 대통령의 선거 공약이 국가 정책으로 구체화되기 위해서는 이 국가운용 시스템을 통과해야 한다. 그 과정에서 많은 변용이 일어난다. 트럼프 대통령의 경우에도 마찬가지인데, 그는 대통령 선거 과정에서 고립주의와 보호무역주의적인 레토릭을 많이 사용했다. 그런데 대통령에 당선되고 1년 뒤에 나온 미행정부의 각종 전략 보고서는 완전히 다른 모습을 하고 있다.

예컨대「국가안보 전략」에서는 군건한 동맹이 미국의 안보에 매우 중대한 필수적 자산이라는 것을 누누이 역설하면서, 동맹국 및 협력국들에 대한 방위 공약을 철저히 이행하겠다고 반복하여 강조한다. 그러기 위해서 병력을 확충하여 분쟁 지역에 즉시 군사력을 전개할 수 있는 능력을 갖추겠다는 것이다. 다만 미국이 막대한 재정 적자를 보고 있는 상황이므로 안보이익을 공유하는 국가들이 그 경제력에 상응하여 방위비용을 공평하게 분담해야 한다고 역설하는 것이다.

또 트럼프 행정부의 무역 정책을 일관하는 키워드는 보호무역주의가 아니라 '호혜적 자유무역'이다. 트럼프 행정부는 전임 행정부가 무역협정의 협상을 느슨하게 하는 바람에 미국이 체결한 각종 무역협정이 미국에 불리하게 되었으므로 그것을 공평하게 개정하여야 한다고 주장한다. 그리고 자유무역 체제를 악용하는 국가, 특히 중국의 불공정한 행위를 근절함으로써 자유무역 질서를 회복하여야 한다고 역설한다. 중국이 2001년에 WTO에 가입한 이래 그 경제력이 상전벽해라고 할 정도의 발전을 이루어 이제 G-2가 되었는데도 중국은 여전히 WTO에서 개도국 지위를 유지하면서 국가주도의 계획경제 체제하에서 막대한 보조금과 덤핑으로 불공정한 무역을 하고 있다는 것이다. 미국은 이것을 중국의 경제침략이라고 일컫는데, 세계의 자유무역 질서를 회복하기 위하여 중국의 이런 불공정한 행위는 반드시 시정되어 '호혜적인' 관계가 되어야 한다고 역설한다. 이 때문에 미국과 중국이 치열한 무역 전쟁을 벌이고 있다. 더욱이 중국이 과거의 노동집약적 저가 상품 위주의 산업으로 미국과 분업구조를 이루고 있을 때와 달리 이제 '중국 제조 2025' 플랜에서 보듯이 인공지능이나 생명 공학, IT 산업, 항공우주 등 미국이 절대적 우위를 누리고 있는 분야를 집중 육성함으로써 첨단 산업 분야에서 세계의 선두에 서겠다는 정책을 추진하여 미국과 경쟁 구조로 가고 있는 상황에서 미국과 중국의 무역 전쟁은 장기화될 수밖에 없을 것이다.

이처럼 트럼프의 미국 우선주의를 설명하는 키워드가 대통령 선거 과정에서의 고립주의와 보호무역주의에서 대통령에 당선된 이후 국가운용 시스템을 거쳐 국가 정책으로 입안되는 과정에서 '동맹의 가치'와 '호혜적 자유무역'으로 변용되었다고 하는 것은 미국의 국가운용 시스템이 어떻게 작동하는지를 잘 보여준다고 하겠다. 물론 우리에게 중요한 것이 트럼프의 선거 공약으로서의 미국 우선주의가 아니라 미국의 국가 정책으로 정립된 미국 우선주의임은 두말할 필요도 없다. 그리고 이러한 '국가 정책으로서의 미국 우선주의'는 미국의 다음 대통령이 누가 되더라도 큰 틀에서는 계승이 될 수밖에 없을 것이다. 우리가 그것을 정확히 이해하는 것이 매우 중요한 이유가 바로 여기에 있다. 트럼프라는 인간의 캐릭터에 가려 '국가 정책으로서의 미국 우선주의'의 본질을 오해해서는 안 된다. 미국의 국가운용 시스템은 개인의 캐릭터보다 강하기 때문이다.

　이 책에 수록된 각 문서에 대하여 30여 년 동안 국가정보기관의 해외정보 분석 업무에 종사했고 현재도 정보평론연구소를 운영하면서 중요한 국제정세 흐름에 대해 해박한 지식을 갖고 있는 박동철 선생께서 깊이 있는 해제를 해주셨는데, 이 해제 덕분에 이 책이 한층 유용하게 되었다고 생각한다. 박동철 선생의 노고에 깊은 감사를 드린다.

2018년 10월
편역자 박행웅

해제

박동철

1. 트럼프 미국 대통령의 키워드

1) 돌풍을 일으킨 트럼프 후보

2016년 미국 대통령 선거에서 부동산사업가 출신의 도널드 트럼프가 당초의 일반적 예상과 달리 공화당 경선과 본선의 최종 승자가 되었다. 240년 미국 역사에서 처음으로 공직 경험이 없는 아웃사이더가 대통령에 선출된 것이다. 트럼프의 당선 요인은 여러 가지로 분석되나, 한마디로 전례 없는 포퓰리즘(populism: 일반적으로 대중의 견해와 바람을 대변하고자 하는 사상과 활동을 가리키며, 엘리트주의와 대비됨) 바람이 불었고 포퓰리스트 성향의 트럼프가 그 바람을 잘 탄 것이라고 볼 수 있다. 트럼프는 '미국을 다시 위대하게(Make America Great Again)'라는 1980년 로널드 레이건의 슬로건을 내걸어 공화당 지지자들의 옛 향수를 불러일으켰다. 나아가 선거운동 기간 내내 기존의 엘리트 정치인들과는 달리 남을 비하하는 거친 어법을 구사했는데, 오히려 이 같은 행동이 트럼피즘(Trumpism: 도널드 트럼프의 극단적 주장에 대중이 열광하는 현상)이라는 신조어까지 탄생시키면서 지지를 이끌어내는 원동력으로 작용했다.

포퓰리즘 바람을 구체적으로 보면, 기성 워싱턴 정치에 분노하고 중산층이 붕괴된 미국 사회에 절망한 백인 중하층(앵그리 화이트)의 변화 요구가 팽배했다. 이에 부응하여 트럼프는 이민자와 소수인종의 증가로 주류 사회에서 밀려나는 데 불만을 품은 저학력, 블루칼라 백인 남성을 집중 공략했다. 예컨대 멕시코 이민자, 무슬림, 소수인종, 성소수자 등을 노골적으로 폄하하는 등 기존 정치권에서 금기시돼온, 정치적으로 부적절한 발언을 하면서 백인 노동자층을 결집시켰고 이는 백인 노동자 계층이 밀집한 러스트 벨트(미시건, 오하이오 등 중서부의 낙후된 공업 지역)에서 승리를 거두는 견인차가 되었다. 여기에 그간 숨어 있던, 트럼프를 지지하는 보수 부동층인 샤이 트럼프(shy Trump)도 힘을 보탰다.

2) 트럼프 후보의 선거 공약

트럼프는 대선 과정에서 자국 이익에 초점을 맞추고 타국의 문제에 대한 개입을 최소화한다는 미국 우선주의(America First)를 전면에 내걸었다.

트럼프는 미국 우선주의를 바탕으로 대외정책 면에서는 해외 군사개입 축소, 동맹국과 우방국의 방위비 분담 확대 추진 등을 공약했다. 특히 그는 나토(NATO) 회원국 등 유럽과 아시아 동맹국들이 능력이 있음에도 정당한 몫의 방위비를 분담하지 않아 미국 경제에 막대한 부담을 주고 있다고 주장하면서 방위비 분담금 증액 요구에 제대로 응하지 않을 경우 해당 동맹국으로부터 미군을 철수하겠다고 공언했다.

또 트럼프는 대외무역 분야에서 강력한 국익 추구를 천명하면서 환태평양경제동반자협정(TPP) 폐기, 북미자유무역협정(NAFTA)과 한미 자유무역협정 재검토, 멕시코와 중국산 수입품에 대한 고율의 관세 부과, 중국에 대한 환율조작국 지정 등을 내걸었다.

이 밖에 불법 이민자 추방 및 추가 불법 이민자 차단을 위한 멕시코 국경지대 장벽 건설, 이라크와 시리아를 비롯한 테러 위험국 출신 무슬림의 미국 입국 전면 금지 등도 주장했다.

3) 트럼프 시대의 개막

트럼프 대통령은 취임사(2017.1.20)에서 "오늘부터 미국의 새 비전은 미국 우선주의"라고 선언하고 외교, 국방, 통상 등 국정 전 분야에서 미국의 이익을 최우선시하는 정책을 공언함으로써 향후 미국과 국제질서에 큰 변화를 예고했다. 나아가 "공허한 말의 시대가 가고, 이제 행동해야 할 때가 왔다"면서 미국 우선주의를 기워드로 하는 트럼프 시대의 개막을 만방에 알렸다.

트럼프는 취임사에서 "우리는 (미국 우선주의 정책을 통해) 일자리와 국경, 부(富) 그리고 우리의 꿈을 다시 찾아올 것"이라며 "앞으로 미국의 통상과 세제(稅制), 이민, 외교 등 모든 정책은 미국 근로자와 미국 가족들의 이익을 고려해 결정될 것"이라고 강조하고 '바이 아메리카, 하이어 아메리칸(Buy America, Hire American)' 원칙을 지킴으로써 앞으로 정부 프로젝트에서 미국 기업, 상품, 근로자에 우선권을 부여하는 정책을 확대하겠다는 의지를 표명했다. 또한 "각국과 우호 관계를 추구하겠지만 이는 모든 나라가 자신의 이익을 최우선하는 것이 맞다는 이해에 입각할 것"이라고 말했다.

트럼프는 미국 우선주의 정책의 첫 조치로 TPP 탈퇴를 위한 행정명령에 서명했는데, 이는 대통령 취임 후 3일 만에 공약을 행동으로 옮긴 것이었다. 그 이틀 뒤에는 이라크, 시리아, 이란 등 무슬림 7개국에 대한 미국 입국 일시 중단 및 비자 발급 중단 등을 골자로 하는 반(反)이민 행정명령에 서명함으로써 공약 실천을 과시했다.

4) 미국 우선주의의 본질

국제사회에서 각국은 당연히 자신의 국가이익을 추구하고 그에 입각하여 행동한다. '미국 우선주의' 역시 미국이 자국의 이익을 우선적으로 추구한다는 당연한 원칙을 천명한 것이다. 국제정치학자 한스 모겐소 교수는 국가들이 대외적으로 추구하는 이익의 종류를 국가안보, 영향력, 경제력, 명예 등으로 분류한다. 국가안보는 국가의 생존에 관한 것이고, 영향력과 경제력은 국가의 힘에 관한 것이며, 명예는 국가의 자존심에 관한 것이다. 모겐소 교수가 제시한 4가지 이익에는 우선순위가 있는데, 가장 중요한 이익은 국가의 생존에 관한 '국가안보' 이익이다.

트럼프 대통령은 미국 우선주의 채택의 배경과 관련하여 "지난 수년 동안 미국은 우리의 산업을 희생해서 다른 나라를 부강하게 했고, 우리 국방을 취약하게 만들면서 다른 나라 군대를 지원했으며 우리 국경 방어를 포기하고 다른 나라 국경을 지켜줬다"고 비판하고 "미국의 사회간접자본 (SOC)이 황폐화되고 녹슬 때 외국에 수조 달러를 썼다"고 지적했다. 이러한 트럼프의 인식은 포퓰리스트 관점에서 이해할 수도 있지만, 근본적으로는 미국의 상대적 국력 쇠퇴를 반영하는 것이다.

5년 전 미국 국가정보위원회(NIC)는 미래예측 보고서인 『글로벌 트렌드 2030』에서 2030년 이전에 종합 국력과 기술적 자산 면에서 미국을 능가하거나 미국의 리더십에 도전하는 국가는 나오지 않겠지만 중국의 경제력은 2020년대에 미국을 추월할 것으로 예측하면서, 일극의 순간이 끝나고 팍스 아메리카나(1945년 이후 미국이 국제정치를 지배한 시대)가 빠르게 저물고 있다고 보았다. 이에 따라 미국 경제력의 상대적 쇠퇴로 인해 세계적으로 미국의 역할이 축소되는 추세는 불가피하다. 트럼프의 미국 우선주의는 이러한 거대 흐름(메가트렌드)에서 주도권과 국익을 지키려는 자구책의 일환이라고 평가할 수 있다.

일부 논객들은 트럼프 대통령이 이민자들을 쫓아내고 자국의 이익을 위해 무역전쟁을 일으키며, 국제사회에서 미국이 부담했던 비용을 축소하려고 함으로써 팍스 아메리카나를 뒤흔들고 있다고 비판한다. 미국이 국제사회에서 존중받고 리더십을 발휘할 수 있는 것은 많은 부담을 지면서 세계 전체적인 시각에서 행동했기 때문이며 인류 보편적 가치라고 할 수 있는 자유, 평등, 인권, 개방, 포용 등을 앞장서서 실천했기 때문이라는 것이다. 이들은 기존 질서를 존중하지 않는 트럼프의 미국 우선주의 정책과 방식이 트럼프의 임기가 끝나면 상당 부분 그 이전으로 되돌아갈 가능성이 높다고 보면서 트럼프를 포퓰리스트로 간주한다.

어쨌든 다른 나라들은 트럼프의 미국 우선주의로 인해 기존의 양자관계 재편, 무역협정 재협상 등 직간접적으로 큰 영향을 받는다. 우리나라는 직접적인 트럼프 태풍권에 들어 있다. 이 점에서 미국 우선주의를 선제적으로 이해하고 대응할 필요가 있는데, 마침 트럼프 행정부가 미국 우선주의를 반영하여 외교안보와 핵 및 무역 분야의 전략, 정책을 구체화한 여러 보고서를 발표했다. 이들 보고서는 우리의 면밀한 검토를 요하는 중요한 문헌이다.

2. 최근 트럼프 행정부가 쏟아낸 중요 문건들

트럼프 행정부는 2017년 말부터 2018년 초에 걸쳐 미국 우선주의 정책을 담은 여섯 편의 중요한 보고서를 잇달아 발표했다. 시간순으로 2017년 말에 ① 미국의 국가안보 전략(2017년 12월 18일)이 나오고, 2018년 1월부터 3월에는 ② 2018 미국의 국가방위 전략(2018년 1월 19일), ③ 대통령 연두교서

(1월 30일), ④ 핵태세 검토 보고서(2월 3일), ⑤ 트럼프 대통령의 무역정책 어젠다(2월 28일) 및 ⑥ 트럼프 대통령의 중국의 경제침략을 표적으로 하는 행정명령(3월 22일)이 발표되었다. 아래에서 각 문건의 성격, 주요 내용과 특징, 우리나라와의 관련사항 등을 차례로 살펴본다.

1) 미국의 국가안보 전략(NSS: National Security Strategy) 보고서

대통령의 4년 임기 중에 한 번꼴로 나오는 이 보고서는 미국의 안보에 영향을 미치는 사안에 관해 행정부의 비전을 담아 의회에 제출하고 필요한 예산을 요청하는 근거가 된다. 또한 이 보고서는 행정부 내에서 외교안보 정책에 관한 컨센서스를 형성하는 토대로서 국가방위 전략(NDS), 4개년 국방태세검토(QDR), 핵태세 검토(NPR) 등 다른 보고서의 작성 기준이 된다. 2017년 12월 18일 발표된 트럼프 행정부의 국가안보 전략 보고서는 말하자면 '트럼프 독트린'이라고 할 수 있다.

트럼프의 「2017 국가안보 전략」은 미국의 핵심 이익을 4가지로 나누어 제시했다. 이를 국가안보의 4대 기둥으로 표현하고 있는데, 첫째, '미국 국민, 국토 및 미국의 생활방식 보호'. 둘째, '미국의 번영 촉진'. 셋째, '힘을 통한 평화 유지'. 넷째, '미국의 영향력 확대' 등이다.

이번 보고서의 특징적 내용을 간추리면, 첫째, "경제안보가 국가안보의 기초"라고 강조하면서 무역불균형 해소, 무역장벽 철폐, 수출기회 증대 등 미국 우선주의의 시각에서 경제 문제를 국가안보 전략에 반영하고 있다. 둘째, 중국과 러시아를 미국 주도의 자유주의적 세계질서에 대한 수정주의자(revisionist)로 규정하고 미국의 힘과 영향력, 이익에 도전하는 경쟁국이라고 지적했다. 셋째, 트럼프의 국가이익 증진 수단은 힘이다. 힘을 통한 평화를 이룩하기 위해 미국은 군사역량, 군수역량, 핵무기역량, 우주역량, 사이버역량, 정보역량을 획기적으로 강화하겠다고 천명하고 있다. 넷째, 가장 큰 안보위협은 북한, 이란 등 불량국가와 테러리즘이다.

특히 이번 보고서는 다음과 같이 북한 핵문제의 시급성을 강조했다. 첫째, 북한이 "자기 국민들을 굶긴 채 수백억 달러를 들여 핵무기, 생화학무기를 개발하여 미국 본토를 위협"하고 있으며 "미국인 수백만을 사망케 할 수 있는 핵능력을 추구하고 있다"고 비난한다. 둘째, 북한의 위협에 대처하기 위해 미국은 "북한의 주변국들과 안보 유대를 강화하고 동맹국들을 추가적으로 보호하는 조치들을 촉진하고 추가할 것"이라면서 특히 한국 및 일본과의 협력이 그 어느 때보다 강력하며 이들과의 협력을 통해 북한 위협에 대응해나갈 것이라고 밝히고 있다. 셋째, 북한과 이란 간의 협력 여부를 명시하지는 않았지만, 북한과 이란을 함께 묶어 핵무기 확산 가능성을 우려하고 있으며 그에 대처할 것임을 시사하고 있다. 북한 핵에 관한 전략목표는 "완전하고 검증 가능하며 불가역적(不可逆的)인 한반도 비핵화(非核化)"이며, "압도적인 힘(군사력)을 통해 북한의 침략행위에 대응하고 한반도의 비핵화를 강제할 수 있는 옵션들을 개선시켜나갈 것"이라는 의지를 천명하고 있다.

2) 대통령 연두교서(State of the Union)

미국 대통령의 연두교서는 매년 1월 의회에 제출하는 신년도 시정방침을 말한다. 국정연설이라고도 하는 이 연두교서는 미국 대통령이 매년 1월 셋째 주 의회에 제출하는 예산교서(豫算敎書: Budget Message)와 함께 행정부의 신년도 시정방침을 의회에 설명하고 필요한 입법을 요청하는 대통령의 기본적 정책설명서이다. 트럼프 대통령은 2018년 1월 30일 의회에서 취임후 첫 연두교서를 발표했다.

트럼프 대통령의 첫 연두교서에서 주요 내용을 간추려보면 다음과 같다. 첫째, 2017년 미국 역사상 최대의 조세 감면과 개혁, 규제 철폐, 에너지 전쟁 종식, 이라크·시리아의 이슬람국가(ISIS) 격퇴 등 취임 첫해의 정책성과를 자평했다. 둘째, 지금 안전하고 강력하며 자랑스러운 미국을 건설하고 있다면서 새로운 미국의 시대를 열고 미국의 힘을 복원하기 위해 초당적 협력을 요구하고 '통합(unity)'의 메시지를 발신했다. 셋째, 이민정책과 관련하여 불법체류자 180만 명에게 시민권 취득의 길을 열어주되 국경은 강력하게 지키고 비자 추첨제와 연쇄 이민은 막아내겠다는 의지를 피력했다. 하지만 장벽을 건설해 국경을 안전하게 지키고, 비자 추첨제와 연쇄 이민을 폐지함으로써 미국 내 일자리를 지키겠다는 쪽에 더 강한 방점을 두었다. 넷째, 여러 나라와 맺은 자유무역협정과 다자협정에 의한 불공정한 무역이 미국의 번영을 희생시키고 기업과 일자리를 해외로 내몰았다는 점을 지적한 대목에서 "경제적 굴복의 시대가 끝났다"는 한마디로 더는 불리한 협정에 남아 있지 않을 것이라는 트럼프 행정부의 의지를 드러냈다.

특히 트럼프 대통령은 북한의 핵위협에 대해 "무모한 핵무기 추구가 우리 본토를 위협할 수 있다"면서 최대한의 압박 작전을 펼치고 있음을 강조했다. 나아가 "안주와 양보는 침략과 도발을 불러들일 뿐이다. 과거 행정부의 실수를 반복하지 않겠다"면서 대북 압박의 수위를 유지할 것임을 강조했다. 또한 북한의 잔인한 독재보다 더 잔혹하게 자국 시민을 탄압한 정권은 없었다면서 북한 정권의 속성을 파악할 단면으로 북한에 구금됐다가 미국에 송환된 뒤 사망한 대학생 오토 웜비어 사건을 예로 들었다,

3) 2018 미국의 국가방위전략(NDS: National Defense Strategy) 보고서

「2018 국가방위 전략」 보고서는 2015년 합참의장이 발표한 「국가군사

전략(NMS: National Military Strategy)」 보고서를 개칭하여 3년 만에 새로 낸 것으로서 이번에는 제임스 매티스 국방부 장관이 2018년 1월 19일에 발표했다. 이 보고서는 「2017 국가안보 전략」을 지도지침으로 하여 군사적 차원에서 국가안보 전략을 구체화한 것이다. 따라서 이 보고서가 군사전략의 목표와 수단을 보다 세밀하게 제시하지만, 전략의 큰 줄기는 「2017 국가안보 전략」과 일치한다. 이 보고서는 기밀문서이지만, 미 국방부는 11쪽짜리 요약본을 공개했다.

「2018 국가방위 전략」 보고서는 중국을 "약탈적 경제를 이용하여 이웃 국가를 위협하고 남중국해에서 군사력을 휘두르는 전략적 경쟁자"로, 러시아를 "이웃 국가들의 국경을 침범하고 이웃 국가들의 경제, 외교, 안보 결정에 거부권을 휘두르는 국가"로 평가했다. 지난 20년 가까이 테러리즘 저지를 최우선 국가안보 사안으로 규정했던 미국이 오바마 행정부 시절 강대국 간 전략적 안정을 추구했던 데서 선회해 중국과 러시아와의 군사적 경쟁에서 우위를 강화하는 데 초점을 맞춘 것이다. 이 같은 국방전략은 2017년 12월 발표된 새 국가안보 전략에서 중국과 러시아를 미국의 영향력과 민주주의에 도전하는 수정주의 세력으로 규정하면서 전략적 경쟁 관계를 선언한 데 발맞춘 것이다. 이러한 변화는 소련과 동유럽 공산권의 붕괴 이전인 과거의 냉전시대에 미국이 추구했던 군사전략으로 회귀해, 핵무기 등 강대국 간 군비 확장 경쟁을 촉발할 수 있다는 우려를 불러일으킨다.

이 보고서는 북한에 대해 "UN의 불신임과 제재에도 불구하고 북한의 불법적 행동과 무모한 레토릭들이 계속되고 있다"며 북한과 이란이 핵무기 및 테러 지원 활동을 통해 주변 지역을 불안정하게 만들고 있다고 비난했다. 특히 북한에 대해 "핵과 생화학, 재래식 및 비(非)재래식 무기의 추구와 한국과 일본, 미국에 대한 강압적 영향력 확보를 위한 탄도미사일 능력 증대를 통해 체제유지와 지렛대를 보장받으려고 한다"고 지적했다. 또 보고서는 "이러한 불량국가들이 때에 따라 대량파괴무기들을 '해로운 행위자'들에게 확산시키고 있다"고 지적하고 "북한, 이란과 같은 불량국가를 억제하고 대응하는 노력을 계속할 것"이라면서 군의 핵심 능력을 현대화해가는 과정에서 전역(戰域)미사일 위협과 북한의 탄도미사일 위협에 대응할 다층 미사일 방어체계 역량 확보 등에 초점을 맞추겠다는 전략을 밝혔다

4) 핵태세 검토 보고서(NPR: Nuclear Posture Review)

8년 주기로 1994년, 2002년과 2010년에 이어 네 번째로 나온 2018년 「핵태세 검토 보고서」는 미국 국방부가 자국의 안보전략에서 핵무기가 어떤 역할을 담당해야 하는지를 결정하기 위한 것이다. 이 보고서는 전문과 함께, 2018년 2월 3일 국방부가 13쪽짜리 요약본(한국어 요약본은 19쪽)을 공개했다.

이 보고서의 핵심적 내용을 간추려보면 다음과 같다. 첫째, '탄력적인 핵 능력'을 강조하며 핵무기 사용 가능성을 확대했는데, 이는 '핵무기 없는 세상'을 지향했던 오바마 시절과는 완전히 달라진 정책 기조로서 지난 20여 년간 러시아, 중국 등 잠재적 적국들의 핵무기 증강 행보로 인한 불확실성과 위험 증가에 대응하기 위해 미국의 핵무기 운용정책을 공격적으로 바꾸겠다는 의지를 보인 것이다. 둘째, 기존 핵무기보다 실제 사용 가능성이 높은 '저강도의 소형 핵무기' 역량을 강화하겠다고 천명하고, 특히 "비핵 전략공격을 포함한 극단적인 상황에서 미국과 동맹국을 보호하기 위해 핵무기를 사용할 수 있다"고 밝혀 핵무기가 아닌 재래식 무기에 의한 안보 위협에도 핵무기를 사용하겠다는 의지를 분명히 했다. 셋째, 러시아의 위협에 대해 "러시아의 크림반도 점령과 동맹국들에 대한 핵 위협은 러시아가 열강 경쟁으로 복귀하겠다는 단호한 의지를 갖췄음을 보여주는 것"이라며

"러시아가 유럽에 대한 핵 공격을 위협한다면 받아들이기 어려울 정도로 끔찍한 대가를 치르게 될 것"이라고 경고했다. 또한 러시아가 단거리 탄도 미사일(SRBM), 중력투하 폭탄 등 비전략 핵무기 2000기를 비축하고 있을 것으로 추정하고 새로운 '대륙간 핵무장, 핵동력 수중어뢰'를 개발하고 있다는 사실을 공개하면서 이에 대응하기 위해 소형 핵무기를 탑재한 잠수함발사 탄도미사일(SLBM)과 잠수함발사 순항미사일(SLCM) 개발을 추진하겠다는 계획을 밝혔다.

특히 북한 핵위협과 관련하여 심각한 안보 위협으로 간주하고 "미국과 동맹국에 대한 북한의 어떤 공격도 정권의 종말로 귀결될 것"이라며 "김정은 정권이 핵무기를 사용하고도 생존할 수 있는 어떠한 시나리오도 존재하지 않는다"고 강조했다. 또 북한이 미국을 공격할 수 있는 미사일 능력을 갖추기까지 몇 개월밖에 남지 않았다고 평가하면서 "우리는 다른 어떠한 국가나 비국가행위자에 대한 핵무기 기술, 재료, 전문지식 이전에 대해서도 김정은 정권에 완전한 책임을 물을 것"이라고 밝혔다.

이 같은 미국의 핵정책 변화는 '핵무기와 재래식 무기의 통합운용 강화'로 이어져 핵무기의 실제 사용 가능성 및 선제 핵 공격 가능성을 훨씬 높일 것으로 보인다. 특히 이번 보고서는 핵확산금지조약(NPT) 체제하에서 핵보유국에 부과된 핵무기 감축 및 궁극적 폐기 의무에 역행하는 것이어서 NPT 체제를 약화시킬 것이라는 비판을 받는다.

5) 대통령의 2018년 무역정책 어젠다(Trade Policy Agenda)

대통령 직속의 미국무역대표(USTR)인 로버트 라이트하이저 대사는 2018년 2월 28일 359쪽에 이르는 「대통령의 2018년 무역정책 어젠다」와 2017년 연례보고서를 의회에 제출했다. 미국무역대표는 지난해의 실적 보고와 함께 앞으로 추진할 통상교섭과 무역정책의 방향을 제시하는 이들 보고서를 1974년 개정된 통상법 163조에 따라 매년 3월 1일까지 의회에 제출하도록 되어 있다.

트럼프 행정부 들어 두 번째인 이 보고서는 국가안보정책을 뒷받침하는 무역정책, 미국 경제 강화, 모든 미국인에게 도움이 되는 무역협정 교섭, 미국 무역법의 집행과 수호, 다자간 무역체제 강화 등 5대 원칙이 2018년 무역의제를 떠받치는 기둥임을 천명하고 그에 대해 부연 설명했다.

USTR 보고서의 주요 내용은 다음과 같다. 첫째, 중국과 러시아 등을 미국의 힘과 이익에 도전하는 세력으로 거론하고, 이는 국가안보 영역뿐만 아니라 무역정책에도 영향을 미친다고 언급하면서 중국 등의 불공정한 무역 관행과 싸우기 위해 '모든 가용한 수단' 동원이라는 강경한 표현을 명시했다. 특히 국가주도 경제모델인 중국에 대해 고강도 무역 압박 방침을 분명히 했는데, "중국이 2001년 세계무역기구(WTO)에 가입하면서 했던 경제개혁 약속을 지키지 않고 있다"고 지적하고, 현재 진행 중인 중국의 지식재산권 침해 여부 조사와 관련해 "필요하다면, 불공정한 관행에 따른 수혜를 막기 위해 통상법 301조에 근거해 조치를 취하겠다"고 밝혔다. 둘째, TPP 탈퇴 결정에 대해 "TPP 가입국 11개국과 더 낮고 공정한 무역관계를 추구하기 위한 것"이라고 강조하고 자유무역협정(FTA)을 맺지 않은 일본, 베트남, 말레이시아, 뉴질랜드, 브루나이 등 5개국과 무역협상을 추진할 뜻이 있다고 밝혔다. 셋째, 이 보고서는 트럼프 행정부의 무역정책에 대해 스스로 후한 평가를 내렸는데, 트럼프 대통령이 미국의 경제적 독립 보장에 초점을 맞춘 무역정책의 '새로운 시대'를 열었다면서 미국인 노동자에 대한 공정한 처우와 효율적인 글로벌 시장 확보 등을 위한 '실용적인 결정'으로 정책을 운용하고 있다고 주장했다. 또 트럼프 대통령이 각종 무역협정의 재협상을 요구하고, 철회를 위협하는 것과 관련해서도 공정한 무역협상을 위해 조항을 추가하고 협상을 업데이트하는 데 초점을 맞추고 있다고 설명했다.

USTR 보고서가 한국에 관해 언급한 주요 내용은 다음과 같다. 첫째, "미국이 한미 FTA를 통해 얻은 혜택은 초기 기대에 한참 못 미쳤다"고 밝히면서 2012년 3월 한미 FTA 발효 후 "미국의 대(對)한국 수출 2배 증가" 등 장밋빛 미래를 기대한 오바마 전 대통령의 발언까지 인용하여 FTA를 맺은 전임 정부를 비난했다. 둘째, 보다 공정하고 호혜적인 교역을 위해 한미 FTA를 수정하는 협상을 2018년 무역의제의 일환으로 계속할 것임을 밝혔다. 셋째, 한미 간 무역불균형을 초래한 원인을 한국 측에 떠넘겼는데, "한국이 자국 산업 보호를 위해 비관세 장벽을 유지하고, 미국 기업을 상대로 한국 기업과 달리 절차적인 공평성을 보장하지 않고 있기 때문"이라고 주장했다.

6) 중국의 경제침략을 표적으로 하는 대통령 행정명령

(Presidential Memorandum Targeting China's Economic Aggression)

도널드 트럼프 미국 대통령은 2018년 3월 22일 '중국의 경제침략을 표적으로 하는 대통령 행정명령'에 서명하고, 중국산 제품에 대한 대대적인 관세부과 및 중국의 미국 기술기업에 대한 투자 제한 조치를 마련하도록 관계 부처에 지시했다. 트럼프 대통령은 이 행정명령에 서명하면서 배석한 주요 각료들과 함께 담화를 통해 배경을 설명했다. 이러한 조치는 최근 불거진 미중 무역전쟁의 일환이며, 같은 날 발표된 미국무역대표의 조사보고서에 입각하여 이루어졌다.

미국무역대표는 2017년 8월부터 1974년의 통상법 301조에 근거한 대통령 지시로 중국의 지식재산권 침해 행위와 기술이전 문제 등에 대한 조사를 진행해왔으며, 2018년 3월 22일 200쪽 분량의 조사 보고서를 발표했다. 이 보고서는 중국이 외국인에 대한 소유권 제한을 통해 미국 기업들에게 합작 회사를 설립해 기술이전을 하도록 강요하고 있으며, 중국 정부의 주도 아래 미국의 기술기업과 자산에 대한 투자와 인수가 이뤄지고 있고, 이를 통해 첨단 기술과 지식재산권을 획득하고 있다고 지적했다. 아울러 중국이 불법으로 미국 기업의 컴퓨터 네트워크에 침투해 지식재산권이나 기업의 영업 비밀을 캐내고 있으며, 중국 정부가 과학기술 진보와 군 현대화 등을 위해 이를 뒤에서 지원하고 있다고 분석했다.

트럼프 대통령은 '행정명령'을 통해 이 같은 중국의 행태에 제동을 걸고 미국 기업에의 차별적 행위에 대한 보복 차원에서 중국산 수입품에 추가 관세를 부과할 것을 USTR에게 지시했다. 이와 함께 중국의 차별적 무역 행태를 세계무역기구(WTO)에 제소하여 다른 국가들과 연합해 중국에 맞설 것을 지시했다. 또 재무부에 대해서는 중국이 미국 기업들에 대한 투자를 통해 기술을 이전받는 것을 막기 위해, 중국의 투자를 제한하는 방안을 마련해 60일 안에 보고하도록 지시했다.

트럼프 대통령은 '행정명령'에 서명하면서 가진 담화에서 "이번 관세 조치는 600억 달러 상당의 효과가 있을 것"이라고 말해, 관세부과 조치가 상당한 규모로 이뤄질 것임을 시사했다. 트럼프 대통령은 이번 조치와는 별도로 "중국 정부에 당장 미국과의 무역적자를 1000억 달러 줄일 것을 요구했다"며, "이번 조치는 시작에 불과하다"고 말해 앞으로의 추가 조치 가능성도 예고했다. 한편으로, 그는 "나는 중국을 친구로 본다. 시진핑 주석도 엄청나게 존경한다. 중국이 북한문제에서 많이 돕고 있다"고 말해 유화적인 발언도 내놓았다.

3. 미국 우선주의와 한국의 미래

앞의 여러 보고서에서 보았듯이 트럼프의 미국 우선주의가 외교, 안보, 경제 등 각 분야에서 미국의 전략과 정책을 관통하고 있다. 이것이 우리에게 주는 함의는 무엇인가? 먼저 북핵 문제를 중심으로 최근 격동하는 한반도 정세를 입체적으로 조망하고 나아가 통상문제도 짚어본다.

1) 미국 우선주의의 함의

미국 우선주의는 지금 세계가 다시 한번 현실로 등장한 강대국 간 경쟁으로 인해 전 지구적 변동과 불확실성이 증가하는 변화의 시대를 맞고 있음을 시사하고 있다. 테러리즘이라는 공동의 적 대신에 미국의 주된 경쟁 표적이 된 중국과 러시아가 미국 우선주의 정책에 대해 가장 거세게 반발했다. 세르게이 라브로프 러시아 외무장관은 미국의 새 국가방위 전략에 대해 "미국이 정상적인 대화를 하거나 국제법을 이용하는 대신 대립적 전략과 생각으로 리더십을 증명하려고 하는 것이 유감스럽다"고 말했다.

미국 우선주의의 근저에는 중국, 인도 등의 부상에 따른 미국 경제력과 국력의 상대적 쇠퇴에 직면하여 미국의 국가이익과 힘을 지키고 키우려는 의도가 작용하고 있는 것으로 보인다. 이것은 가치나 대의명분보다 실리를 추구하는 지극히 현실적인 방책이다. 이 과정에서 트럼프의 전략은 미국이 처한 위협에 모두 대응하기보다는 우선순위를 정해 선별적으로 대응하게 될 것이다. 이 전략이 장기적으로 주효한다면 미국이 일극으로서 글로벌 리더십을 유지하는 팍스 아메리카나의 수명을 연장시킬 것이다. 그러나 미국이 세계질서를 주도하는 방식은 과거와 다를 것으로 예상된다. 예컨대, 트럼프 행정부는 파리기후협정, UN에서의 협력 등 다자적(多者的) 국제주의 방식과는 다른 방식으로 미국 주도의 국제질서를 유지해나갈 것이다. 여기서 협력의 위기가 발생하고 국가 간에 가치관과 이해관계에 틈이 벌어짐으로써 국제안보가 위협받을 가능성이 있다.

이념이나 명분보다 힘을 앞세운 미국 우선주의는 미국의 대외협상력을 높이는 데 일조할 것으로 보인다. 협상 테이블에서 약자가 더욱 불리해지는 것이다. 여기에 협상(deal)의 달인이라는 트럼프 대통령의 개인기가 가세하면 그 위력이 배가될 수 있다. 트럼프는 와튼 스쿨에서 필수과목인 협상 기술을 익혀 자서전 『거래의 기술(The Art of the Deal)』(1987)에서 말한 것처럼 사업가로서 수완을 발휘했다고 한다. 트럼프식 협상술은 모든 협상 칩을 한 테이블 위에 올려놓고 협상을 유리하게 끌고 가며 최대한의 압박 전략을 구사하는 것이다.

게다가 트럼프 대통령은 최근 자신의 스타일에 맞는 보수 강경파 인물들로 외교안보 진용을 개편했다. 먼저 대화파로 알려진 렉스 틸러슨 국무장관을 경질하고 그 후임에 강경파인 마이크 폼페이오 중앙정보부(CIA) 부장을 앉혔다. 또한 허버트 맥매스터 국가안보보좌관 자리에는 존 볼턴 전 UN대사를 새로 기용했다. 네오콘(neocon: 조지 W. 부시 대통령 시절 득세한 공화당 주류세력의 하나로서, 강경 보수주의의 입장이다) 출신의 볼턴은 미국이 적극적 개입을 통해 국제질서를 바로 세워야 하며 필요하다면 군사행동도 불사해야 한다고 주장한다. 이는 트럼프의 '미국 우선주의'와도 통하는 면이 많다. 트럼프 대통령이 폼페이오, 볼턴 등 매파 인사들을 외교안보 진용에 포진시키면서 북한, 이란, 러시아, 중국 등에 대한 미국의 압박 정책이 훨씬 더 강화될 것으로 보인다.

네오콘들은 대선 과정부터 트럼프 대통령과 불편한 관계에 있었으나 볼턴과 함께 돌아왔다고 평가된다. 트럼프 대통령과 네오콘들은 비슷한 측면이 있다. 네오콘들이 적과 아군을 선악 이분법으로 구분한다면 트럼프 대통령은 미국의 이익이냐 아니냐의 이분법으로 세상을 보고 있다. 또 네오콘들은 힘에 의한 일방주의를 선호하고 트럼프 대통령도 미국 우선주의를 앞세워 일방적으로 힘으로 밀어붙여 목표를 달성하려고 한다. 특히 트럼프 대통령은 부시 전 대통령처럼 중국, 이란, 북한을 악의 세력으로 간주하고 있다. 네오콘들은 트럼프 대통령이 2017년 말 발표한 국가안보 전략 보고서에서 북한과 이란을 미국 본토를 위협하는 불량정권으로 지목하고 중국과 러시아를 미국의 힘과 영향력, 이익에 도전하는 수정주의 국가이자 경쟁국가로 규정하자 이를 적극 지지한다고 밝히기도 했다. 네오콘들은 그동안 이란과 북한을 선제공격해 정권을 교체해야 한다고 주장해왔다. 네오콘들은 또 이란과의 핵합의 파기와 북한의 비핵화를 강력하게 주장해온 폼페이오 CIA 부장이 새 국무장관으로 기용된 것도 환영한다는 입장이다.

2) 미국과 중국의 역내 패권 경쟁

경제력 면에서 미국에 견줄 만한 G-2로 성장한 중국이 주변국들에 대한 경제협력과 군사 대국화를 통하여 아시아 지역에서 미국의 영향력을 능가하는 역내 패권국이 되려는 의지(중국몽, 중화사상)에는 변함이 없다. 특히 남중국해를 내해로 삼아 해상 실크로드를 구축하고 북방으로 육상 실크로드를 건설한다는 일대일로(一帶一路) 프로젝트를 추진하고 있다. 이는 기존의 역내 영향력을 유지하려는 미국의 대중 봉쇄전략과 불가피하게 충돌할 것이다. 남중국해의 여러 인공 섬, 타이완, 한반도 등이 미중 간 전략적 경쟁의 지정학적 접촉점이다. 시황제로 불리는 시진핑 주석은 최근 헌법 개정을 통해 종신집권의 길을 열고 내부적으로 절대적 지배체제를 공고히 했다. 이로써 보다 공세적인 대외정책을 추진할 국내 기반이 마련된 것이다.

미국의 트럼프 행정부는 테러리즘 대응이 아닌 강대국들과의 전략적 경쟁이 미국 국가안보의 주요한 초점이 되었다고 밝히면서 중국을 경쟁국으로 지목하고 있다. 미국은 힘을 통한 평화유지라는 기조하에 자체의 군사력을 고도화하는 한편, 한국·일본 등 동맹국은 물론이고 인도 등 파트너국가들과의 협력 강화를 통해 중국의 도전에 대응할 것임을 천명하고 있다. 아울러 지식재산권 침해 등 중국의 불공정 무역에 대해서도 강하게 비판하고 있다. 이는 부시와 오바마 행정부의 대중(對中) 개입정책이 실패했다는 반성에서 나온 것으로 보인다. 중국을 세계경제에 편입시키면 중국이 민주주의 국가로 변화할 것으로 기대했지만, 이 생각이 잘못으로 판명됐다는 것이다(중국은 시진핑의 집권 이후 오히려 권위주의 통치를 강화하고 있다). 트럼프 대통령으로서는 2018년 중간선거와 2년 후의 재선을 앞두고 북핵 문제 해결이나 대중 무역적자 개선 등의 가시적 성과를 거두어야 할 입장에서 공세적 압박을 계속할 것으로 예상된다.

중국이 남중국해에서 인공섬 건설과 군사기지화 노력을 계속하면서 해양주권을 포함한 자신의 핵심이익은 절대로 양보하지 않을 것이라고 천명하고 있고, 미국은 남중국해에서 중국의 해양권익 주장에 대응하기 위한 '항해의 자유' 작전을 수행하고 있다. 이처럼 미국과 중국이 역내 패권 경쟁을 벌이면서 미국 우선주의 안보전략과 중국의 일대일로 정책이 부딪칠 때 우리는 어떤 입장을 취해야 하는가? 현재 미국이 전체적인 국력에서 중국을 압도하고, 민주주의의 가치와 자유무역 질서 등 대의명분을 선점하고 있으므로 미국이 유리한 위치에 있는 것은 사실이다. 반면에 시간은 중국의 편이다. 미국이 그 전성기를 지나 침체기에 들어섰다고 한다면 중국은 욱일승천의 기세로 떠오르고 있다. 미국과 중국의 경제력 차이는 급속도로 좁혀지고 있으며, 장기적으로 보아 미국은 중국이 아시아에서 패권국가로 부상하는 것을 막을 방법이 없다. 러시아가 과거의 소련이 될 가능성은 없으며 동북아에서 중국의 부상만이 문제가 될 것이다. 한편, 미국은 우리의 가장 중요한 동맹국이고, 만약 우리나라가 무력침공을 받을 경우 우리를 도와줄 수 있는 사실상 유일한 나라이다. 반면 중국은 우리나라의 최대 수출 상대국으로서 2017년 현재 우리나라 전체 수출액의 27%를 차지하며, 대중 무역 흑자가 전체 무역 흑자의 30%를 차지한다. 또한 2013년 이후 전 세계에서 중국에 수출을 가장 많이 하고, 무역 흑자를 가장 많이 올리는 나라가 우리나라이다. 대부분 중국으로 재수출되는 홍콩으로의 수출과 무역 흑자(홍콩은 2017년 현재 우리나라의 제3위 수출 상대국이자 제2위의 무역흑자국이다)를 고려하면 중국의 실질적 비중은 훨씬 높아진다. 이뿐만 아니라 당면 과제 인 한반도의 비핵화를 이루는 데 중국의 협력이 필수적이다. 이러한 여러 사정을 고려하면 우리가 미국과 중국의 패권 경쟁에서 어떤 전략으로 어떤 스탠스를 취하느냐에 따라 우리나라의 앞으로의 명운이 좌우될 것이다.

3) 북핵 문제를 둘러싸고 격동하는 한반도 정세

김정은이 북한에 대한 군사적 위협이 해소되고 북한의 체제안전이 보장된다면 핵을 보유할 이유가 없다면서 북미 정상회담을 제의하고 트럼프 대통령이 이를 수용함으로써 2018년 6월 12일 싱가포르에서 역사적인 북미 정상회담이 개최되었다. 트럼프의 회담 취소 소동 등 우여곡절 끝에 결국 이 회담이 성사된 배경을 보면, 그동안 강력한 제재와 무력 언급 등 미국의 최대한 압박이 김정은을 대화로 끌어냈다는 분석이 지배적이다. 트럼프 특유의 실리를 추구하는 사업가적 기질, 돌파를 좋아하는 승부사적 기질과 대담한 지도자 이미지를 추구하는 김정은의 스타일도 회담 성사에 한 몫했으며, 경제 파탄을 막고 제재에 숨통을 틔우려는 김정은과 중간선거를 앞두고 성과를 챙기려는 트럼프의 이해가 맞아떨어졌다는 분석도 나왔다.

북미 정상회담을 앞두고 미국은 북한 비핵화의 원칙으로서 '완전하고,

검증가능하며, 돌이킬 수 없는 핵 폐기', 이른바 'CVID'를 강조하는 입장을 견지하여 북핵 문제에 대한 '일괄타결' 기대를 높였다. 반면, 김정은은 두 차례의 중국 방문을 통해 시진핑과 대응전략을 조율했다. 특히 김정은은 2018.4.20 노동당 전원회의에서 핵실험과 대륙간 탄도탄 시험발사 중지를 선언하고, 2013년 3월 같은 회의에서 채택됐던 핵 무력과 경제건설의 '병진 노선'을 마무리하고 이를 대체하는 '경제건설 총력집중'을 새 노선으로 제시했다. 이러한 김정은의 선언은 풍계리 핵실험장 폐쇄 등 일련의 조치와 함께 일단 긍정적인 신호로 평가되었다. 또한 4.27 판문점 평화의 집에서 열린 남북 정상회담에서 완전한 비핵화를 통해 핵 없는 한반도를 실현하고 연내 종전선언 후 정전협정을 평화협정으로 전환하며, 단계적 군축을 실현한다는 등에 합의('판문점 선언')함으로써 남북 화해와 협력 분위기가 새롭게 조성되었다.

6월 12일 북미 정상회담의 결과 새로운 북미관계 수립, 한반도 평화체제 수립 노력, 북한의 완전한 한반도 비핵화 노력, 전쟁포로와 실종자의 유해 수습 및 송환 등 4개 합의사항이 공동성명('싱가포르 공동성명')으로 발표되었다. 이 공동성명은 양국 최대 현안이자 한반도의 운명이 걸린 사안인 북핵 폐기에 대해 목표, 절차, 검증방법 등의 구체적 언급 없이 '한반도의 완전한 비핵화'라는 추상적 선언에 그쳤다는 점이 비판을 받는다. 특히 그간 북미 간에 합의해 발표했던 1994년 제네바 합의, 2000년 공동 코뮈니케, 2005년 6자회담의 9.19 공동성명보다 후퇴했다는 평가를 피하기가 어렵다. 북미 정상의 첫 만남 자체가 역사적 의의를 갖지만 아직 분명한 성과가 무엇인지 확연하게 나타나고 있지 않다.[1]

---

1   회담의 알맹이가 없다는 비판을 반박하려는 듯 마이크 폼페이오 국무장관은 미국이 북한에 요구하고 있는 비핵화 시간표를 최초로 공개했다. 폼페이오 국무장관은 싱가포르 정상회담 결과를 설명하기 위해 한국과 중국을 방문한 자리에서 트럼프 대통령의 첫 임기 내인 2020

이러한 북미 정상회담 결과에 따라 앞으로 여러 가지 문제가 예상된다. 우선 북핵 폐기의 구체적 방안이 후속 실무회담(또는 정상회담)으로 미뤄짐으로써 협상이 장기화되고 난항할 가능성이 우려된다. 차기 재선을 계산하는 트럼프 대통령이 2년 반 내에 성과를 내기 위해 졸속으로 타결할 가능성이 있으며, 이 과정에서 임기 없는 김정은은 국제제재 해제 등의 보상을 챙긴 후 느긋하게 핵군축 협상으로 변질시켜 인도, 파키스탄처럼 사실상의 핵보유국으로 인정받으려고 시도할 수 있다. 관건은 북한 김정은의 비핵화 의지에 진정성이 있느냐다. 국내외 보수 학자들은 북한이 제네바합의 등 과거 중요한 합의를 위배한 경우가 수두룩하며, 북한의 주민 인식 등 내부 사정상 쉽게 핵을 포기할 수 없다는 등의 이유를 들어 진정성을 믿기 어렵다고 본다. 특히 현재 북한에서 핵은 체제 정통성의 방증이자 권위의 상징이고 대외교섭력의 기제라는 것이다.

역대 중국 지도자들과 마찬가지로 현재의 시진핑 주석은 한반도를 중국의 변방으로 생각하는 주종적 세계관, 즉 중화사상을 가지고 있어 장기적으로 우리에게 위협적이다. 특히 당면한 북핵 협상에서 중국이 어떠한 역할을 담당할지가 큰 변수가 될 것이다. 중국은 순망치한의 혈맹관계에 있는 북한을 미국의 봉쇄와 압박에 대응하는 전략적 카드로 활용하여 단계적 접근과 행동 대 행동 원칙을 병행하는 북한을 후견할 것이다. 북미 협상에 이어 중국이 북핵 문제 해결을 위한 다자 프로세스 전환을 주도하고 자국의 이익을 위해 북한의 생명줄인 외교, 안보, 경제 지원을 확대할 가능성이 있다. 이 과정에서 트럼프식 압박 카드를 통한 한반도 비핵화가 차질을 빚을 수 있다는 우려와 관련하여 우리 정부가 내세우는 '한반도 운전자론'이 다시 한번 시험대에 설 것으로 관측된다.

년 말까지 북한의 '주요' 비핵화를 달성하기 희망한다는 비핵화 시간표를 처음으로 공개 제시했다.

트럼프 대통령은 '싱가포르 공동성명' 발표 후 기자회견에서 협상이 진행되고 있는 동안에는 한미 연합훈련을 중단할 것이라고 밝히고 주한미군 철수 문제도 검토할 수 있음을 시사했다. 앞으로 북미 협상이 진행되면서 한미동맹의 변질과 우리의 안보태세 약화가 우려되는 대목이다. 또한 북한은 비핵화의 전제조건으로 체제안전을 보장해 줄 것을 요구했고, '싱가포르 공동성명'에서 트럼프 대통령은 북한의 안전보장을 제공하기로 약속했다. 그러나 오늘날 북한의 체제 위기는 미국의 위협 때문이 아니라 북한 체제의 자체 모순 때문이다. 오히려 개혁, 개방 정책의 채택이 요구되고 경제건설을 위해서는 최소한 중국식의 시장경제 도입이 필요할 것이다. 스위스에서 교육을 받고 싱가포르의 발전상을 목격한 김정은이 앞으로 정상국가를 향해 어떠한 행보를 이어갈지 매우 주목된다.[2]

4) 미중 무역전쟁

2018년 3월 22일 세계 양대 경제대국인 미국과 중국 간 무역전쟁의 포성이 울렸다. 트럼프 대통령이 2017년 3752억 달러의 대미 무역흑자를 기록한 중국의 불공정 무역과 지식재산권 침해에 맞서 중국산 철강 등 수입품에 대규모 관세를 부과하고 중국의 대미(對美) 투자도 제한하는 무역제재 조치를 취한 것이다. 이에 대해 중국은 4월 2일부터 미국산 128개 품목에 보복관세를 부과함으로써 첫 반격을 가했다. 나아가 미국이 500억 달러 상당의 중국산 수입품에 추가 관세폭탄을 준비하고 있는 데 대해 중국은 항

---

[2] 2018년 9월 5일 북한을 방문하고 귀국한 대북 특사단의 방북 결과 발표에 의하면 "김정은 북한 국무위원장은 도널드 트럼프 미국 대통령의 첫 임기인 2021년 1월 내에 북미 70년간의 적대 역사를 청산하고 비핵화를 실현하겠다"고 밝혔다. 긍정적인 자세 변화를 기대해볼 수 있는 대목이다. 이에 대하여 트럼프 대통령은 시한에 구애받지 않겠다고 함으로써 유연한 입장을 보였다.

공기, 자동차, 콩 등 500억 달러 상당의 미국산 수입품에 대한 보복관세 부과를 위협하고 있다. 이와 관련하여 4월 30일 미국의 한 민간연구소(Trade Partnership Worldwide, LLC)가 미국과 중국이 서로 500억 달러 상당의 수입품에 25% 관세를 부과할 경우, 미국 경제에 미치는 영향을 추정했다. 이 분석에 의하면 농업, 제조업 등 미국산업 전체의 득실을 종합할 때 약 30억 달러의 생산 감소와 13만 4000개의 일자리 감소가 예상된다.

트럼프 행정부의 목표는 미국의 무역적자를 줄여보겠다는 단기적인 것이 아니라 미국에서 다시 제조업이 꽃을 피우게 하겠다는 장기적인 것이다. 특히 철강은 한 나라의 제조업이 부흥하기 위한 기초라는 점에서 중국산 철강에 대한 관세 부과는 전 세계 조강 생산능력의 50%를 차지하는 중국의 제조업과 군사력 확장을 견제하려는 의도로서 단기적인 무역적자 축소성책이 아니라, 미국의 상기적인 제조업 기반 마련과 국가안보 차원에서 내려진 결정으로 보인다.

이러한 미중 무역전쟁에 대해 제프리 가렛 와튼 스쿨 학장은 21세기 글로벌 혁신에서 누가 리더가 될 것인가의 경쟁이며 이 경쟁은 더욱 가열될 것으로 보았다. 그러나 그는 양국 간 무역마찰이 걷잡을 수 없이 확대되면 양국과 세계경제에 미치는 타격이 너무 크기 때문에 국내 정치적으로 만족하는 수준에서 잘 조율될 것이라고 예상했다.[3] 또한 블룸버그 뉴스(4.10)에 따르면, 미중 통상마찰 고조는 양국 간 상호보완성이 떨어지고 직접적 경쟁이 심화되고 있음을 반영하는 것이다. 앞으로 중국 경제는 고령화와 고임금에 따라 그동안의 노동집약산업 중심에서 하이테크 제조업으로 전환해야 하는데, 곧 '중국 제조 2025(Made in China 2025)' 전략에 따라 로봇산업, 신에너지 자동차 등 10 대 첨단산업을 2025년까지 세계 일류로 만든다는

---

3   4.12, http://www.wharton.upenn.edu/

계획을 추진하고 있다. 트럼프의 관세 부과 조치가 이러한 중국의 10 대 산업을 거냥하고 있다고 블룸버그 뉴스는 분석했다. 한편, 랜드연구소의 알리 와인 연구원은 미중 통상마찰이 장기적으로 악화될 경우의 주된 위험은 상업적인 것이 아니라 전략적인 것이라고 보았다. 그는 양국 간의 강력한 경제적 상호의존성이 그동안 적대적 경쟁관계를 억제하는 데 중심적 역할을 수행했는데, 통상마찰이 그러한 상호의존성을 약화시킬 것이라고 지적했다.

트럼프 대통령으로서는 중국과의 통상마찰로 뉴욕 증시가 출렁이는 데다 11월 중간선거를 앞두고 있기 때문에 중국의 적절한 양보를 받아내고 타협할 가능성이 높다는 관측이 있다. 시진핑 주석도 2018년 4월 10일 보아오 포럼 연설에서 "중국은 무역수지 흑자를 목표로 하고 있지 않고 진지하게 수입을 확대해 경상수지 균형을 이루려 노력하고 있다"고 밝히고 시장진입 규제 완화, 투자환경 개선, 지식재산권 보호 강화, 적극적인 수입 확대 방침을 국제사회에 천명함으로써 타협 메시지를 보냈다. 결국 현재의 양국 간 무역 분쟁이 전면적인 무역전쟁 양상으로 확대될 가능성은 크지 않다는 것이 일부 전문가들의 전망이다.

이러한 낙관적 전망에 반하여, 노벨 경제학상 수상자인 폴 크루그먼 교수는 2018년 6월 27일 '2018 제주 포럼'의 강연에서 미중 간의 무역 분쟁이 전 세계적인 무역 분쟁으로 이어질 수 있으며, 이로 인해 평균 관세율이 최대 40%까지 치솟고 전 세계의 교역량이 현재의 3분의 1로 줄어들 가능성이 있다고 전망하면서, 특히 한국처럼 수출의존도가 높은 국가들이 이러한 충격에 취약할 것이라고 예상했다. 실제로 미국과 중국은 미국의 상계관세 부과, 중국의 보복 관세 부과, 미국의 더 많은 관세 부과라고 하는 악순환을 밟고 있다. 미국은 2차에 걸친 500억 달러어치 수입품에 대한 관세 부과에 이어 2018년 9월 2000억 달러어치의 수입품에 대한 3차 관세를 부과하였으며, 앞으로 2400억 달러어치의 수입품에 대한 4차 관세 부과를 예고하고 있다. 폴 크루그먼 교수의 예측이 현실화되어서는 결코 안 되겠지만, 비관적인 전망이 늘어가고 있는 추세이다.

영국의 경제 전문지 ≪이코노미스트(The Economist)≫는 2018년 10월 20일 자에서 커버스토리로 미중 무역 분쟁을 다루었다. 그에 의하면 미중 간에 수렴의 시대는 끝나고 미국은 중국을 전략적 라이벌, 악의적인 규칙 파괴자(rule-breaker)로 보게 되었으며, 마이크 펜스 부통령은 2018년 10월에 중국에 대하여 사실상의 냉전을 선언하였다. 중국과의 진선(戰線)에는 전통적인 자유무역주의자, 트럼프 팀의 반세계주의자, 의회의 매파들이 연합하고 있으며 펜타곤과 미 정보기관들의 수뇌부는 중국을 미국에 대한 최대의 위협이자 범정부적으로 대처해야 할 상대로 규정하고 있다. 민간 부문에서는 보수 기독교 세력, 인권운동가, 노동조합 및 종래의 보호주의자들이 연합에 가세하고 있다. 여기에는 민주당과 공화당의 차이도 없다.

중국은 2018년 9월 24일, 미중 무역전쟁에 대응하는 자신들의 논리를 담은 백서인 「중미 경제무역의 마찰에 관한 사실과 중국의 입장」을 발표하였다. ≪이코노미스트≫에 의하면 71쪽에 달하는 이 백서에서 중국은 이른바 '승복하지 않는 패자 이론(sore-loser theory)'을 피력하였는데, 미국에서의 포퓰리즘은 미국의 쇠퇴, 더 열심히 일하고 더 기강이 있는 중국에 따라잡힌 강대국이 느끼는 분노를 반영한다고 주장한다. 이 백서에서는 각종 통계 숫자와 그래프를 제시하면서 미국의 실업이 중국의 불공정한 행위 때문이라는 것은 잘못임을 역설한다. 중국은 미국의 국내 정책 실패에 대한 희생양이라는 것이다. 백서는 미국이 실업자를 위한 재교육 프로그램을 갖추지 못하고 있고 부의 재분배에 인색하다고 지적한다. 또 미국은 중국에 민감한 고급 기술을 팔지 않는데, 만약 값비싸게 팔 수 있는 그 기술들을 판다면 무역 적자가 현저히 줄어들 것이라고 한다. 그리고 다국적 기업과 미국의 투자자 및 소비자들은 중국과의 무역으로 큰 이익을 보고 있다는 것이다.

≪이코노미스트≫는 이 백서가 경제적인 분석으로서는 타당한 점이 있지만, 트럼프에 대한 정치적 반응으로서는 너무나도 둔감한 것이라고 한다. 중국의 비판은 상당 부분 사실에 근거하고 있지만, 중국이 미국과 서유럽 여러 나라의 반세계주의에 대하여 냉소적인 태도를 취하면 사태를 그르치게 된다는 것이다. 최근 부상한 서방의 포퓰리즘과 그 내용인 반세계주의는 세계주의의 거대한 흐름에서 혜택을 누리지 못한 많은 대중들의 오랜 불만이 축적된 결과이기 때문이다(≪이코노미스트≫, 2018.10.20 커버스토리 "China v America").

한편, 트럼프 행정부가 6월 1일부터 유럽연합(EU)과 캐나다, 멕시코의 철강, 알루미늄 제품에 대해 잠정 유예했던 고율의 관세를 부과하면서 중국에 이어 가장 가까운 동맹국인 EU와 북미 국가들에게까지 포문을 열었다. 이들 국가도 보복관세 부과 등으로 미국의 조치에 반발함으로써 전선이 확대될 조짐이 보인다. 이에 대해 ≪워싱턴포스트(WP)≫는 "트럼프 대통령이 즉흥적으로 국가안보와 무역 목표를 병합하고 있다"면서 "이로 인해 미국의 동맹국들과 소원해지고, 미국 기업들이 값비싼 보복을 당할 위험이 있다"고 비판했다. ≪월스트리트저널(WSJ)≫은 "백악관의 여러 무역관계 재협상 노력에서 '공격적으로 시작하지만 점진적으로 양보'하는 패턴이 나타나며, 협상 진전을 과장한다"고 지적했다.

5) 한미 경제관계의 앞날

트럼프 대통령이 생각하는 국가이익 함수에는 '경제이익=경제안보=국가안보'라는 등식이 있는 것 같다. 특히 대통령의 2018년 무역정책 어젠다

보고서는 국가안보정책을 지원하는 무역정책을 표방함으로써 국가안보 전략 보고서와 일치하고 있다. 이 보고서는 미국의 힘과 해외 영향력을 위해 국내경제의 번영이 필요하다는 점을 인정하면서 자유롭고 공정한 호혜적 무역관계를 미국의 번영을 촉진하기 위한 대통령 전략의 핵심 요소로 꼽고 있다. 미국 우선주의를 관철하다보면 국가안보 차원에서 경제적 이익을 챙기게 될 것이다. 이에 따라 우리에게는 방위비 분담금 증액 요구와 대미 무역흑자 축소를 위한 통상압박이 가중될 것으로 보인다.

3월 29일 트럼프 대통령은 오하이오주 리치필드에서 사회기반시설을 주제로 한 대중 연설에서 한국의 분단 상황을 언급하며 "한국에는 군사분계선이 있고, 미군들이 장벽을 지키고 있다. 그러나 우리는 이에 대해 그 대가를 제대로 지불받지 못하고 있다"고 밝혔다. "우리는 다른 나라들의 국경을 지켜주느라 수십억 달러를 쓰면서 정작 우리 나라 국경은 지키지 못하고 있다. 뭔가 잘못된 것 아닌가?"라며 이같이 말했다. 트럼프 대통령은 이어 "남한과 북한 상황을 봐라. 3만 2000명의 주한미군들, 그리고 최고 수준의 장비들과 철조망이 그곳 어디에나 있다. 우리는 그 모든 것을 지켜주고 있다. 아무도 넘나들지 못한다. 그러나 우리 나라에 대해서는 우리가 그렇게 안 하고 있다"고 말했다. 트럼프 대통령의 이 같은 발언은 멕시코 장벽 건설의 당위성을 강조하기 위한 차원에서 나왔지만 그의 평소 주장이기도 하다. 무엇보다 현재 한미 간 방위비 분담금 협상이 진행되고 있다는 점에서 우리에게 방위비 분담금 증액 요구가 가중될 것임을 시사하고 있다. 실례로 미국은 2018년 4월 중순 제주도에서 열린 한미 방위비분담금 특별협정(SMA) 2차 회의에서 핵추진 항공모함과 잠수함, 스텔스 폭격기 등 전략 자산의 한반도 전개 비용을 우리에게 요구한 것으로 알려졌다.

2018년 3월 한미 자유무역협정 개정과 철강 관세 면제를 연계한 한미 간 마라톤 협상이 사실상 타결됨으로써 불확실성이 조기에 제거된 것은 다행이다.[4] 그러나 무역의존도가 높은 한국은 미중 무역전쟁의 소용돌이에 휘말릴 가능성이 높다. 한국의 대외무역 비중에서 중국과 미국이 각각 1, 2위를 차지하기 때문에 양국 간 무역전쟁이 확산되면 큰 피해가 우려된다. 우리는 중국에 부품과 중간재를 많이 수출하고 중국은 그 중간재로 완성품을 만들어 미국 등 해외에 수출한다. 따라서 미국이 중국산 상품 수입을 제한하면, 우리의 대중 중간재 수출도 타격을 입을 수밖에 없는 구조다. 예컨 대, 중국의 주요 대미 수출품인 휴대전화, 텔레비전에 중간재로 포함된 우리 반도체의 대중 수출이 감소할 것이다. 최근 중국이 한중 자유무역협정 서비스, 투자 후속협상을 계기로 한국에 통상 분야 협력을 강화해 미국의 보호무역주의에 함께 대응하자는 메시지를 던졌으나 우리는 G-2 사이에서 피해를 최소화해야 하는 진퇴양난 상황이다. 우리로서는 캐나다, 호주 등 중견국가들과 다자주의체제 강화를 위한 협력체계를 만들어 무역 분쟁 확산을 주도적으로 막는 역할을 하는 것이 바람직하다고 본다.

또한 트럼프 대통령이 당선 전후 미국 우선주의를 표방하면서 무역 분쟁을 벌이고 있는 이면에는 '대미 흑자국이 자국 통화를 평가절하함으로써 막대한 무역흑자를 올리고 있다'는 인식이 작용하고 있는 것으로 보인다. 미국은 이미 중국을 환율조작국으로 지목하고 한국에 대해서도 '불공정한 통화 관행'을 언급함으로써 환율에 집착하는 모습을 보이고 있다. 이는 환율이 관세보다 파급력이 더 크기 때문이다. 특히 미 재무부는 4월 13일 발

4　한국과 미국의 대통령은 2018년 9월 24일 미국에서 한미 FTA 개정안에 서명했다. 트럼프 대통령이 취임 이후 강력하게 추진하고 있는 각종 무역협정과 FTA의 개정 협상 중 가장 먼저 타결된 것이다. 그 주요 내용은 한국이 미국에 수출하는 픽업트럭의 현행 관세율 25%(다른 자동차의 관세율은 2.5%이다)를 20년간 연장하여 적용하는 등 자동차 분야에서 미국에 양보하고, 그 대신 ISDS(투자자 - 국가 분쟁해결) 제도를 제한하도록 하며 덤핑에 대한 상계 관세 등 무역 구제조치의 투명성을 강화하여 무역구제 조치를 취하기 전에 현지실사를 진행하고 덤핑, 상계 관세율 계산 방식을 공개하도록 한 것 등이다.

표한 '주요 교역 상대국 환율정책 보고서'에서 한국, 중국, 일본, 인도, 독일, 스위스 등 6개국을 '관찰 대상국'으로 분류함으로써 환율 레버리지를 유지하겠다는 의도를 분명히 했다. 우리 정부는 환율조작국 지정을 피하기 위해 외환시장의 투명성을 높이는 방안을 추진하여 5월 17일 매수, 매도 차액만 공표하는 방식으로 외환시장 개입 내역을 공개하기로 결정했다. 이에 대해 국제통화기금(IMF)은 "유연한 환율체제를 약속"한다는 즉각적인 환영 성명을 냈다.

사실 미국의 막대한 경상수지 적자는 중국 등 외국의 불공정한 무역 행태 외에도 여러 가지 요인에서 비롯된 것이다. 우선 미국의 낮은 저축률과 높은 소비성향, 만성적인 재정적자가 수입을 늘린다. 아울러 미국 산업구조가 생산성이 높은 서비스업 중심으로 재편되면서 제조업이 감소했고 이에 따라 공산품 수입이 증가할 수밖에 없는 구조인 것도 원인이다. 그래서 트럼프는 국내적으로는 법인세율의 대폭 인하 등을 통하여 기업의 경쟁력을 높이고, 대외적으로는 중국과의 무역 분쟁과 기타 국가들과의 무역 협정 개정을 통하여 대처하려고 하는 것이다.

4. 맺는말

한국 입장에서 볼 때, 트럼프 행정부의 미국 우선주의는 미중 간 전략적 패권경쟁으로 말미암은 트럼프 특유의 대응방식이다. 열강에 둘러싸여 분단 현실에 처한 우리로서는 부수적 국익 피해를 우려하지 않을 수 없으며 현명한 선제적 이해와 대응이 요구된다. 앞으로 한미 간에도 우리의 국력 신장에 상응하는 동맹관계나 통상협정 재편을 둘러싸고 언제든지 갈등이 발생할 수 있다. 대미관계에서 우리의 부족한 협상력을 보완하는 것은 전략과 지혜, 정보력과 인맥, 소통 등일 것이다. 최근 우리 정부는 '한반도 운전자론'을 통해 남북 및 북미 정상회담을 성사시킴으로써 세계의 주목을 받고 있다.

북한의 핵보유가 대한민국 안보의 최대 현안인 것은 북한이 핵을 가지고 있다는 것 자체만으로 유사시 우리의 전략적 선택에 엄청난 장애요인이 되기 때문이다. 한스 모겐소 교수의 말을 인용하면, "다투고 있는 두 나라 중 한 나라가 핵무장에 성공할 경우 다른 나라는 전략적 옵션이 두 가지로 줄어든다. 첫째는 전쟁을 하다가 죽는 것, 둘째는 미리 항복하는 것." 이 점에서 북핵 문제를 바라볼 때 미국과 북한 간의 문제로 치부하거나 낭만적 민족주의로 접근해서는 안 될 것이다. 일찍이 미국 국가정보위원회(NIC)는 가까운 장래에 '핵 없는 통일한국' 시대가 오리라고 예측한 바 있다.[5] 바로 지금 우리가 그러한 예측을 현실화시킬 단초를 만들어야 한다.

---

5   2025년까지 한국의 통일이 가능할 것으로 보인다 — 만약 단일국가로 안 되면 일종의 남북 연합 형태로. 북한의 핵무기 프로그램을 종식시키기 위한 외교활동이 지속되는 한편, 통일이 되었을 때 북한의 핵 인프라와 역량의 최종 처리는 여전히 불확실한 상태다. 그러나 재건에 필요한 막대한 재정적 부담으로 힘겨워하는 신생 통일한국은 한반도의 비핵화를 보장함으로써 국제적 용인과 지원을 받을 가능성이 높다. 이는 아마도 1991년 이후 우크라이나에서 발생했던 것과 유사한 방식이 될 것이다. 만일 느슨한 연합 형태의 한국이라면 비핵화를 추진하는 문제가 복잡하게 얽힐지도 모른다. 한국의 통일로 다른 전략적인 결과가 발생할 것으로 보인다. 예를 들면 비핵화, 비무장화, 난민 이동, 재건 비용 부담 같은 새롭게 지속되는 문제를 처리하기 위해 주요 강대국들이 새로운 수준의 협력을 해야 할 것이다. 미국 국가정보위원회(NIC), 『글로벌 트렌드 2025』(한울, 2009), 136쪽.

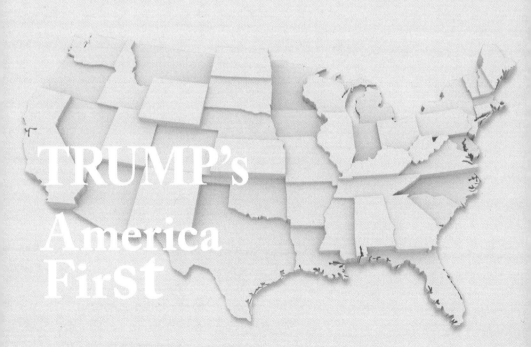

TRUMP's
America
First

친애하는 미국 국민 여러분

미국 국민은 미국을 다시 위대한 나라로 만들라고 저를 선출했습니다. 저는 행정부가 우리 시민의 안전, 이익, 복지를 우선할 것이라고 약속했습니다. 저는 미국 경제를 활성화시키고 군부를 재건하고 국경을 방어하며 주권을 보호하고 가치를 증진시킬 것을 서약했습니다.

제가 취임한 첫해에 여러분은 미국 우선주의 외교 정책이 작동하는 것을 목격하셨습니다. 우리는 우리 시민의 이익을 우선하며 국가로서 우리의 주권을 보호하고 있습니다. 미국은 다시 세계무대에서 주도권을 행사하고 있습니다. 우리는 당면한 도전을 회피하지 않습니다. 우리는 도전에 정면 대응하고 있으며 모든 미국인들의 안전과 번영을 진작하기 위한 기회를 추구하고 있습니다.

최근 수년 동안 미국은 강도가 높아진 광범위한 위협으로 가득 찬 극히 이례적으로 위험한 세계를 직면하고 있습니다. 제가 취임했을 때 불량 국가들은 전 세계를 위협하기 위해 핵무기와 미사일을 개발하고 있었습니다. 급진적인 이슬람 테러리스트들이 무성했습니다. 테러리스트들이 중동의 거대한 지역을 장악했습니다. 경쟁국들이 전 세계에서 미국의 이익을 공격적으로 훼손하고 있었습니다. 국내에서 구멍이 뚫린 국경과 법적으로 효력을 제대로 발휘하지 못하는 이민법은 수많은 취약점을 생성했습니다. 범죄 카르텔은 마약을 들여오고 우리 공동체를 위험에 빠뜨렸습니다. 불공정한 무역관행은 우리 경제를 약화시켰으며 우리의 일자리를 해외로 내보냈습니다. 우리 동맹국들의 불공정한 분담과 우리 자신이 국방에 불충분한 투자를 함으로써 우리에게 해를 끼치려는 자들로부터 위험을 초래했습니다. 너무 많은 미국인들이 정부에 대한 신뢰와 미래에 대한 신념 그리고 가치에 관한 확신을 상실했습니다.

(제가 취임한 후) 거의 1년이 지난 지금 비록 심각한 도전은 여전하다고 할지라도 우리는 새롭고 매우 다른 과정을 밟고 있습니다.

우리는 북한의 불량 정권에 대항하는 데 세계를 결집시키고 있으며 이란의 독재정권이 제기하는 위험에 대처하고 있습니다. 잘못된 핵 거래를 추구하고자 결심한 이런 국가들은 전에는 방치되었습니다. 우리는 중동에서 우방관계를 새롭게 하고 지역 지도자들과 파트너십을 형성하여 테러분자들과 극단주의자들을 내쫓는 데 일조를 하고 자금줄을 차단하고 사악한 이데올로기의 신임을 떨어뜨렸습니다. 우리는 시리아와 이라크 전쟁터에서 ISIS(Islamic State of Iraq and Syria) 테러분자들을 분쇄했으며 그들을 계속 추적하여 없애버리고 말 것입니다. 이제 미국의 동맹국들은 공동 방어에 기여를 더 하고 있으며 가장 강력한 동맹조차 강화시키고 있습니다. 또한 미국은 더 이상 경제침략이나 불공정한 무역관행을 용납하지 않을 것임을 계속 분명히 할 것입니다.

국내에서 우리는 미국의 목적에 대한 신뢰를 회복했습니다. 우리는 건국 원칙을 스스로 다시 지키고 우리 가족, 공동체 및 사회를 매우 성공적으로 만들기 위한 가치에 다시 전념했습니다. 일자리는 돌아오고 있으며 경제는 성장하고 있습니다. 우리는 군대에 역사적인 투자를 하고 있습니다. 우리는 국경을 강화하고 공정성과 호혜성에 기초한 무역관계를 구축하고 있으며 두말할 필요 없이 미국의 주권을 방어하고 있습니다.

전 세계는 미국의 쇄신과 지도력의 재부상으로 고양되었습니다. 1년이 지난 다음 세계는 미국이 번영하고 안전하며 강력하다는 것을 알고 있습니다. 우리는 우리 국민과 세계를 위해 추구하고 있는 더 좋은 미래를 실현할 것입니다. 그러기 위해 세계의 안정을 해치고 미국 국민과 미국의 이익을 위협하는 자들이 제기하는 도전과 위험에 대처할 것입니다.

우리 행정부의 국가안보 전략은 미국 국민을 보호하고 우리의 생활방식을 보존하며 우리의 번영을 진작시키고 힘을 통한 평화를 지키며, 세계에서 미국의 영향력을 증대시키기 위한 전략적 비전을 펼칩니다. 우리는 앞으로 이러한 아름다운 비전을 추구할 것입니다—강력하고 주권을 가진 독립적인 국가들의 세계로서 각국은 자체의 문화와 꿈을 가지고 번영, 자유 및 평화 속에서 나란히 번창할 것입니다.

그러한 미래를 추구하면서 우리는 두 눈을 밝게 뜨고 신선한 사고방식으로 세계를 볼 것입니다. 우리는 미국과 그 동맹국 및 협력국들에게 유리한 세력 균형을 진작시킬 것입니다. 우리는 우리의 가치와, 영감을 주고 고양시키며 쇄신하는 능력을 결코 잃어버리지 않을 것입니다.

무엇보다 우리는 미국 국민에 봉사하고 그들의 안전과 번영과 이익을 우선하는 정부가 될 것입니다. 이 국가안보 전략은 미국을 우선합니다.

대통령 도널드 J. 트럼프

백악관
2017년 12월

들어가기

　국내에서 안전하고 번영하며 자유로운 미국은 해외에서 주도적인 역할을 할 수 있는 힘과 확신과 의지를 가진 미국이다. 그것은 평화를 보존하고 자유를 옹호하며 미국 국민을 위한 지속적인 우위를 창조할 수 있는 미국이다. 미국 우선주의는 우리 정부의 의무이며 세계에서의 미국 리더십을 위한 기반이다.

　강력한 미국은 미국 국민뿐만 아니라 공통된 이익, 가치 및 열망을 추구하면서 미국과 동반자 관계를 원하는 국가들에게도 극히 중요하다. 이 국가안보 전략은 미국을 우선한다.

　미국우선 안보전략은 미국의 원칙, 미국 이익의 현실적인 평가 및 우리가 당면한 도전에 대처하려는 결의에 기초한 것이다. 그것은 이데올로기가 아니라 결과를 중시하는, 원칙이 있는 현실주의 전략이다. 그것은 평화, 안보, 번영이 국내적으로는 자기 나라의 시민을 존중하고 대외적으로는 평화를 발전시키기 위해 협력하는 강력한 주권 국가들에 달려 있다는 견해에 기초한다. 그리고 그것은 미국의 원칙이 세계에서 선을 위한 영원한 힘이라는 인식에 기반을 두고 있다. '우리 국민은' 미국 힘의 원천이다.

　미국은 생명과 자유를 갈망하고 행복을 추구하면서, 그리고 책임질 줄

모르는 정치권력은 독재라는 신념에서 태어났다. 이런 이유로 우리 나라를 건국한 선조들은 공들여 헌법을 제정하였으며 오늘날 우리가 구가하는 공화정을 구축했다. 헌법은 우리 정부가 신이 내린 권리와 자유를 보호하는 데 필요한 특정 권력을 부여할 뿐만 아니라 정부의 규모와 범위를 제한하고 연방권력을 분리시킴으로써 그것을 지키고, 법의 지배를 통해 개인의 권리를 보호한다. 모든 정치권력은 궁극적으로 국민으로부터 위임받은 것이며 국민에게 책임을 져야 한다.

우리가 자유롭게 생활하고 사랑하는 나라를 세우도록 한 이런 제도, 전통, 원칙들을 지킴으로써 우리는 미국의 주권을 보호한다. 그리고 우리는 국가 유산을 소중히 여긴다. 왜냐하면 공화국 정부의 흔하지 않고 취약한 제도들은 그것을 소중히 여기는 문화에 의해 뒷받침될 경우에만 오래 지속될 수 있기 때문이다.

자유와 독립 덕분에 오늘날 미국인들은 번영하는 사회를 구가하고 있다. 즉, 활기차고 자신감 있는 국가, 이견과 차이를 환영하지만 우리가 누구인지를 말해주는 역사, 문화, 신념 및 원칙의 유대에 의해 단결된 나라를 이루고 있다.

우리는 우리의 뿌리에 자부심을 갖고 과거의 지혜에 대하여 경의를 표한다. 우리는 모든 시민의 권리와 존엄성을 보호하는 데 전념한다. 그리고 우리는 법치 국가이다. 왜냐하면 법의 지배는 정부의 부패와 권력 남용으로부터 개인을 보호하고 가족이 두려움 없이 생활하며 시장이 번영토록 하는 방패이기 때문이다.

미합중국을 역사상 최강국 중 하나로 만든 것은 우리의 건국 원칙이다. 하지만 우리는 미국 국민의 이익이 우리의 진정한 북극성(North Star: 길잡이를 의미한다 — 옮긴이)이 된다는 사실을 항상 의식하고 우리가 성취한 것을 보호하고 그것을 발판으로 삼아야 한다는 것을 인식하고 있다.

미국의 업적과 세계에서 차지하는 지위는 필연적인 것도 우연히 발생한 것도 아니다. 미국인들은 많은 경우 안보, 번영과 소중한 원칙을 지키고 발전시키기 위해 적대세력과 경쟁을 해왔다. 우리는 국내에서 남북 전쟁을 하여 노예제도를 종식시키고, 모든 미국인을 위해 동등한 권리를 확장하기 위한 장기 투쟁에서 아메리카합중국을 보존했다. 인류 역사상 가장 많은 피를 흘린 세기를 거치면서 양차대전과 냉전에서 자유를 수호하기 위해 수백만 명의 미국인이 전투에 참여하고 수십만 명이 생명을 잃었다. 미국은 동맹국들(allies) 및 협력국들(partners)과 함께 파시즘, 제국주의, 소련 공산주의를 물리침으로써 자유롭고 자부심이 있으며 통일된 국민이 뒷받침하는 공화 민주주의의 위력과 영속성에 대한 어떤 의혹도 불식시켰다.

미국은 군사적인 승리를 정치적, 경제적 승리로 강화시켰다. 군사 이외의 승리는 시장성제와 공정한 무역, 민주적 원칙 그리고 공통된 안보 파트너십 위에 구축된 것이다. 미국의 정치, 비즈니스, 군사 지도자들은 전후 질서를 형성하기 위해 유럽과 아시아의 상대편 파트너들과 공동 작업을 했다. 그런 작업은 UN, 마셜 플랜, 나토 및 여타 기구들을 통해 했으며 이런 기구들은 안보, 자유, 평화라고 하는 공통된 이익을 발전시킬 것을 목적으로 하였다. 우리는 동맹국 및 협력국들과의 강력한 관계가 매우 귀중한 자산임을 인식하고 있다.

냉전에서 자유국가들이 괄목할 만한 승리를 거둔 다음 미국은 세계에서 막강한 우위와 추진력을 가진 유일한 초강대국으로 부상했다. 하지만 성공한 결과 자기만족에 빠졌다. 그것에는 여러 가지가 있지만 그중 하나로서 미국의 힘은 도전을 받지 않고 자동으로 계속될 것이라는 믿음이 나타났다. 미국은 표류하기 시작했다. 우리는 신뢰의 위기를 겪고 핵심 분야에서 우리의 우위를 상실했다. 우리가 정치적, 경제적, 군사적 우위를 당연시하고 있을 때 반대편들은 미국에 도전장을 내밀고 미국과 우리의 동맹국 및 협력국들에 대항하는 정책을 진척시키기 위한 장기 계획을 지속적으로 시행했다.

우리가 손 놓고 있는 동안 여러 국가들은 우리가 구축하는 데 일조한 국제기구들을 악용했다. 그들은 자국 산업에 보조금을 지급하고 기술이전을 강요했으며 시장을 왜곡했다. 이런저런 행위들은 미국의 경제안보를 위협했다. 또한 국내에서의 과도한 규제와 높은 세금은 성장을 억제하고 가난에 대한 역사상 최고의 해결 수단인 자유기업을 약화시켰다. 매번 정부는 민간 상업의 생산 활동을 침해하고 우리의 번영뿐만 아니라 우리 나라의 위대성의 핵심인 창조와 혁신 정신을 위축시켰다.

1. 경쟁이 치열한 세계

미국은 전 세계적으로 당면하고 있는 정치적, 경제적, 군사적 경쟁 격화에 대응할 것이다.

중국과 러시아는 미국의 파워, 영향 및 이익에 도전하며 미국의 안보와 번영을 훼손하려 시도하고 있다. 두 나라는 경제를 더 부자유스럽고 불공정하게 만들며 군대를 증강하고, 정보와 데이터를 통제하여 내부적으로 사회를 억압하고 외부적으로 영향력을 확대하려고 작심했다. 동시에 조선민주주의인민공화국(Democratic People's Republic of Korea)과 이란의 독재정권은 작심하고 지역의 안정을 해치며 미국과 그 동맹국들을 위협하고 자국민에게 폭정을 하고 있다. 다국적 위협집단들은 지하디스트 테러리스트들로부터 다국적 범죄 조직에 이르기까지 미국인에게 해를 가하려고 적극적으로 시도하고 있다. 이런 도전들은 그 성격과 정도가 다르기는 하지만 근본적으로 인간의 존엄과 자유를 중시하는 자들과 개인을 억압하고 획일성을 강요하는 자들 사이의 다툼이다.

이러한 경쟁상황에 처하여 미국은 과거 20년간의 정책을 재고할 필요가 있다. 그 정책은 경쟁 상대와 거래를 하고 국제기구와 글로벌 무역에 포함시키면 그런 나라들이 행동거지가 올바르고 신뢰할 만한 파트너가 될 것이라는 가정에 기초한 것들이다. 대부분의 경우 이러한 전제는 잘못된 것으로 판명되었다.

경쟁 상대방들은 프로파간다와 기타 수단을 동원하여 민주주의에 대한 신빙성을 떨어뜨리려고 시도했다. 그들은 반(反)서방 견해를 조장하고 우리 자신과 동맹국들 그리고 협력국들 사이에 분열을 초래하기 위해 거짓 정보를 퍼뜨렸다. 또한 ISIS와 알카에다 따위의 지하디스트 테러리스트들이 지속적으로 야만적인 이데올로기를 확산시켰다. 이 이데올로기는 그들이 배교자라고 생각하는 무고한 사람들과 정부를 폭력적으로 파괴할 것을 촉구한다. 이런 지하디스트 테러리스트들은 그들의 영향권하에 있는 사람들에게 이슬람법을 따르도록 강요한다.

미국의 군대는 여전히 세계에서 가장 강력하다. 하지만 경쟁 국가들이 재래식 군대와 핵전력을 현대화하고 증강함에 따라 미국의 우위는 줄어들고 있다. 이제 다수의 행위자들은 많은 종류의 발달된 미사일을 실전에 배치할 수 있다. 여기에는 미국 본토에 도달할 수 있는 것이 포함된다. 기술이 없었으면 취약했을 국가들이 기술을 손에 넣어 힘이 생기고 대담해졌다. 국민을 기아에 허덕이게 하는 국가인 북한은 미국 본토를 위협할 수 있는 핵, 화학, 생물학 무기를 개발하기 위해 수억 달러를 썼다. 또한 다수의 행위자들은 군사적 충돌의 임계점 이하에서 활동하는 데 숙달되었다. 그들은 관련 사실을 부인하면서 미국과 우리의 동맹국 및 협력국들에게 적대적인 행위를 자행한다. 우리의 임무는 미국의 군사적 우위를 유지하면서 국력의 다른 요소들과 결합하여 국가안보에 대한 치밀한 도전에 맞서 미국 국민을 보호할 태세를 갖추는 것이다.

정보 경쟁은 이러한 정치적, 경제적, 군사적 경쟁을 가속화시킨다. 에너지처럼 데이터는 미국의 경제 번영과 세계에서의 전략적 위상을 결정할 것이다. 데이터 파워를 이용하는 능력은 미국의 지속적인 경제성장에, 그리고 적대적인 이데올로기를 제압하고 세계에서 가장 효율적인 군대를 구축하고 배치하는 데 근본적이다.

우리는 미국이 주도하지 않으면 악의적인 행위자들이 그 빈틈을 파고들어 미국에 불리한 결과를 초래한다는 쓰라린 교훈을 터득했다. 하지만 미국이 힘과 자신감을 가지고 우리의 이익과 가치에 따라 주도할 때 모두가 이익을 본다.

경쟁이 언제나 적대를 의미하는 것은 아니며 필연적으로 분쟁을 유발하지도 않는다 — 하지만 그 누구도 우리가 우리의 이익을 적극적으로 방어하리라는 것을 의심해서는 안 된다. 미국이 경쟁에서 이기는 것이야말로 분쟁을 방지하는 최상의 방법이다. 미국이 취약하면 도전을 초래하는 것과 똑같이 미국의 힘과 자신감은 전쟁을 억지하고 평화를 촉진한다.

2. 미국우선 국가안보 전략

미국이 당면한 경쟁과 적대세력은 지나가는 트렌드나 일시적인 문제가 아니라 서로 밀접한 관련이 있고 장기적인 도전이기 때문에 지속적으로 주목하고 노력을 기울일 필요가 있다.

미국은 타의 추종을 불허하는 정치적, 경제적, 군사적, 기술적 우위를 차지하고 있다. 하지만 이런 우위를 유지하고 더욱 힘을 기르며 미국 국민의 재능을 촉발시키기 위해서는 현재와 같이 경쟁이 치열한 세계에서 다음과 같은 4대 국익을 보호해야 한다.

첫째, 우리의 근본적인 책임은 미국 국민, 국토 및 미국의 생활방식을 보호하는 것이다. 우리는 국경 통제를 강화하고 이민제도를 개혁할 것이다. 우리는 중요한 사회기반시설을 보호하고 사이버 범죄자들을 추적할 것이다. 다층 미사일 방어 시스템은 미사일 공격으로부터 우리 국토를 방어할 것이다. 그리고 우리는 각종 위협의 근원을 추적하여 지하디스트 테러리스트들을 우리 국경에 도달하기 이전에 저지할 것이다.

둘째, 우리는 미국의 번영을 촉진할 것이다. 우리는 미국의 근로자와 회사들의 이익을 위해 경제를 다시 활성화시킬 것이다. 우리는 무역 불균형을 시정하기 위해 공정하고 호혜적인 경제 관계를 요구할 것이다. 미국은 연구 개발에서 주도권을 유지해야 하며 불공정하게 우리의 지식재산권을 취득한 경쟁국으로부터 우리 경제를 보호해야 한다. 그리고 우리는 미국의 에너지 지배를 확보할 것이다. 왜냐하면 풍성하게 분출하는 에너지 자원은 우리 경제에 활력을 줄 것이기 때문이다.

셋째, 우리는 군사력을 강화함으로써 압도적인 우위를 유지하여 적대세력을 억지하고, 필요시 전투를 하여 승리하는 힘을 통해 평화를 보전할 것이다. 우리는 세계 여러 지역을 하나의 강대국이 지배하지 않도록 보장하기 위해 국력의 모든 도구를 가지고 경쟁할 것이다. 우리는 미국의 역량을 강화할 것이다. 거기에는 우주와 사이버 공간이 포함될 것이고, 그동안 등한시해온 여타 역량을 활성화할 것이다. 동맹국과 협력국들은 우리의 힘을 증강시킬 것이다. 우리는 그런 나라들이 공동의 위협에 대처하여 책임을 공정하게 분담할 것으로 기대한다.

넷째, 우리는 미국의 이익을 뒷받침하고 우리의 가치를 반영하는 세계는 미국을 좀 더 안전하고 번영토록 하기 때문에 세계에 대한 미국의 영향을 증진시킬 것이다. 우리는 다자 기구에서 경쟁하고 그것을 주도함으로써 미국의 이익과 원칙이 보호받도록 할 것이다. 미국의 자유, 민주주의 및 법의 지배에 대한 헌신은 폭정에 시달리는 국민들에게 영감을 주는 작용을 한다. 우리는 민간 부문 주도 경제성장을 촉진하는 촉매 역할을 할 수 있으며, 우리의 협력국이 되고자 하는 나라들을 지원하여 미래의 무역 및 안보 협력국을 만들 수 있을 것이다. 그리고 우리는 다른 나라들의 책임 분담을 기대한다고 할지라도 여전히 도량이 넓은 국가가 될 것이다.

우리의 주권 강화 — 정부의 제1의 의무는 자국민의 이익을 위해 일하는 것이다 — 는 이상과 같은 네 가지 국익을 보호하기 위해 필수적인 조건이다. 그리고 우리가 주권을 강화할 때 우리는 국민으로서의 우리의 자신감을 새롭게 할 것이다. 우리는 이 나라의 역사를 자랑스러워하며 미래에 대해 낙관적이고 미국이 세계에 긍정적인 예를 제시한다고 확신한다. 또한 우리는 현실적이며 미국의 생활방식을 타국에 강제할 수 없다는 것과 또한 그것이 진보의 필연적인 절정이 아님을 이해한다. 미국은 동맹국과 협력국들 및 파트너가 되기를 바라는 국가들과 함께 호혜적인 협력을 추구할 것이다. 협력은 책임과 부담의 공유를 의미한다. 무역에서 공정하고 호혜적인 관계는 동등한 수준의 시장 접근과 경제성장 기회로 모두에게 이익이 된다. 미국우선 국가안보 전략은 미국과 세계를 위한 경제적 성공을 촉발시키기 위한 조건들에 촉매작용을 할 것이다.

미국에서 자유로운 남녀는 역사상 가장 정의롭고 번영하는 국가를 창조했다. 우리 세대의 미국인들은 이제 그런 귀중한 유산을 보전하고 지킬 책임을 지고 있다. 이 국가안보 전략은 그런 방안을 제시한다.

제1장

미국 국민, 국토 및 미국의 생활방식 보호

> " 우리는 우리 나라를 방어하고 우리 공동체를 보호하며 "
> 미국 국민의 안전을 최우선할 것이다.
>
> 대통령 도널드 J. 트럼프_ 2017년 7월

이 국가안보 전략은 미국의 국민, 생활 방식과 이익을 보호하려는 결의로 시작된다. 오랫동안 미국인들은 정보의 유통과 상업이 자유롭게 이루어지는, 상호 연결된 세계의 편익을 인식해왔다. 하지만 세계와 관계를 맺는다고 해서 미국이 주권국가로서 자국의 권리와 의무를 포기하거나 또는 안보 문제에서 타협을 해야 하는 것은 아니다. 개방에도 비용이 든다. 왜냐하면 적대세력이 우리의 자유롭고 민주적인 제도를 악용하여 미국에 해를 끼치기 때문이다.

북한은 핵무기로 수백만 명의 미국 국민을 살해할 수 있는 역량을 갖고자 한다. 이란은 테러리스트 집단을 지원하고 있으며 공공연히 우리 나라의 파괴를 촉구한다. ISIS와 알카에다 같은 지하디스트 테러리스트 조직들은 미국을 공격하고 증오에 찬 이데올로기로 미국인들을 과격하게 만들려 하고 있다. 비국가 행위자들은 마약과 인신매매 조직망을 통해 사회질서를 훼손하고 있다. 그들은 이런 망을 이용하여 폭력 범죄를 저지르고 매년 수천 명의 미국인을 살해한다.

적대세력들은 우리의 민주제도와 경제를 포함한 미국의 힘의 원천을 공격 목표로 삼는다. 그들은 우리의 지식재산권과 개인 정보를 훔쳐가고 악용하며, 우리의 정치 과정에 개입하고 항공과 해양 부문을 표적으로 삼고, 우리의 중요한 사회기반시설을 위험에 빠뜨린다. 이런 행동들은 모두 미국적 생활방식의 토대를 위협한다. 국경의 법적 통제의 재확립은 미국의 국토를 보호하고 미국의 주권을 강화하는 첫 단계이다.

우리는 핵, 화학, 방사능, 생물학적 공격을 예방하고 테러리스트들이 우리 국토에 들어오지 못하도록 저지해야 하며 마약과 인신매매를 줄이고 중요한 사회기반시설을 보호해야 한다. 또한 우리는 그런 테러분자들이 미국에 당도하기 이전에 잠재적 위협을 저지하고 차단하며 물리쳐야 한다. 우리는 지하디스트 테러리스트들과 다국적 범죄 조직의 근원을 표적으로 해야 하며 지원 네트워크를 해체해야 한다.

또한 우리는 자연 재난 시 또는 국토가 공격을 받을 시 미국 국민의 필요에 신속히 대응할 조처들을 취해야 한다. 우리는 정부 기능, 중요한 사회기반시설, 경제 및 정치 시스템의 전반에 걸쳐 미리 대비하는 문화와 회복력을 구축해야 한다.

1. 미국의 안전한 국경과 영토

국가와 비국가 행위자들은 육지, 공중, 해양, 우주 및 사이버 공간 영역에서 우리의 취약점을 공략하여 미 국민의 안전과 국가의 경제적 활력을 위험에 처하도록 한다. 적대세력들은 미국과 미국 시민들을 위협하기 위해 끊임없이 방법을 진화시키고 있다.

1) 대량살상 무기(WMD: Weapons of Mass Destruction)에 대한 방어

핵, 화학, 방사성, 생물학 무기를 획득하려고 시도하는 적대 국가와 비국가 행위자들로부터의 위험이 증가하고 있다. 시리아 정권이 자국민을 상대로 화학 무기를 사용함으로써 이런 가증스러운 무기 사용을 금지한 국제 규범을 훼손했으며, 이것은 더 많은 행위자들이 그러한 무기를 추구하고 또 사용하도록 부추길 수 있다. ISIS는 화학 무기를 이라크와 시리아에서 사용해왔다. 테러리스트 집단들은 대량살상 무기 관련 물질을 계속 추구하고 있다. 테러리스트들이 안전하지 않은 핵, 방사성 또는 생물학 물질을 확보한다면 우리는 심각한 위험에 처하게 될 것이다.

미사일의 수효, 유형, 효율성이 증대하고 더 먼 거리를 날아갈 수 있게 됨에 따라 북한과 같은 국가들이 핵무기로 미국을 공격하기 위해 사용할 가능성이 가장 높은 수단이 바로 미사일이다. 또한 북한은 미사일로 운반할 수 있는 화학 및 생물학 무기를 추구하고 있다. 중국과 러시아는 우리의 중요한 사회기반시설과 지휘통제 시스템을 위협할 수 있는 선진 무기와 역량을 개발하고 있다.

〈우선 실시 사항〉

• 미사일 방어 강화

미국은 미사일 공격으로부터 국토를 방어하기 위해 북한과 이란에 초점을 맞춘 다층 미사일 방어 시스템을 배치하고 있다. 이 시스템에는 발사 이전에 미사일 위협을 퇴치하는 능력이 포함될 것이다. 강화된 미사일 방어는 전략적 안정을 해치거나 러시아 또는 중국과의 장기적인 전략적 관계를 중단시키려는 의도는 아니다.

• 대량살상 무기의 탐지 및 파괴

우리 나라의 국경과 영토 안에서 핵, 화학, 방사성 및 생물학적 물질을 탐지하여 그것을 우리에게 사용할 수 없도록 하는 노력을 강화할 것이다. 또한 정보, 법의 집행과 비상 관리 활동을 더욱 통합하여 최전선 방어자들이 국가 및 비국가 행위자들로부터의 대량살상 무기 위협에 대처할 올바른 정보와 역량을 반드시 갖도록 할 것이다.

• 대량살상 무기 확산 저지 조처의 강화

수십 년 동안 계획을 실시해온 우리는 적대 행위자들의 손에 들어갈 기회를 줄이기 위해 대량살상 무기, 관련 물질, 운반 수단 및 지식의 확산을 알아내고 제거하며 방지하기 위한 조처를 강화할 것이다. 우리는 대량살상 무기의 사용에 대해 국가와 비국가 행위자들에게 책임을 지도록 할 것이다.

• 대량살상 무기 테러리스트들을 겨냥

우리는 대량살상 무기 테러 전문가, 자금제공자, 행정가, 협력자들에 대한 대(對)테러작전을 지휘할 것이다. 음모를 탐지하고 제거하기 위해 동맹국 및 협력국들과 일을 같이 할 것이다.

2) 생물학 무기 및 세계적 유행병의 퇴치

생물학적 사고는 대량 인명 손실을 초래할 잠재성이 있다. 미국 본토에 대한 생물학적 위협 ― 의도적인 공격이든, 사고 또는 자연 발생적이든지 간에 ― 은 증가하고 있으며 근원적으로 퇴치할 행동이 필요하다.

에볼라와 사스 같은 바이러스의 자연적인 발생은 2001년 미국에서 발생한 의도적인 탄저병 공격과 더불어 인명을 앗아가고, 경제적 손실의 발생과 정부 기관들의 신뢰 상실에 기여함으로써 국가안보에 대한 생물학적 위협의 영향을 실증했다.

우리의 건강, 경제 및 사회에 편익을 주는 생명과학의 발전도 해를 끼치려는 자들에게 새로운 수단을 제공해줄 수 있다. 열심인 국가들은 더욱 발달된 생물학 무기를 개발할 수 있을 것으로 보이고, 악의적인 비국가 행위자들도 이런 역량을 손에 넣을지 모른다.

〈우선 조치 사항〉

• 생물학직 무기위협을 근원에서 탑지히어 억제

우리는 다른 국가들과 공동으로 질병 발생을 조기에 탐지하고 진정시켜 확산을 방지할 것이다. 우리는 다른 나라들이 기본적인 의료 시스템에 투자하고 인간과 동물 건강의 양 측면에서 국제적인 건강 안보를 강화하도록 장려하여 전염병의 발생을 방지할 것이다. 그리고 우리는 협력국들과 함께 위험한 병원체를 다루는 연구실들이 적절하게 안전 및 보안 조처를 취하도록 보장할 것이다.

• 생명의학 혁신 지원

우리는 생명의학 산업의 토대인 지식재산권 시스템을 강화함으로써 생명의학 분야의 혁신이 촉진되도록 보호하고 지원할 것이다.

• 비상 대응 개선

국내에서 우리는 비상 대응과 통합된 조정 시스템을 강화하여 신속하게 질병 발생의 성격을 규명하고 질병의 확산을 제한하기 위해 공공 건강 예방 조처를 시행하며 생명구조 치료를 포함한 긴급 의료 서비스를 제공할 것이다.

3) 국경 통제 및 이민 정책 강화

국경 통제 및 이민제도의 강화는 국가안보, 경제 번영 및 법의 지배에 중심이 된다. 테러리스트들, 마약 밀매자들 및 범죄 카르텔은 구멍이 많이 뚫린 국경을 이용하고 미국의 안보와 공공의 안녕을 위협하고 있다. 이러한 행위자들은 적응력이 빨라 우리의 방어를 앞지른다.

미국은 누가 어떤 상황에서 입국할 수 있는지를 결정하는 주권을 확언한다. 미국은 이민자들이 미국 역사의 처음부터 지금까지 국가 발전에 기여한 것을 이해한다. 하지만 불법이민은 경제에 부담을 주고 미국 근로자들에게 해를 끼치며 공공의 안녕을 위험에 처하도록 하고 밀수업자와 여타 범죄자들이 돈을 벌도록 해준다.

미국은 누가 합법적으로 체류허가와 시민권을 받을지 또는 받지 못할 것인지에 대한 결정은 국가가 내리는 가장 중요한 일에 속한다는 것을 인식하고 있다. 미국은 안보에 대한 위협을 제기하지 않고 입국이 미국의 국익과 부합하는 합법적인 이민을 계속 환영하는 반면, 동시에 여행자 심사와 검사를 강화하고 위험한 허점을 막고 시대에 뒤떨어진 법령을 개정하며 손쉽게 악용될 수 있는 취약점을 제거할 것이다. 또한 현재의 이민 제도를 개혁할 것이다. 현 제도는 무작위적인 입국과 친족 연쇄이민을 허용하고 있는데, 이는 국익과 안보에 반한다. 체류허가와 시민권에 대한 결정은 우연이나 친족 간의 연줄보다 미국 사회에 긍정적으로 기여할 수 있는 개인의 가치와 능력에 기초를 두어야 한다.

〈우선 실시 사항〉

• 국경 경비 강화

우리는 국경 장벽 건설, 다층 방어 및 선진기술 사용, 추가 인력 고용 및 여타 조치를 통해 국경을 지킬 것이다. 미국 정부는 외국 파트너와 협력하여 수상한 자가 미국에 입국하기 훨씬 전에 저지하고 탐지하며 중단시킬 것이다.

• 심사강화

미국 정부는 이민 희망자, 난민 및 여타 외국 방문객들의 심사를 강화하여 국가안보 또는 공공의 안녕에 위험을 제기할 개인을 식별할 것이다. 위험인물이 미국에 들어오지 못하게 하고, 이미 국내에 들어온 자를 식별하기 위한 정보 수집과 분석을 보다 철저히 하기 위해 보안 기준을 높일 것이다.

• 이민법 시행

우리는 불법이민을 효과적으로 억제하기 위해 국경 및 국내에서 모두 이민법을 시행할 것이다. 국경에서 불법 외국인의 체포와 신속한 제거는 효과적인 국경안보 전략에 매우 중요하다. 또한 우리는 이민과정에서 속임수를 식별하고 그에 대응하기 위한 노력을 배가해야 한다. 속임수는 우리 이민 제도의 온전성을 훼손하고 유혹에 넘어가기 쉬운 개인을 이용하며 국가안보 위험을 조성한다.

• 수송보안 보강

사람과 상품이 국내에 들어오는 경로의 안전을 제고하기 위해 우리 정부기관 간에 그리고 외국 협력국들과 정보 공유를 개선할 것이다. 우리는 항공, 지상 및 해양 수송 부문에서 최근에 나타나는 위협에 대응하기 위한 기술에 투자할 것이다. 또한 국제 및 산업계의 협력자들과 공동으로 보안 기준을 상향조정할 것이다.

2. 위협을 근원까지 추적

우리 나라 본토가 직면하고 있는 다양한 위협에 대한 완벽한 방어는 없다. 그 이유는 동맹국 및 협력국들과 함께 미국과 동맹국들을 표적으로 하는 폭력적인 비국가 집단들에 계속하여 공세를 취해야만 하기 때문이다.

미국이 당면하고 있는 주요한 초국가적인 위협은 지하디스트 테러리스트들과 초국가적인 범죄조직에서 온다. 그들의 목적은 다르지만 이런 행위자들은 공통적인 도전을 제기한다. 첫째, 그들은 우리의 열린 사회를 악용한다. 둘째, 그들은 느슨하게 연합하여 활동할 때가 많으며 신속하게 적응한다. 셋째, 그들은 음모를 하고 인원을 모집하며 자금을 확보하고 작전을 실행할 때 탐지를 회피하기 위해 암호화된 통신과 다크 웹(dark web: 한정된 채널로만 접근 가능한 웹페이지―옮긴이)에 의존한다. 넷째, 그들은 국가가 약한 상태에서 번창하며, 미국과 동맹국 및 협력국들에 대한 공격을 계획하고 개시하는 피난처를 마련하기 위해 법률의 붕괴를 가속화시킬 때 취약자들을 먹이로 한다. 다섯째, 어떤 테러리스트들은 국가에 의해 보호와 지원을 받으며 그런 국가들이 시키는 대로 한다.

1) 지하디스트 테러리스트 퇴치

지하디스트 테러리스트 조직은 이 나라에 가장 위험한 테러 위협이 된다. 미국은 동맹국 및 협력국들과 더불어 이런 광신자들과 장기 전쟁을 하고 있다. 이들은 이슬람 칼리프가 다스리는 전 세계라고 하는 전체주의의 비전을 추진하며 살인, 노예제를 정당화하고 미국식 생활방식을 훼손시키려 한다. 지하디스트 테러리스트들은 전 세계의 가상 및 물리적 네트워크를 동원하여 고립된 개인들을 과격하게 만들고 취약자들을 이용하며 음모를 꾸미도록 고무하고 방향을 제시한다.

시리아와 이라크에서 ISIS와 알카에다의 테러 활동이 실패한 이후에도 지하디스트 테러리스트들의 위협은 지속될 것이다. 그들은 전쟁터를 테러의 시험대로 사용하고 추종자들에게 도구와 전술을 수출했다. 이런 지하디스트 테러리스트들 중 다수는 자국으로 돌아가 미국과 동맹국들에 대한 공격 음모와 개시를 계속할 것으로 보인다.

미국은 동맹국 및 협력국들과 공동으로 국토를 위협하는 여타 외국 테러리스트 집단들 ― 레바논의 헤즈볼라처럼 이란이 후원하는 집단 포함 ― 을 저지하고 분쇄할 것이다.

〈우선 실시 사항〉

• 테러 음모 와해

우리는 국내적으로, 그리고 또 외국의 협력국들과 정보 공유를 강화할 것이다. 우리는 최전선 방어자들 ― 국토 안보, 법 집행 및 정보 전문가들 포함 ― 에게 테러가 발생하기 이전에 그것을 방지하기 위한 수단과 권한 및 자원을 제공할 것이다.

• 직접 행동을 취한다

미국 군부와 여타의 집행 기관들은 테러리스트 네트워크에 대해 직접 행동을 취하고 국토 및 미국 시민을 위협하는 테러리스트들에 대해서 장소를 불문하고 추적할 것이다. 미국은 ISIS, 알카에다 및 그들의 제휴자들을 소탕하는 활동을 함으로써 협력국들이 제 기능을 할 수 있게 하고, 테러리스트들과 그들을 지원하는 근원을 파괴하기 위한 직접적인 활동을 지속하여 우리를 공격하기 위한 음모를 더욱 힘들게 만들 것이다.

• 테러리스트들의 도피처 제거

시간과 영토는 지하디스트 테러분자들이 음모를 할 수 있도록 허용한다. 그러므로 우리는 미국 본토가 위협받기 전에 그들의 안식처를 퇴치하여 재등장을 방지할 것이다. 우리는 이들의 디지털 네트워크를 추적하고 민간 산업과 공동으로, 탐지를 피하기 위해 '서로 연락을 중단하고' 안전한 플랫폼을 사용하는 테러리스트들과 범죄자들의 도전에 대처한다.

• 힘의 근원을 차단

우리는 테러리스트 조직의 자금, 설비 및 인적 공급 사슬을 붕괴시킬 것이다. 우리는 그들의 돈줄을 끊고 미국과 세계의 금융 시스템이 악용되지 않도록 보호할 것이다. 우리는 그들이 잠재적 지원자에게 메시지를 전달하고 유인할 능력을 저하시킬 것이다. 이런 활동에는 거짓을 폭로하고 대응 담론을 촉진하며 신뢰성 있는 의견을 확산시킴으로써 지하디스트의 사악한 이데올로기에 대응하는 것이 포함된다.

• 책임 분담

그들 역시 테러의 표적이 되고 있는 우리의 동맹국과 협력국들은 이런 야만적인 집단들과 벌이는 싸움에 책임을 계속해서 분담할 것이다. 우리는 협력국들이 테러분자들을 약화시키고 이들을 지속적으로 억제할 역량을 개발하여 책임 있게 이용하도록 지원할 것이며, 협력국들로 하여금 미국의 지원과 별도로 독자적으로 활동하는 것을 권장할 것이다.

• 공동체의 급진화와 인원보충에 대응

미국은 편협성과 억압을 거부하며 하나의 미국 국민으로서 우리의 가치에 근거하여 구축된 미래를 지향한다. 우리는 사법당국, 민간 부문 및 미국 시민들 사이에 신뢰를 향상시킴으로써 폭력적인 이데올로기가 뿌리내리지 못하게 할 것이다. 미국의 정보 및 국토 안보 전문가들은 테러 방지를 위해 사직 및 시민 지도자들과 협력할 것이며 공동체의 급진화에 대해 징확하고 이용가능한 정보를 제공할 것이다.

2) 초국경 범죄 조직의 해체

미국은 초국경 범죄 조직과 그 산하 네트워크를 해체하기 위해 더 많은 자원을 투입해야 한다. 어떤 조직은 ≪포춘≫ 선정 500 대 기업에 필적할 만한 글로벌 공급 사슬을 구축했다. 그런 조직은 매일 미국 공동체에 마약을 운반하고 갱단의 폭력을 부채질하며 사이버 범죄에 관여한다. 마약 카르텔과 중국 펜타닐(fentanyl) 밀매상들이 제공하는 불법 오피오이드(opioid: 아편 비슷한 작용을 가진 합성 마취약 - 옮긴이)의 급속한 확산으로 매년 미국 국민 수만 명이 생명을 잃는다. 이런 조직들은 또 민주적인 기관들을 부패시키고 손상시킴으로써 우리의 동맹국과 협력국들을 약화시킨다. 초국경 범죄 조직들의 활동 동기는 이익, 권력 및 정치적 영향이다. 이들은 취약한 거버넌스를 이용하고 테러리스트 조직을 포함한 여타 국가안보에의 위협 요소가 활동을 하게 만든다. 또한 일부 적국들은 국력의 도구로서 초국경 범죄 조직을 이용하며 그들에게 영토적인 거점을 제공한다. 여기에서 이런 조직들은 확인 불가능한 사이버 침입, 사보타지, 절도 및 정치적 전복활동을 마음대로 수행한다.

⟨우선 실시 사항⟩
• 전략 계획 및 정보 개선
우리는 국내와 해외에서 초국경 범죄조직을 척결하기 위해 합동 작업을 하는 관계기관들의 능력을 향상시키고자 국가 수준의 전략 정보 및 계획 역량을 확립할 것이다.

• 공동체 방어
우리는 초국경 범죄조직들이 미국 국민을 해치는 능력을 갖지 못하도록 할 것이다. 우리는 미국에서 불법적인 약물 사용이 늘어나지 않도록 하는 공중보건 노력을 지원하고 국가 및 공동체 기반의 방지 노력을 확대할 것이다. 또한 약물 중독에 대한 증거기반 치료(EBT: evidence-based treatment)를 늘리고 처방전이 필요한 약물에 대한 모니터링을 개선하며 의료인을 위해 향정신성 약물 사용 장애(SUD: substance use disorder)에 대한 훈련을 제공할 것이다.

• 심층방어
미국 기관들과 협력국들은 초국경 범죄조직 두목들과 그들을 지원하는 하부조직을 표적으로 삼을 것이다. 우리는 국가들, 특히 서방 국가들이 이런 조직과 네트워크의 힘을 분쇄하는 데 도움을 줄 것이다.

• 사이버 범죄자 퇴치
우리는 발달된 조사 도구를 사용하여 불법 활동을 위해 온라인 마켓플레이스, 암호 화폐 및 여타의 도구를 이용하는 범죄인들의 능력을 파괴할 것이다. 미국은 또한 이런 범죄인들을 숨겨준 국가들에게 책임을 물을 것이다.

3. 사이버시대 미국의 안전 유지

사이버시대의 도전과 기회에 대한 미국의 대응은 우리의 미래 번영과 안보를 결정할 것이다. 미국은 그 역사의 대부분 동안 육지, 공중, 우주 및 해양 영역을 통제함으로써 국토를 보호할 수 있었다. 오늘날 사이버 공간은 국가와 비국가 행위자들에게 신체적으로 국경을 넘지 않고 미국의 정치적, 경제적 및 안보 이익에 반하는 활동을 할 수 있는 능력을 제공한다. 적대세력은 사이버 공격을 통해 저비용으로 그리고 또 자신을 숨기면서 중요한 사회기반시설에 심각한 해를 입히거나 지장을 초래하고, 미국 기업체들의 기능을 마비시키고, 우리의 연방 네트워크를 약화시키며, 미국인들이 매일 교신하고 사업을 하는 데 사용하는 도구와 장치들을 공격한다.

중요한 사회기반시설 덕분에 식품이 신선하고 가옥이 따뜻하며 거래가 이루어지고 우리의 시민들이 생산적이며 안전한 생활을 유지할 수 있다. 미국의 중요한 사회기반시설이 사이버 공격과 물리적 및 전자기 공격에 취약해진다는 것은 적들이 군대의 지휘 및 통제, 은행 및 금융 활동, 전력망과 통신수단을 혼란에 빠뜨릴 수 있다는 것을 의미한다.

연방 네트워크도 위협에 직면하고 있다. 이런 네트워크 덕분에 정부 기관들은 중대한 기능을 수행하고 미국 국민에게 서비스를 제공할 수 있다. 정부는 정보와 미국 국민의 프라이버시를 지키기 위해 데이터를 보호하는 일을 더 잘해야 한다. 우리의 연방 네트워크는 현대화되고 갱신되어야 한다.

더욱이 미국인 대부분의 일상생활은 컴퓨터로 구동되고 상호 연결된 기술에 의존하고 있다. 컴퓨터 의존율이 더 높아지고 연결성이 증대함에 따라 우리는 점점 더 사이버 공격에 취약해지고 있다. 기업체와 개인은 사이버 공간에서 안전하게 활동할 수 있어야 한다.

인터넷이 디자인되고 출시되었을 때만 해도 보안은 중시되지 않았다. 인터넷이 진화함에 따라 정부와 민간 부문은 나중에 보완하는 것이 아니라 처음부터 예방, 보호 및 복원력을 통합하는 시스템을 디자인해야 한다. 그러한 일을 우리는 자유시장, 민간의 경쟁 및 비록 제한적이지만 법치를 집행하는 데 중요한 정부의 역할을 존중하는 방식으로 해야 한다. 우리는 차세대의 디지털 사회기반시설을 구축함에 따라 지금까지의 경험을 실천에 옮기는 기회를 갖게 되었다.

인터넷은 미국이 발명한 것이며 모든 국가와 모든 세대를 위한 미래를 계속해서 변환시키고 있기 때문에 거기에 우리의 가치를 반영해야 한다. 강력하고 방어 가능한 사이버 사회기반시설은 경제성장을 촉진하고 자유를 보호하며 우리의 국가안보를 진전시킨다.

〈우선 실시 사항〉
• **위험의 식별과 우선순위**
중요한 사회기반시설의 보안과 복원력을 개선하기 위해 우리는 다음의 6개 핵심 분야에 걸쳐 위험을 평가할 것이다. 즉 국가안보, 에너지 및 전력, 금융 및 재정, 건강 및 안전, 커뮤니케이션, 운송이 그것이다. 우리는 사이버 공격이 어디에서 대재앙이나 또는 연쇄적인 결과를 가져오는지 평가하고, 이에 따라 보호 노력과 능력 및 방어의 우선순위를 어떻게 정할 것인가를 결정할 것이다.

• 방어 가능한 정부 네트워크 구축

우리는 연방 정보 기술을 현대화하기 위해 최신의 상업 능력, 서비스 공유 및 업무처리 모범 규준을 사용할 것이다. 우리는 모든 상황에서 방해받지 않고 안전한 커뮤니케이션과 서비스를 제공하기 위한 능력을 향상시킬 것이다.

• 악의적인 사이버 행위자들의 저지와 와해

연방정부는 중요한 사회기반시설의 안전 책임지들이 이런 시설에 대한 공격을 미연에 예방하기 위해 필요한 권한, 정보 및 역량을 확실히 갖도록 할 것이다. 미국은 악의적인 사이버 활동을 중대하게 저지른 외국 정부, 범죄인 및 여타 행위자들에 대해 신속하고 값비싼 대가를 치르도록 할 것이다. 우리는 동맹국 및 우방과 공동으로 악의적인 활동에 대한 인식을 제고할 것이다. 중요한 사회기반시설은 더욱 강화되고 복원력을 높임으로써 억지를 강화시킬 것이다. 적대세력이 자신들의 목표를 달성할 수 있을지에 대하여 의구심을 갖게 할 것이기 때문이다.

• 정보 공유 및 감지 개선

미국 정부는 중요한 사회기반시설 협력국들과 함께 그들의 정보 수요를 평가하고 속도와 분류 수준 따위의 정보 공유에 대한 장벽을 낮추는 작업을 할 것이다. 또한 사이버 공격을 누가 저질렀는지 알아내는 미국의 능력을 개선하는 데 투자할 것이다. 시민의 자유와 프라이버시의 보호에 따라 미국 정부는 민간 부문과의 협력을 확대함으로써 공격을 더 잘 탐지하고 누구의 책임인지 찾아낼 수 있을 것이다.

• 다층방위 배치

위험이 아무런 어려움 없이 기간 통신망을 거쳐 글로벌로 전파되고 있기 때문에 미국 정부는 모든 고객들의 보안을 개선하기 위해 네트워크 수준에서 알려진 불량 활동을 교정하고자 민간 부문과 협력할 것이다. 악의적인 활동은 가능한 한 네트워크 내에서 목적지로 통과하지 못하고 퇴치되어야 한다.

4. 미국의 복원력 진작

아무리 정부가 최상의 노력을 경주한다고 할지라도 미국 국민이 당면하게 되는 모든 위험을 예방할 수는 없다. 하지만 우리는 미국 국민이 역경에 맞서 복원력을 갖도록 지원할 수 있다. 복원력에 포함되는 것은 의도적인 공격, 사고, 자연 재해와 아울러 우리 경제와 민주 제도에 대한 비인습적 스트레스, 쇼크 및 위협으로부터 견뎌내고 신속하게 회복하는 능력이다. 만약 재난이 발생하면 연방, 주, 지방 기관들은 본질적인 기능을 수행해야 하며 정부의 헌법 형태를 지속시킬 계획을 세워야 한다.

손실과 혼란으로부터 국민과 재산 및 납세자의 달러를 보호하는 최선의 방법은 리스크를 줄이고 복원력이 높은 공동체를 구축하는 것이다. 리스크 정보를 활용한 투자를 통해 우리는 미래 세대를 보호하고 그들에게 이익을 주기 위해 복원력이 있는 공동체와 사회간접자본을 구축할 것이다.

재난이 닥친다면 미국 정부는 공동체의 회복과 재건을 지원할 것이다. 시민들은 정부를 신뢰할 수 있어야 하지만 재난에의 대처와 복구는 개인과 지역 공동체에서 시작해야 된다는 것을 인식해야만 한다. 난관에 처했을 때 미국 국민의 진정한 특성, 즉 그들의 힘과 사랑 그리고 결의가 나타난다. 긴급구조 요원들은 자신을 돌보지 않고 위험에 뛰어들며 자원봉사자들은 재난 발생 시 이웃을 돕기 위해 모여든다.

민주주의의 복원력은 국민에 달려 있다. 자유롭고 복원력 있는 국가가 근본적으로 필요로 하는 것은 견문이 넓고 참여하는 시민이다. 수 세대 동안 우리 사회는 출판, 언론과 사상의 자유를 지켜왔다. 오늘날 러시아와 같은 국가들은 민주국가들의 정통성을 훼손하기 위한 시도로서 정보도구를 사용하고 있다. 적대세력들은 미디어, 정치 과정, 금융 네트워크 및 개인정보를 공격 목표로 삼고 있다. 미국의 공공 및 민간 부문은 이런 상황을 인식하고 우리의 생활방식을 방어하기 위해 공동으로 대처해야 한다. 우리가 함께 헌신하는 가치를 뒤흔들고 우리의 정부 체계를 훼손하거나 또는 우리 나라를 분열시키려는 그 어떠한 외부의 위협도 용납할 수 없다.

〈우선 실시 사항〉

• 리스크 관리 개선

미국은 국민에게 최대의 리스크를 제기하는 위협과 위험 요소를 평가하기 위한 능력을 향상시킬 것이며, 가장 높은 리스크에 기반을 둔 자원에 우선순위를 둘 것이다.

• 준비 문화 구축

우리 행정부는 준비 문화 구축을 위한 조처를 취해 공동체와 개인들에게 정보를 제공하고 힘을 실어줌으로써 미국 국민이 당면한 위협과 위험 요소에 대처하여 좀 더 복원력을 갖추기 위해 필요한 기술을 습득하고 사전에 대비하는 행동을 취하도록 할 것이다.

• 계획 개선

주 및 지방 정부는 기존 계획이 건전하고 실행 가능한지를 확인하기 위해 현실에 부합하는 훈련을 해야 한다. 각급 정부의 기관들은 개선이 필요한 분야와 역량을 정확히 알아내기 위해 훈련을 통해 터득한 교훈을 더 잘 조정하고 적용해야 한다.

• 정보 공유에 인센티브 부여

민간 부문과 복원력 향상이 필요한 각급 정부 사이의 협력을 증진하기 위해 우리는 더욱 강력하게 민감한 정보를 보호해야 한다. 그렇게 함으로써 모든 협력자들은 적극적으로 취약점을 식별하고 공유하며 이런 점을 줄이기 위해 협력해서 활동해야 한다.

제2장

미국의 번영 촉진

> **"** 경제안보는 국가안보이다. **"**

대통령 도널드 J. 트럼프_ 2017년 11월

　강한 경제는 미국 국민을 보호하고 우리의 생활방식을 뒷받침하며 미국의 힘을 지속시킨다. 미국의 일꾼들은 자유롭게 혁신하며 우리의 풍부한 자연자원을 개발하고 이용하며 과도한 규제와 불공정한 외국 무역관행이 없는 시장에서 영업활동을 할 때 번영한다. 미국은 경제가 성장하고 혁신을 해야 세계 최강의 군대를 유지하고 국토를 지킬 수 있다.

　우리는 경제력을 재건하고 미국의 경제 모델에 대한 확신을 회복해야 한다. 수십 년 동안 미국의 공장들과 회사들 그리고 일자리는 해외로 이전했다. 2008년 글로벌 금융위기 이후 의구심이 자신감을 대체했다. 리스크 회피와 규제는 투자와 기업가 정신을 대체했다. 경기가 회복되었다 해도 미국 근로자들의 실질 소득은 미미하게 성장했을 뿐이다. 무역 적자는 불공정 무역관행을 비롯한 몇몇 요인들의 결과로 증가했다.

　70년 동안 미국은 호혜주의, 자유시장과 자유무역의 원칙에 뿌리를 둔 안정된 국제 경제 시스템의 리더십이 우리의 경제 및 안보 이익에 이바지한다는 신조를 전제로 한 전략을 받아들였다. 미국은 동맹국 및 협력국들과 함께 일단의 금융 기구와 여타 경제 포럼 창설을 주도했다. 이런 기구와 포럼들은 공평한 규칙을 수립하고 국제 경제를 안정화시킬 수단을 구축했으며, 양차 세계대전의 원인이 된 갈등의 요소들을 제거하고 있다.

그런 경제 시스템은 우리의 이익에 계속적으로 이바지하고 있지만 미국 근로자들이 번영하는 데 도움이 되고 우리의 혁신을 보호하며, 그런 시스템이 설립된 원칙을 반영하도록 개혁이 되어야 한다. 무역 협력국들과 국제기구들은 무역 불균형을 시정하며, 절차 규정에 충실하고 또 이를 시행하기 위해 더 많은 일을 할 수 있다.

오늘날 미국의 번영과 안보는 좀 더 광범위한 전략적 정황에서 진행되고 있는 경제적 경쟁에 의해 도전을 받고 있다. 미국은 자유무역 시스템을 우리의 가치를 공유하지 않는 국가들에 확장하는 데 일조했다. 그렇게 한 것은 이런 국가들이 경제, 정치 관행을 자유화하고 미국에 상응하는 이익을 제공하기를 바란 것이다. 경험에 의하면 이런 국가들은 자국의 경제 또는 정치를 크게 개혁하는 조처를 취하지 않고 핵심적인 경제 기구들을 왜곡하고 훼손했다. 그런 국가들은 자유무역의 수사를 지지하고 그 혜택을 이용했지만 오직 선택적으로 규칙과 협정을 지켰다.

우리는 공정, 호혜 및 규칙을 충실하게 지키는 데 뿌리를 둔 모든 경제 관계를 환영한다. 이러한 추구에 합류하는 국가들은 우리의 가장 가까운 경제 파트너가 될 것이다. 하지만 미국은 이 이상 더 규칙 위반, 속임수 또는 경제적 침략에 눈을 감지 않을 것이다. 우리는 뜻을 같이하는 동맹국 및 협력국들과 함께 일하면서, 우리의 원칙이 승리하고 규칙이 시행됨으로써 우리 경제가 번영하도록 할 것이다.

미국은 국내경제를 활성화시키고 근로자에 이익을 주며 제조업 기반을 되살리고 중산층의 일자리를 마련하며 기술 우위를 보존하고 환경을 보호하며 에너지 주도권을 달성하는 경제 전략을 추구할 것이다. 국내의 경제력을 재구축하며 공정하고 호혜적인 국제 경제 시스템을 유지하면 우리의 안보를 강화하고 세계의 번영과 평화를 진전시킬 것이다.

1. 국내경제의 활성화

국내의 경제적 도전은 우리가 경제 번영을 국기안보의 지주로서 이해할 것을 요구한다. 실업률이 낮고 증권 시장이 이익을 냈는데도 불구하고 전반적인 경제성장은 2008년의 불황 이래 최근까지 미미했다. 과거 5년 동안 국내총생산 성장률은 2%를 겨우 넘기는 수준에 머물렀으며 임금은 정체되었다. 세금은 인상되고 건강보험과 처방약 비용은 계속 올랐다. 인상속도는 완만하다고 할지라도 상승은 지속되었다. 교육비 상승은 인플레를 훨씬 상회하여 학생들의 부채가 증가했다. 생산성 증가는 수십 년 동안 보지 못한 수준으로 떨어졌다.

정부가 경제에 개입을 많이 하여 성장과 일자리 창출을 느리게 했다. 규제와 법인세 정책은 기업의 해외투자를 조장하고 미국 기업이 해외 경쟁사들에 비해 불리하게 만들었다. 과도한 규제는 소기업들에 부담을 주었다. 금융규제로 인하여 새로운 은행 설립이 위축되고 수백 개의 소형 은행들이 문을 닫게 되었다. 규제로 인해 소비자들의 신용 이용과 제품 선택이 감소되었다. 과도한 환경 및 사회기반시설의 규제는 미국의 에너지 무역과 새로운 사회기반시설 프로젝트 개발을 저해했다.

더구나 우리 나라의 물리적 사회기반시설의 불량한 상태는 경제를 망치고 소기업들의 수익성을 감소시켰으며 근로자들의 생산성을 둔화시켰다. 미국의 디지털 사회기반시설도 낙후되었다. 미국의 미래 성장을 지원하기 위해 대역폭을 개선하고 광대역 연결성을 개량하며 지속적인 사이버 공격으로부터 보호할 필요가 있다. 경제적 거래 및 개인 간의 거래는 '닷컴 세계'에 의존하며 부의 창출은 신뢰할 수 있고 안전한 인터넷에 달려 있다.

행정부는 미국 경제를 활성화시키고 모든 미국인의 잠재력을 분출시키며 자유시장 시스템의 신뢰 회복에 전념한다. 미국의 번영 촉진은 미국을 더욱 안전하게 만들고 세계에서 미국의 영향력을 증대시킨다.

〈우선 실시 사항〉

• 규제 부담 감소

정부 부처들과 기관들은 성장을 질식시키고 기업의 비용을 증가시키며 연구 개발과 고용을 저해하고 국내 기업의 해외 이전을 조장하는 불필요한 규제를 제거할 것이다. 우리는 규제를 축소하는 대신 충분한 보호와 감독을 함으로써 균형을 잡을 것이다.

• 조세 개혁 촉진

행정부는 의회와 더불어 고임금 일자리 창출을 촉진하고 중산층 가족의 세금을 경감하는, 더욱 단순하고 공정하며 성장 친화적인 세법을 만들 것이다. 영업세율 감소와 외국 자회사 소득의 속지주의 과세원칙(territorial system)은 미국 회사들의 경쟁력을 향상시키고 미국에로의 복귀를 촉진할 것이다.

• 미국의 사회기반시설 개선

연방, 주 및 지방 정부는 공항, 항구 및 수로, 도로 및 철도, 운송 시스템과 통신을 개선하기 위해 민간 업계와 함께 작업을 할 것이다. 미국은 주요 천연 가스 생산국으로서 전략적 우위를 이용하여 수송과 제조를 변환시킬 것이다. 우리는 보안된 5세대 인터넷 능력을 전국적으로 배치함으로써 미국의 디지털 사회기반시설을 개선할 것이다. 이러한 개선은 국가 경쟁력을 강화하고 환경에 도움을 줄 것이며 생활의 질을 향상시킬 것이다.

• 재정 책임을 통한 부채 감소

현재 20조 달러가 넘는 국가 부채는 미국의 장기적인 번영과 더 나아가 국가안보에 심각한 위협이 되고 있다. 연방 지출을 억제하고 정부의 효율성을 제고하며 조세제도를 현대화하고 비즈니스의 글로벌 경쟁력을 향상시킴으로써 경제는 성장하고 기존의 부채는 좀 더 관리 가능하게 될 것이다.

• 교육 및 도제 프로그램 지원

우리는 미국 근로자들이 21세기의 고임금 제조 및 과학, 기술, 엔지니어링과 수학(STEM: science, technology, engineering and mathematics) 일자리를 준비하는 도제 및 근로인력 개발 프로그램을 지원할 것이다.

2. 자유롭고 공정하며 호혜적인 경제 관계 진작

수십 년 동안 미국은 불공정 무역관행이 늘어나도록 방치했다. 여타 국가들은 덤핑, 차별적 비관세 장벽, 강제적인 기술이전, 비경제적 역량, 산업 보조금 및 여타 정부 및 국영기업의 지원을 동원하여 경제적 이득을 취했다.

오늘날 우리는 이런 도전에 대처해야 한다. 우리는 지속적인 무역 불균형을 시정할 것이며 무역 장벽을 무너뜨리고 미국 국민들에게 수출 증대를 위한 새로운 기회를 제공할 것이다. 미국이 더욱 공정한 무역을 확대함으로써 미국의 근로자들과 산업들은 사업을 위해 경쟁할 수 있는 기회를 더 많이 가질 것이다. 우리는 폐쇄적인 중상주의(重商主義) 무역 블록을 반대한다. 우리는 국제무역 시스템을 강화하고 여타 국가들이 시장 친화형 정책을 취하도록 인센티브를 부여함으로써 우리의 번영을 증진할 수 있다.

미국은 공정하고 자유로운 시장 원칙을 따르는 국가들과의 경제적 경쟁과 그런 원칙을 별로 중시하지 않는 국가들과의 경쟁을 구분한다. 우리는 경제 영역에서, 특히 무역 불균형이 존재하는 영역에서, 같은 생각을 가진 국가들과 경쟁할 것이다. 한편 국가들이 가치를 공유하고 공정하고 호혜적인 관계를 구축할 때 경쟁이 건전하다고 인식한다. 미국은 다른 국가들이 불공정한 이득을 취하기 위해 규칙을 위반할 때 강제조치를 추진할 것이다. 미국은 선진 민주국가들과 여타 뜻을 같이하는 국가들을 끌어들여 공동 번영과 안보를 위협하는 모든 형태의 경제침략을 방어할 것이다.

⟨우선 실시 사항⟩
• **새로운 무역 및 투자 협정 채택과 기존 협정의 현대화**
미국은 공정하고 호혜적인 무역에 전념하는 국가들과 양자 간 무역 및 투자 협정을 추진하고 이와 같은 원칙에 부합하도록 기존 협정을 현대화할 것이다. 협정은 지식재산권, 디지털 거래, 농업, 노동 및 환경에서 높은 표준을 지켜야 한다.

• **불공정 무역관행에 반대**
미국은 대화로부터 강제 수단에 이르기까지 모든 적절한 수단을 사용하여 시장을 왜곡하는 모든 불공정 무역관행에 반대할 것이다.

• **외국의 부패에 대처**
경제 및 외교 수단을 동원하여 미국은 지속적으로 부패한 외국 공무원들을 표적으로 하고 다른 국가들의 부패 척결 능력을 향상시키기 위해 해당 국가들과 협력함으로써 미국 회사들이 투명한 사업 분위기에서 공정하게 경쟁할 수 있도록 할 것이다.

- 뜻을 같이하는 협력국들과 공조

미국은 공정하고 호혜적인 경제질서의 규칙을 보존하고 현대화하기 위해 뜻을 같이하는 협력국들과 공조할 것이다. 이와 함께 우리는 필요시 공정 무역 집행 조치와 아울러 무역 및 투자 프로젝트 내에서 투명성을 보장하고 국제 표준을 지키기 위한 다국적 노력을 강조할 것이다.

- 새로운 시장 기회의 촉진

미국은 다른 국가들이 수출시장을 구축하고 자유무역 경쟁을 권장하며 민간 부문의 성장에 인센티브를 부여할 때 이런 국가들과 파트너가 될 것이다. 우리는 무역 및 투자 기회를 확대하고 미국의 상품과 서비스를 위한 시장 기반을 키울 것이다.

3. 연구, 기술, 발명 및 혁신의 주도

미국은 국내와 해외에서 사업을 개시하고 일자리를 창출하며 생활의 질을 향상하는 독창성을 발판으로 삼을 것이다. 경쟁 우위를 유지하기 위하여 미국은 경제성장과 안보에 결정적인 새로운 기술에 우선순위를 둘 것이다. 예를 들면 데이터 과학, 암호화, 자동화 기술, 유전자 편집, 신물질, 나노 기술, 선진 컴퓨팅 기술 및 인공지능 같은 것들이다. 특히 자율 주행 자동차로부터 자율 무기에 이르기까지 인공지능 분야는 급속도로 발전하고 있다.

미국은 지속적으로 혁신적이고 창의적이며 총명하고 담대한 인사들을 유치해야 한다. 우리는 점진적인 개선으로부터 판세를 바꾸는 돌파구에 이르기까지 전 범위에 걸친 발견을 성취하기 위해 정부, 학계 및 민간 부문의 과학자들을 고무할 것이다. 우리는 동맹국 및 협력국들과 공조하고 과학, 기술, 엔지니어링, 수학의 교육을 개선하며 고급 기술 인력을 활용하고 초기 단계 연구개발에 투자하는 건전한 혁신 경제를 육성할 것이다.

〈우선 실시 사항〉

• 세계적인 과학, 기술 트렌드의 이해

경쟁국들보다 앞선 미국의 우위를 유지하기 위해 정부 기관들은 세계적인 과학, 기술 트렌드와 그것이 미국의 전략과 프로그램에 어떤 영향을 미치고, 또는 해를 끼칠지에 대한 이해를 향상시켜야 한다.

• 투자자와 혁신자의 유치 및 확보

미국 정부는 산업계 및 학계와의 협력 그리고 기술 인재의 유치를 개선해야 한다. 연방정부 기관 전반을 통해 인재를 충분히 활용하는 데 대한 장애를 제거하고 연방의 과학, 기술, 엔지니어링, 수학 피고용자들을 채용하고 확보하기 위한 인센티브를 늘려야 된다. 주도적인 조치 중에는 신속한 고용, 국가 보안 허가의 신속한 판정, 경쟁력 있는 급여 제공이 포함될 것이다. 우리는 과학자, 엔지니어 및 기술자들이 공공 서비스로 유입되고 퇴직하는 흐름을 좀 더 쉽게 할 수 있는 통로를 만들어야 한다.

• 개발과 혁신에 민간 자본 및 전문적 기술의 활용

미국 정부는 민간 부문의 기술 전문성과 연구개발 역량을 좀 더 효과적으로 사용할 것이다. 민간 업계는 정부가 중대한 국가안보 임무를 위해 의존하고 있는 기술을 다수 소유하고 있다. 국방부와 여타 기관들은 미국 회사들과 전략적 파트너십을 구축하여 민간 부문 연구개발 자원이 보다 중요한 국가안보를 위해 쓰이는 데 일조할 것이다.

• 발명과 혁신의 신속한 실전 배치

미국은 허를 찌를 수 있는 능력을 회복하여야 하며, 현대 산업의 속도로 신기술을 실전 배치해야 한다. 정부 기관들은 낡은 연구개발 과정으로부터 신속한 실전 배치와 위험 부담을 보상하는 접근방법으로 바꿔야 한다.

4. 미국 국가안보 혁신 기반의 진흥과 보호

미국의 기업 분위기와 법 및 규제 시스템은 위험 부담을 장려한다. 우리는 열심히 일하고 큰 꿈을 꾸며 결코 포기하지 않는 국민의 국가이다. 모든 국가가 이런 특성을 공유하지는 않는다. 어떤 국가들은 자체의 시스템상의 취약점을 보완하기 위해 미국이 힘들게 획득한 지식재산권과 독점적 정보를 도둑질하거나 불법으로 취득한다.

중국과 같은 국가들은 매년 수천억 달러에 달하는 미국의 지식재산권을 훔쳐간다. 경쟁국들은 사유(私有) 기술과 초기 단계의 아이디어를 훔쳐감으로써 불공정하게 자유사회의 혁신에 접근할 수 있다. 수년 동안 경쟁국들은 정교한 수단을 사용하여 사이버 기반의 경제전쟁과 여타의 악의적인 활동 양상으로 우리의 기업과 경제를 약화시켰다. 이런 불법적인 수단 이외에도 어떤 국가들은 대부분 정당하고 합법적인 이전과 관계를 이용하여 특허 사용, 전문가 및 반도체 수탁 생산업체(trusted foundry)에 접근함으로써 자국의 능력 격차를 메우고 미국의 장기적인 경쟁 우위를 침식한다.

우리는 경쟁국들에 대해 국가안보 혁신 기반(NSIB: National Security Innovation Base)을 방어해야 한다. NSIB는 미국의 지식, 설비 및 사람의 네트워크 ― 학계, 국립 연구소, 민간 부문 포함 ― 로서 아이디어를 혁신으로 바꾸고 발견을 성공적인 상품과 회사로 변환시키며 미국의 생활방식을 보호하고 향상시킨다. 창조적 미국인의 천재성과 그들의 능력을 발휘하게 하는 자유 시스템은 미국의 안보와 번영에 결정적이다.

NSIB를 보호하자면 어느 개별 회사, 산업, 대학교 또는 정부 기관의 범위를 넘어서 국내 및 국제적인 대응이 필요하다. 혁신의 모습은 부문별로 깔끔하게 나뉘지 않는다. 대부분의 무기 체계의 부분을 이루는 기술은 다양한 기업체 및 대학교와 대학에서 비롯된 경우가 종종 있다. 우리가 혁신과 기술 우위를 상실하면 미국의 번영과 영향력에 지대한 부정적 영향을 끼칠 것이다.

〈우선 실시 사항〉

• **당면한 도전의 파악**

미국 정부는 불공정한 산업 트렌드와 경쟁국들의 행동이 국가안보에 미치는 영향을 통합하고 모니터하며 더 잘 파악하는 역량을 발전시킬 것이다. 우리는 민간 부문 및 학계와 정보를 공유하는 새로운 방식을 탐구함으로써 미국의 NSIB를 악화시키는 활동을 줄이는 데 대한 각자의 책임을 더 잘 이해하게 될 것이다.

• **지식재산권 보호**

미국은 적대적인 외국 경쟁자들이 공공 및 민간 부문의 기술과 전문적 지식을 도용하는 것을 줄일 것이다. 행정부는 투자자에 우호적인 분위기를 유지하는 한편, 의회와 함께 현재 및 미래의 국가안보 위험에 대처하도록 하기 위해 '미국 내 외국인 투자위원회'를 강화하는 작업을 할 것이다. 미국은 방첩활동과 법률 집행 활동의 우선순위를 모든 출처에 의한 지식재산권 도난의 감소에 둘 것이며 위반을 방지하고 기소하기 위해 새로운 법률 및 규제 메커니즘을 연구할 것이다.

• 비자 절차 강화

미국은 비전통적 정보 수집자들에 의한 경제 관련 절취를 줄이기 위해 비자 절차를 검토할 것이다. 우리는 미국이 가장 고급의 기술 인력을 확보하는 것의 중요성을 인정하는 한편, 지식재산권이 경쟁국들로 이전되지 않도록 특정 국가로부터의 과학, 기술, 엔지니어링, 수학 관련 유학생에 대한 제한을 고려할 것이다.

• 데이터 및 근원적 사회기반시설 보호

미국은 네트워크의 보호를 넘어서 네트워크상의 데이터를 보호하는 데로 초점을 확대함으로써 정지 상태와 전송 중인 것 모두 보안이 되도록 할 것이다. 이를 위해 미국 정부는 회사와 대학교 전반에 걸쳐 스파이 행위와 도난을 막기 위한 실천을 장려할 것이다.

5. 에너지 주도권 장악

미국은 수 세대 만에 최초로 에너지 주도권을 갖는 국가가 될 것이다. 에너지 주도권—미국이 글로벌 에너지 시스템에서 지도적인 생산자, 소비자, 혁신자로서 중심적인 위치를 차지하는 것—은 시장이 자유롭고 미국의 사회기반시설이 복원력이 있으며 안전하게 되는 것을 보장한다. 에너지 주도권은 에너지에 대한 접근이 다양화되는 것을 보장하고, 환경 관리의 중요성을 인식한다.

청정하고 가격이 적당하며 신뢰할 수 있는 에너지 원천을 국내에 확보하는 것은 앞으로 수십 년 동안 미국의 번영과 안전 및 힘을 뒷받침한다. 이와 같이 풍부한 에너지 원천 — 석탄, 천연가스, 석유, 재생 에너지 및 핵 — 의 개발은 경제를 활성화하고 미래 성장을 위한 기반을 구축한다. 우리 나라는 모든 산업에 걸쳐 경쟁력을 제고하기 위해 국내의 풍부한 자원과 에너지 효율성을 이용해야 한다.

또한 미국은 세계에서 가장 통합이 잘된 것 중 하나인 북미 에너지 시스템을 구축하고 있다. 우리의 활발한 국경 간 에너지 무역 및 투자는 미국 경제와 에너지 시장의 활성화와 복원력에 매우 중요하다. 우리는 투자를 유치하고 환경을 보호하며, 에너지 안보를 강화하고 우리가 공유하는 지역의 거대한 잠재력을 발휘하게 하는 에너지 이니셔티브를 적극적으로 지원하고 있다.

기후정책은 지속적으로 글로벌 에너지 시스템을 형성할 것이다. 미국의 지도층은 미국의 경제와 에너지 안보 이익에 유해한 반(反)성장 에너지 의제에 반대하지 않을 수 없다. 앞으로의 글로벌 에너지 수요를 감안할 때 다수의 개발도상국들은 경제를 움직이고 국민들을 가난에서 벗어나게 하기 위해 화석 연료와 아울러 다른 형태의 에너지를 필요로 할 것이다. 미국은 에너지 안보, 경제 발전 및 환경 보호의 균형을 맞추는 접근방법을 지속적으로 추진할 것이다. 미국은 경제를 확장하면서도 전통적인 오염과 아울러 온실 가스를 감축하는 데 여전히 글로벌 리더가 될 것이다. 여타국들에 모범이 될 수 있는 이런 성과는 부담을 주는 규제가 아니라 혁신, 기술 약진 및 에너지 효율성 획득으로부터 나온다. 미국은 전 세계에 대한 에너지 자원, 기술 및 서비스의 점증하는 공급국으로서 동맹국 및 협력국들이 에너지를 다른 나라를 압박하는 데 사용하는 국가들에 대항하여 더욱 복원력을 갖도록 지원할 것이다. 또한 에너지 수출국으로서 미국의 역할은 우리의 취약점을 평가하고 복원력 있는 미국의 사회기반시설을 요구할 것이다.

마지막으로, 미국의 장기적인 에너지 안보의 미래는 우리 국민에게 달려 있다. 우리는 국립 연구소를 비롯하여 혁신과 연구 개발을 뒷받침함으로써 우리의 미래에 투자해야만 한다.

〈우선 실시 사항〉

• **장벽 축소**

미국은 청정하고 안전한 에너지 자원의 개발을 촉진하는 한편 에너지 생산을 방해하고 경제성장을 억제하는 규제 부담을 제한할 것이다. 파이프라인과 수출 터미널에서 컨테이너 선적과 집하 라인에 이르기까지 에너지 사회기반시설을 위한 연방 규제 승인 절차를 간소화하는 한편, 책임 있는 환경관리도 확고히 할 것이다.

• **수출 진흥**

미국은 에너지 자원, 기술 및 서비스 수출을 진흥할 것이다. 그렇게 함으로써 동맹국과 협력국들이 에너지 공급원을 다양화하고 경제적인 이득을 얻는 데 도움을 준다. 우리는 민간 부문의 해안 터미널 개발을 지속적으로 지원함으로써 수출 능력을 확장할 것이다. 이를 통해 미국 산업을 위한 시장 접근을 증대시키고 경쟁우위를 강화할 것이다.

• **에너지 안보 보장**

미국은 동맹국 및 협력국들과 함께 사이버 및 물리적 위협으로부터 글로벌 에너지 사회기반시설을 보호하는 작업을 할 것이다. 미국은 국내와 해외에서 에너지 원천, 공급 및 루트의 다양화를 지원할 것이다. 우리는 전략적 석유 재고를 현대화하고 여타국들이 자국의 에너지 안보 수요에 부합하는 자체 재고를 개발하도록 권장할 것이다.

- 보편적인 에너지 접근 확보

미국은 저렴하고 신뢰할 만한 에너지에 대한 보편적인 접근 보장을 모색할 것이다. 여기에 포함되는 것은 빈곤을 감소하고 경제성장을 북돋우며 번영을 촉진하는 데 일조하는 효율성이 높은 화석 연료, 핵 및 재생 에너지이다.

- 미국의 기술 우위 제고

우리는 에너지에서 미국의 기술 우위를 증진할 것이다. 여기에 포함되는 것은 핵기술, 차세대 원자로, 고품질 배터리, 선진 컴퓨팅, 이산화탄소 포집 기술, 에너지 - 물 넥서스의 기회이다. 미국은 최종 소비자에 대한 경제적, 환경적 편익을 고려하여 혁신적이고 효율적인 에너지 기술 주도를 계속할 것이다.

힘을 통한 평화 유지

> ❝ 본인이 대통령으로 있는 동안 우리 나라를 방어하는 남녀 군인들은 국토를 ❞
> 보전하고 적에게 신속하고 단호하게 대응하며,
> 필요시 전투를 하고 압도하며 언제나, 언제나, 언제나 승리하는 데 필요한
> 장비, 자원 및 자금을 지원받을 것이다.
>
> 대통령 도널드 J. 트럼프_ 2017년 12월

역사에서 지속적으로 가장 중요한 것은 권력 투쟁이다. 현재도 다를 바 없다. 세 개의 주요 도전자들 — 수정주의 강대국인 중국과 러시아, 불량 국가인 이란과 북한 그리고 초국경 위협 조직들, 특히 지하디스트 테러리스트 집단들 — 은 적극적으로 미국과 우리의 동맹국 및 협력국들과 겨루고 있다. 비록 성격과 규모는 다르다고 할지라도 이런 적수들은 정치, 경제, 군사 영역에 걸쳐서 겨루고 있으며 기술과 정보를 이용하여 지역의 세력 균형을 자기들에 유리하도록 바꾸기 위해 대결을 격화시키고 있다. 이는 근본적으로 억압적인 체제를 선호하는 국가들과 자유 사회를 선호하는 국가들 사이의 정치적 대립이다.

중국과 러시아는 미국의 가치 및 이익과 정반대되는 세계를 형성하고자 한다. 중국은 인도 - 태평양 지역에서 미국을 대체하고 국가 주도 경제 모델의 영역을 확대하며 이 지역을 자국에 유리하도록 재편하고자 한다. 러시아는 강대국 지위를 회복하고 국경 근처에 영향권을 구축하려고 한다.

양국의 의도가 반드시 고정된 것은 아니다. 미국은 양국과 상호 이익 영역 전반에 걸쳐서 협력할 태세가 되어 있다.

수십 년 동안 미국의 정책은 중국의 부흥과 전후 국제질서에의 통합을 지원하면 중국이 자유화될 것이라는 신념에 뿌리를 두었다. 우리의 희망과는 반대로 중국은 타국의 주권을 희생시키고 권력을 확장했다. 중국은 타의 추종을 불허하는 규모로 데이터를 수집하고 악용했으며, 부패와 감시를 비롯한 권위주의적인 체제의 특성을 확산한다. 중국은 미국의 뒤를 이어 세계에서 가장 강하고 예산이 충분한 군대를 구축하고 있다. 중국의 핵병기는 수가 늘어나고 다양화되고 있다. 중국의 군대 현대화 및 경제 팽창의 일부는 미국의 세계 일류 대학교를 비롯한 혁신 경제를 이용한 덕분이다.

러시아는 미국의 세계 영향력을 약화시키고 동맹국 및 협력국들과 분열시키는 것을 목표로 하고 있다. 러시아는 나토와 유럽연합을 위협으로 간주하고 있다. 러시아는 미국에 여전히 가장 중대한 실제적 위협인 핵 체계를 포함하여 새로운 군사 역량에 투자하고 있으며, 사이버 역량을 동요시키려 하고 있다. 러시아는 현대화된 형태의 파괴 전술을 통해 전 세계적으로 국가들의 국내 정치 문제에 개입하고 있다. 러시아의 야망과 점증하는 군사역량이 결합하여 유라시아에서 불안정한 전선을 조성하고 있으며, 그 지역에서 러시아의 오산에 기인한 분쟁 위험이 증가하고 있다.

오늘날 세계의 골칫거리는 자유롭고 문명화된 국가들의 모든 원칙을 위반하는 소수 불량 정권이다. 이란 정권은 전 세계의 테러리즘을 후원하고 있다. 이란은 더욱 성능이 좋은 탄도미사일을 개발하고 있으며 미국과 우리의 협력국들을 위협할 수 있는 핵무기 개발을 재개할 수 있는 잠재력을 갖고 있다. 북한은 인간의 존엄을 무시하는 무자비한 독재 정권의 지배를 받고 있다. 북한은 25년 이상 그들이 한 모든 약속을 무시하고 핵무기와 탄도미사일을 추구하고 있다. 오늘날 이런 미사일과 무기는 미국과 우리의 동맹국들을 위협하고 있다. 대량살상 무기를 확산하고 개발하려는 국가들의 위협을 우리가 무시하면 할수록 그런 위협은 악화되고 우리의 방어를 위한 선택지는 줄어들게 된다.

미국은 ISIS 및 알카에다 따위의 지하디스트 테러리스트 집단과 장기 전쟁을 계속 벌이고 있다. 이런 집단들은 미국과 우리의 협력국들을 대상으로 한 폭력을 권장하고 자기들의 통제하에 있는 사람들을 참혹하게 하는 공통의 급진적인 이슬람 이데올로기와 연계되어 있다. 비록 미국과 우리의 협력국들이 시리아와 이라크에 있는 ISIS와 알카에나를 패배시켰다고 할지라도 이런 조직들은 전략적 위치에 지부를 설치하고 글로벌로 뻗친 손을 유지하고 있다. 우리가 미국인들, 우리의 동맹국과 협력국들에 대한 공격을 방지하기 위한 노력을 강화하고 있는데도 지하디스트 테러리스트들의 위협은 상존할 것이다.

미국의 이익을 보호하려면 전 세계 각지에서 발생하고 있는 이런 다툼 내부 또는 이를 가로질러 지속적으로 경쟁할 것이 요구된다. 이런 경쟁의 결과는 미국과 우리의 동맹국 및 협력국들의 정치적, 경제적, 군사적 힘에 영향을 미칠 것이다.

승리하기 위해 우리는 미국의 국력─정치적, 경제적, 군사적─의 모든 요소를 통합해야 한다. 또한 우리의 동맹국과 협력국들은 역량에 기여를 해야 하며 의지를 보여주고 공유된 위험에 대처해야 한다. 경험에 따르면 적수가 공격을 포기하거나 단념할 의사를 갖는 것은 미국의 힘과 우리 동맹국들의 활력을 인식하는 데 달려 있다.

미국은 무엇보다도 군사력이 세계 1위이며 동맹국들 및 권력 수단 모두를 충분히 통합했다는 것을 확증함으로써 강자의 위치에서 경쟁국들과 협력 분야를 모색할 것이다. 강력한 군대는 우리 외교관들이 강자의 위치에서 활동할 수 있도록 보장한다. 이런 식으로 우리는 동맹국 및 협력국들과 함께 억지할 수 있으며, 필요시 미국의 이익에 대한 침략을 물리치고 폭력적인 분쟁 없이 평화를 지키면서 경쟁을 관리할 수 있는 가능성을 증대시킨다.

1. 미국의 경쟁 우위 갱신

미국은 당면 문제로서 지속되고 있는 것과 새로운 것을 고려해야 한다. 영향력을 두고 벌이는 다툼은 시대를 초월한다. 그런 다툼은 수천 년 동안 강도와 수준을 달리하면서 존재했다. 지정학은 전 지구적으로 펼쳐지는 이런 다툼의 상호작용이다. 하지만 어떤 조건들은 새로운 것이고 경쟁이 펼쳐지는 방식을 변화시켰다. 우리는 여러 영역에서 여러 행위자들로부터 오는 동시적인 위협에 직면하고 있으며, 모든 것이 기술로 인하여 가속화되고 있다. 미국은 본토를 보호하고 번영을 진척시키며 평화를 보존하기 위해 새로운 개념과 역량을 개발해야 한다.

1990년대 이래 미국은 전략적 자기만족을 대단히 많이 보였다. 군사적 우월성이 보장되고 민주적 평화가 필연적이라고 추정했다. 자유민주의 확장과 포섭이 근본적으로 국제 관계의 성격을 변모시키고 경쟁은 평화적 협력으로 대체될 것이라고 믿었다.

우리의 국가안보에 대한 위협이 증대되는데도 군사역량을 구축하는 대신 미국은 군대 규모를 1940년대 이후 가장 낮은 수준으로 대폭 줄였다. 합동군은 중요한 역량을 개발하는 대신 거의 10년 동안 새로운 무기 체계의 획득이 심각하게 제한되는 이른바 '조달 휴업'에 들어갔다. 예산 자동삭감 및 반복되는 예산계속 결의(새로운 예산이 제때 통과되지 못했을 때 지난해의 예산을 계속 적용하도록 하는 결의 — 옮긴이)에 예시된 바와 같은 국가의 연간 연방 예산 과정의 붕괴로 인해 위협이 증대하는 기간 동안 미국의 군사적 우위가 더욱더 훼손되었다.

미국이 새로운 무기를 개발하고 조달하는 방식을 개선하기 위해 수십 년간 노력했음에도 불구하고 우리의 획득 시스템은 여전히 경직되어 있었다. 합동군은 새로운 위협이나 기술과 보조를 맞추지 못했다. 우리는 방위비를 줄였으며 미국 납세자들과 병사들은 제대로 대접을 받지 못했다.

또한 우리는 역량 감소를 기술로 메꿀 수 있다고 잘못 믿었다. 군사적으로 승리하기 위해 충분한 병력을 야전에 배치할 수 있고 승세를 공고히 하며 원하는 정치적 목적을 달성하는 능력에 대해 오판을 한 것이다. 우리는 스스로 모든 전쟁을 원격거리에서 최소의 사상자를 내고 전투해서 신속하게 승리할 수 있다고 확신했다. 또한 강대국 간의 경쟁이 지난 세기의 현상이라고 치부된 이후 다시 등장했다. 중국과 러시아는 지역적으로, 글로벌로 영향력을 다시 행사하기 시작했다. 오늘날 두 나라는 위기 시에 미국이 접근하지 못하게 할 목적으로, 그리고 평화 시에는 매우 중요한 상업 지대에서 자유롭게 활동하는 우리의 능력과 경쟁할 목적으로 군사 역량을 배치하고 있다. 간단히 말해서 양국은 우리의 지정학적 우위에 도전하고 있으며 국제질서를 자국에 유리하도록 변경하려 시도하고 있다.

더구나 오늘날 억지를 달성하는 것은 냉전기간보다 훨씬 더 복잡하다. 적대국들은 미국의 전쟁 방식을 연구하고 우리의 힘을 표적으로 하는 역량에 투자하며, 인식된 취약점을 이용하려고 한다. 정확하고 값비싸지 않은 무기의 확산과 사이버 도구의 사용으로 국가 및 비국가 경쟁자들은 여러 영역에서 미국에 해를 끼치고 있다. 그런 역량은 최근까지 미국이 육지, 공중, 해양, 우주 및 사이버 공간 영역에서 지배한 것을 차지하려 하고 있다. 또한 그런 역량은 적대세력이 미국에 대해 ─핵무기에 의존하지 않고도─ 우리의 경제와 군사력을 배치할 수 있는 능력을 마비시킬 수 있는 방식으로 전략적인 공격을 감행할 수 있도록 한다. 억지는 이런 영역 전부에 걸쳐 확장되어야 하고 가능한 모든 전략적 공격에 대처해야 한다.

또한 적대세력과 경쟁국들은 공공연한 군사 분쟁으로 나아가지 않고 그리고 국제법의 한계를 벗어나지 않은 상태로 활동하는 데 능숙하게 되었다. 억압적이고 폐쇄된 국가들과 조직들은, 많은 면에서 불안정하다고 할지라도 목적을 달성하기 위해 경제적, 군사적, 그리고 특히 정보적 수단을 통합하는 데 더욱 민첩하고 신속한 경우가 많다. 그들은 진실과 민주주의에 내재된 프라이버시의 규칙과 보호 그리고 군사 분쟁의 법칙에 얽매이지 않는다. 그들은 별개의 행동을 결합한 정교한 정치적, 경제적, 군사적 활동을 전개한다. 그들은 인내심이 있으며, 오랜 시간에 걸쳐 조금씩 전략적 이익을 획득하는 것으로 만족하기 때문에 미국과 동맹국들이 대응하기가 더욱 어렵다. 그런 행동은 미국으로부터의 직접적인 군사 대응을 불러일으키지 않고 최대 효과를 거두도록 계산된 것이다. 그리고 이런 점진적인 성과가 시간을 두고 현실화될 때 새로운 현상(status quo)이 나타난다.

미국은 이런 유형의 경쟁에 대비해야 한다. 중국, 러시아, 여타 국가 및 비국가 행위자들은 미국이 종종 세계를 이분법으로 보고 있다고 인식한다. 즉 실제로는 미국이 지속적인 경쟁의 광장에 있을 때도 국가들을 '평화상태'인가 또는 '전쟁상태'인가로 본다는 것이다. 적대세력들은 우리 방식대로 우리와 싸우지 않을 것이다. 우리는 그러한 도전에 대응하고 미국의 이익을 보호하며 우리의 가치를 발전시키기 위해 우리 방식의 게임을 할 것이다.

우리의 외교, 정보, 군사, 경제 기관들은 경쟁의 성격 변화에 보조를 맞추지 못했다. 미국의 군부는 즉각적으로 다양한 영역에서의 모든 종류의 분쟁에 대해 작전에 임할 태세를 갖춰야 한다. 이런 도전에 대응하기 위해 우리는 또한 이런 환경에 걸쳐 활동할 정치적, 경제적 수단들을 개선해야 한다.

관료주의의 타성은 강력하다. 하지만 미국 국민의 재능, 창의력과 헌신

역시 그만큼 강력하다. 공공 부문과 민간 부문의 노력을 조절함으로써 우리는 무적의 통합군을 만들 수 있다. 컴퓨팅, 자동화 및 제조업의 새로운 발전은 이미 우리의 전투방식을 탈바꿈시키고 있다. 우리의 동맹국과 협력국들의 힘을 합칠 때 이러한 이점은 증가한다. 우리가 당면한 미래는 승리하든지 또는 실패하든지 간에 우리의 것이다. 역사에 비추어보면 미국 국민들은 난국에 대처하고 트렌드를 미국, 동맹국 및 협력국들에게 유리하도록 전환시킬 수 있다.

2. 능력 갱신

지정학적 환경의 새로운 특성을 고려할 때 미국은 당면한 도전에 대처하기 위해 핵심적인 역량을 갱신해야 한다.

1) 군부

미국의 군사력은 여전히 영향력을 행사하기 위한 경쟁의 매우 중요한 요소이다. 합동군은 미국의 중대한 이익을 위협하는 어떤 분쟁에서도 싸워서 승리할 수 있는 결의와 헌신 그리고 능력을 보여준다.

미국은 한수 위의 위치를 유지해야 한다. 즉, 적의 승리를 저지하고 미국의 아들과 딸들이 결코 대등한 전쟁을 하지 않도록 보장하는 충분한 규모의 역량을 결합해야 한다. 한수 위의 위치는 우리의 외교를 강화시키며 우리의 이익을 보호하는 국제 환경을 형성할 수 있도록 해준다. 군사적 우위를 유지하기 위해 미국은 혁신적 역량을 산출할 능력과 대규모 전쟁을 위한 군의 준비태세를 회복하고 군대 규모를 증가시킴으로써 다양한 시나

리오에서 승리하기 위해 충분한 규모로 그리고 넉넉한 기간 동안 작전을 수행할 수 있어야 한다.

우리는 적대세력에게 그들을 패배시킬 능력과 의지를 갖고 있다는 것을 확신시켜야 한다. 적대세력이 미국을 공격하면 우리는 단지 응징하는 것으로 끝내지 않을 것이다. 우리는 잠재적인 적들의 목표를 거부함으로써 그들을 억지할 능력을 보장하고 적들이 무력을 사용하거나 혹은 여타 형태의 침략으로 목표를 달성할 수 없다는 것을 확신시켜야 한다. 우리는 동맹국들이 동일하게 하도록 할 필요가 있다. 군을 현대화하고 필요한 역량을 획득하며 준비태세를 개선하고 군대 규모를 확대하고 승리하겠다는 정치적 의지를 확언하도록 해야 한다.

〈우선 실시 사항〉

• 현대화

미국 군부가 적대세력을 확실하게 패배시키려면 치명성에서 그들을 분명히 능가하는 무기 체계가 필요하다. 가능한 분야에서 우리는 이전 투자에 대한 수익을 극대화하는 방식으로 기존 체계를 개선해야 한다. 다른 분야에서는 적대세력이 값비싼 딜레마에 봉착하도록 하는 한편 우리의 군대가 명백하게 우위에 설 수 있는 새로운 역량을 모색해야 한다. 우리는 혁신에 방해가 되는 관료적 걸림돌을 제거해야 하며, 값이 덜 비싸고 시간이 절약되는 상용 기성품(COTS: commercial off-the-shelf) 해결책을 받아들여야 한다. 각 부처와 기관들은 새로운 기술이 개발되는 것에 따라서 쉽게 업그레이드할 수 있는 역량을 실험하고 견본을 만들고 신속하게 실전 배치할 수 있도록 업계와 협력해야만 한다.

• 획득

미국은 국민을 대신하여 과도한 비용을 회피하고 비대해진 관료체제를 제거하며 불필요한 지연을 막음으로써 우리 군대의 손에 올바른 장비를 쥐여줄 수 있는 더 나은 거래를 하기 위해 획득에 관한 새로운 접근방법을 추구할 것이다. 우리는 전통적인 방위산업 기반 밖에서 개발되고 있는 혁신적인 기술을 이용해야 한다.

• 능력

군대의 규모가 중요하다. 분쟁을 억지하고 만약 억지가 실패하면 전쟁에서 승리하기 위해 국가는 적을 물리치고, 군사적 성과를 공고히 하며, 미국 국민과 우리의 핵심적인 이익을 보호하는 지속가능한 성과를 얻는 데 충분한 규모로 그리고 충분한 기간 동안 작전을 수행할 수 있는 군대를 배치할 수 있어야만 한다. 미국은 합동군의 규모를 줄이기로 한 최근의 결정을 번복하고, 한편으로는 현대화와 준비태세를 확고히 하고 또 한편으로는 군대를 증강해야 한다.

• 준비태세 개선

미국은 국익을 방어하는 한편 국토를 수호할 수 있는, 준비된 군대를 확보해야 한다. 준비태세를 갖추려면 훈련, 군수 및 유지에 새롭게 집중할 필요가 있다. 우리는 사태를 신속하게 장악하기 위해 전장에 적시에 도착할 수 있어야 한다. 그렇게 하려면 탄력성 있는 전진 자세와 기민한 글로벌 기동 병력이 필요할 것이다.

• 전면적인 작전 병력 확보

합동군은 미국에 대한 모든 위협을 억지하고 물리칠 수 있는 능력을 갖취야만 한다. 국방부는 공중, 해상, 육상, 우주 및 사이버 공간 영역에서 확실하게 우세하지 않아도 승리할 수 있는 새로운 작전 개념과 역량을 개발해야 한다. 여기에는 전통적인 군사분쟁 수준 이하에서의 작전도 포함된다. 우리는 비정규전에서의 능력을 유지해야 한다. 이를 위해서는 테러리스트 네트워크와 여타의 비정규전 위협에 대처하는, 임시적이 아닌 장기전을 계획할 필요가 있다.

2) 방위산업 기반

건전한 방위산업 기반은 미국의 파워와 국가안보 혁신 기반에 매우 중요한 요소이다. 비상사태 발생 시 군대가 제대로 대응할 수 있는 능력은 필요한 부품과 시스템의 생산 및 건전하고 안전한 공급 사슬과 숙련된 근로인력을 확보하는 우리 나라의 능력에 달려 있다. 하지만 지난 20년 동안 훼손된 미국의 제조업은 이런 능력에 부정적인 영향을 미치며 미국의 제조업체들이 국가안보 요구를 충족시키는 능력을 약화시킬 위험에 처해 있다. 오늘날 우리는 일부 제품은 국내의 단일 공급원에 그리고 여타 제품은 외국의 공급 사슬에 의존한다. 군대에서 필요로 하는 특수 부품의 경우 국내에서 생산할 수 없을 가능성에 직면하고 있다. 미국의 제조업 기반이 약화된 것과 마찬가지로 산업용 용접으로부터 사이버보안과 항공우주용 하이테크 기술에 이르기까지 매우 중요한 근로인력 기술도 약화되었다. 국가적으로 우선 실시해야 될 사항은 활기찬 국내 제조업 부문과 굳건한 방위산업 기반 및 복원력 있는 공급 사슬에의 지원이다.

〈우선 실시 사항〉

• 문제점 파악

우리는 방위산업 기반의 강점과 약점을 평가할 것이다. 여기에는 국가안보에 필수적인 재료, 공급 사슬에 영향을 미칠 수 있는 긴급 사태 그리고 미래에 매우 중요할 것으로 보이는 기술의 식별이 포함된다.

• 국내 투자의 권장

미국은 국내로 핵심적인 국가안보 산업을 복귀시키는 정책과 인센티브를 추진할 것이다. 미국 정부는 가능한 한 업계 파트너와 함께 핵심 기술과 제조업 역량에서의 미국 경쟁력을 강화시키는 작업을 할 것이다. 또한 우리는 미국의 군사 장비 수출을 촉진하기 위해 그에 대한 규정과 프로세스를 개혁할 것이다.

• 중요한 기술의 보호와 성장

미국은 기술 대학과 도제 프로그램에 대한 지원 강화를 통해 숙련직과 하이테크 기술을 유지, 발전시켜야 한다. 우리는 연방 및 주 수준에서 과학, 기술, 엔지니어링, 수학 프로그램을 지원하고 국가안보 기술 분야를 목표로 할 것이다.

3) 핵전력

핵무기는 과거 70년 동안 국가안보 전략에서 대단히 중요한 목적에 이바지해왔다. 핵무기는 미국, 동맹국 및 협력국들에 대한 침략을 억지함으로써 평화와 안정을 지키기 위한 전략의 토대이다. 핵 억지 전략이 모든 분쟁을 방지할 수는 없지만 핵 공격, 비핵 전략 공격 및 대규모 재래식 침략을 저지하는 데 필수적이다. 또한 미국이 30개 이상의 동맹국 및 협력국들에게 핵 억지를 확대함으로써 그런 국가들의 안보를 보장하는 데 일조하고, 자체적으로 핵무기 보유능력을 갖출 필요성을 감소시켰다.

냉전 이후 미국은 핵 사업에 대한 투자를 축소하고 우리의 전략에서 핵무기의 역할을 축소했다. 미국의 삼각 전략 핵무기인 폭격기, 해상기지 미사일, 육상기지 미사일의 어떤 부분은 30년 이상 되었으며 많은 핵 기반시설은 2차 대전 시대에 설치된 것들이다. 하지만 같은 기간 동안 핵무장한 적대세력들은 무기와 운반시스템의 범위를 확장했다. 미국은 삼각 전략 핵무기와 해외에 배치된 전역(戰域) 핵전력이 제공하는 신뢰할 만한 억지와 보장 능력을 유지해야 한다. 향후 수십 년 동안 국가안보 위협에 대처할 수 있는 미국의 핵무기와 기반시설을 유지하려면 상당한 투자가 필요하다.

〈우선 실시 사항〉

• 미국의 핵무기 지속

미국은 현재의 필요를 충족시키고 예상치 못한 위험에 대처할 핵 무력 구조를 지속할 것이다. 미국은 여타 강대국들의 핵무기에 필적할 필요는 없지만 적대세력을 억지하고 동맹국과 협력국들의 안전을 보장하며 억지가 실패할 경우 미국의 목표를 달성할 수 있는 비축량을 지속해야 한다.

• 미국 핵전력 및 기반시설의 현대화

우리는 효과적이고 안전한 삼각 전략 핵무기를 유지하고 미래의 국가안보 위협에 대응하기 위해 필요한 과학, 엔지니어링, 제조 역량을 확실하게 가질 수 있도록 핵 사업을 현대화할 것이다. 현대화하고 지속가능하게 하려면 낡아빠진 지휘통제 시스템에 투자하고 핵무기의 개발, 제조 및 배치에 필요한 고급 기술 인력을 유지하고 증강시킬 필요가 있다.

• 안정된 억지력 유지

미국은 오판을 하지 않도록 예측가능한 관계를 구축하고 핵 위험을 감소하기 위해 여타 국가들과 논의를 할 것이다. 우리는 새로운 무기 통제 협정이 전략적 안정에 기여하고 검증 가능한지를 검토할 것이다. 우리는 적대세력이 미국, 동맹국 및 협력국들을 압박하기 위해 핵 확대(nuclear escalation) 위협을 하거나 또는 여타의 무책임한 핵 행태를 보이는 것을 용납하지 않을 것이다. 핵 확대에 대한 공포가 있다 할지라도 미국이 그 자신이나 동맹국 및 협력국들의 중대한 이익을 방어하는 것을 막지 못할 것이나.

4) 우주

미국은 우주에서 지도력과 행동의 자유를 유지해야 한다. 우주 영역에 구성요소들이 있는 것은 통신 및 금융 네트워크, 군사 및 정보 시스템, 기상 모니터링, 내비게이션 등이다. 미국의 우주에 대한 의존도가 높아짐에 따라 여타의 행위자들은 우주 기반 시스템과 정보에 접근할 수 있게 되었다. 정부들과 민간 기업들은 점점 적은 비용으로 우주에 위성을 쏘아 올릴 수 있게 되었다. 화상, 통신 및 위치 정보 서비스로부터의 데이터를 융합함으로써 적극적인 행위자들이 이전에는 이용할 수 없었던 정보에 접근할 수 있게 되었다. 이와 같이 '우주의 민주화'는 군사 작전과 미국이 분쟁에서 승리할 수 있는 능력에 영향을 미쳤다.

많은 국가들이 자국의 전략적 군사 활동을 지원하기 위해 위성을 구입하고 있다. 여타 국가들은 우주 자산을 공격할 수 있는 능력이 비대칭 우위를 제공한다고 믿고, 그 결과 다양한 대(對)위성(ASAT: anti-satellite) 무기를 구입하고 있다. 미국은 우주에 자유롭게 접근하고 활동할 수 있는 자유를 중대한 이익으로 생각한다. 이런 미국의 중대한 이익에 직접 영향을 미치는 우주 구조물의 중요한 요소에 해로운 개입을 하거나 공격을 가하면 우리가 선택하는 시간, 장소, 양식 및 영역에서 계획적인 대응을 받게 될 것이다.

〈우선 실시 사항〉

• 우주 분야를 우선 영역으로 지정

미국 부통령이 의장을 맡고 있는, 새로 재건된 국가 우주위원회는 미국의 장기 우주 목표를 검토하고 우주에서의 혁신과 미국의 지도력을 지원하기 위해 모든 우주 부문을 통합하는 전략을 개발할 것이다.

• 우주 상업의 진흥

미국은 경쟁력 강화를 위해 상업적 우주 활동에 관한 규정을 단순화하고 업데이트할 것이다. 미국 정부가 우주 구조물의 복원력을 향상시키기 위해 미국의 상업적인 우주 역량과 제휴함에 따라 우리는 또한 국가안보 보호를 우리의 민간 부문 협력자들에게 필요한 한 확장하는 것을 고려할 것이다.

• 탐구활동의 주도권 유지

태양계 전반에 걸쳐 인간의 탐구를 시행하고 지구로 새로운 지식과 기회를 가져오기 위해 민관협력 사업을 증대하고 동맹국 및 우방국들과 더불어 낮은 지구 궤도를 넘어서 모험적 사업을 촉진할 것이다.

5) 사이버 공간

악의적인 국가 및 비국가 행위자들은 강탈, 정보전, 역정보 등등을 위해 사이버 공격을 자행한다. 그러한 공격은 상대적으로 미미한 투자로 수많은 사람과 기관에 해를 끼칠 수 있는 반면, 관련 사실을 부인하면 적발하는 데 애를 먹는다. 이러한 공격은 민주적 기관들과 글로벌 경제 시스템에 대한 믿음과 신뢰를 훼손할 수 있다.

이제 수많은 국가들은 사이버 역량을 영향을 미치기 위한 도구로 간주하고, 어떤 국가들은 사이버 도구를 이용해서 독재정권을 보호하고 확장한다. 사이버 공격은 현대 분쟁의 핵심적인 특성이 되었다. 미국은 우리를 공격하기 위해 사이버 공간 역량을 이용하는 악의적인 행위자들을 억지하고 방어하며 필요시 퇴치할 것이다. 사이버 공간에서 악의적인 행위자들을 퇴치하기 위한 행동을 취할 기회가 오면 미국은 우리의 선택지를 고려하면서 위험을 파악하기는 하지만 회피하지는 않을 것이다.

⟨우선 실시 사항⟩
• **속성, 책임성 및 대응 개선**
우리는 사이버 공격의 속성을 파악하기 위한 능력을 지원하고 개선하며 신속한 대응조처를 취할 수 있는 능력에 투자할 것이다

• **사이버 도구 및 전문기술 향상**
우리는 미국 정부의 자산과 중요한 사회기반시설을 보호하고 데이터와 정보의 온전성을 지키기 위해 분쟁의 모든 범위에 걸쳐 사이버 도구를 향상시킬 것이다. 미국의 정부 부처와 기관들은 이런 모든 부문에 걸쳐 활동할 수 있는 근로인력을 모집하고 훈련시키며 보유할 것이다.

• **통합과 민첩성 개선**
우리는 정부 전반에 걸쳐 권한과 절차의 통합을 개선함으로써 적대 세력에 대한 사이버 작전이 필요한 대로 수행되도록 할 것이다. 우리는 의회

와 함께 시의적절한 첩보와 정보의 공유, 계획 및 작전 그리고 필요한 사이버 도구의 개발에 지속적으로 방해가 되는 난제들에 대처하는 작업을 할 것이다.

6) 정보

미국이 전략 지정학적 및 지역적 변동과 이런 변화의 정치적, 경제적, 군사적 및 안보와 관련된 함의를 식별하고 대응하기 위해서는 정보공동체가 정보를 수집, 분석, 판별, 운용할 수 있어야 한다. 지금과 같은 정보 지배 시대에 미국이 경쟁국들의 행동과 도발에 대응할 수 있으려면 정보공동체가 지속적으로 전략 정보를 수집하여 전략 지정학적 변동과 아울러 단기 정보를 예측하여야 한다.

미국이 군사력을 현대화하여 적대세력을 압도하기 위한 능력을 갖추려면 정보 지원이 필요하다. 정보는 외국의 기본 방침과 외국 지도자들의 의도를 이해하고 예측하며 기습 전술과 작전을 예방하고 미국의 능력이 실전에 배치되기 전에 손상되지 않도록 하는 데 필요하다. 또한 사실상 모든 현대 무기 시스템은 과학 및 기술 정보로부터 유래된 데이터에 의존하고 있다.

정보공동체는 사직당국과 더불어 암암리에 활동하는 행위자들의 위협에 대처하고 그것을 완화하는 고유의 능력을 제공한다. 두 공동체는 전 세계에 걸쳐 비상하게 강력한 연락관계를 갖고 있으며 미국이 동맹국 및 협력국들과 공조하여 적대세력에 대항할 수 있게 한다.

〈우선 실시 사항〉
• 이해 증진
민감하고 재산권 보호를 받는 독점적인 정보의 절도를 방지하고 공급 사슬의 완전성을 유지하기 위해 미국은 적대세력의 경제정책 우선순위에 대한 이해를 증진하고 경제 첩보활동을 하고자 하는 시도를 탐지하여 저지하는 능력을 향상시켜야 한다.

• 이용가능한 모든 정보의 활용
미국은 우리 시민을 공격하고 공격적인 정보활동을 수행하며 미국의 민주적 제도들을 퇴화시키는 국가 및 비국가 행위자들이 활동을 하지 못하도록 동맹국 및 협력국들과 제휴하여 정보가 풍성한 오픈 소스 환경을 이용할 것이다.

• 정보와 분석의 융합
미국은 지정학적 무대에서 더욱 효과적으로 경쟁하기 위해 외교, 정보, 군사 및 경제 영역에서 획득한 정보의 분석을 융합할 것이다.

4. 외교와 국가 경영

1) 경쟁력 있는 외교

미국의 외교관들은 경쟁 분야 전반에 걸쳐 해외에서 미국의 국익을 증진시키고 방어하는, 전진 배치된 정치적 역량이다. 외교는 미국의 지속적인 동맹을 창조하고 협력국들과 긍정적인 관계의 네트워크를 구축하는 정치적, 경제적, 사회적 연계를 촉진한다. 외교는 경쟁국들과의 대화를 지속시키고 협력분야를 조성하며, 희생이 많은 잘못된 의사소통의 위험을 줄인다.
외교는 세계의 불안정한 지역에서 발생한 분쟁에 군사적으로 개입하기 전에 미리 해결책을 찾고 그 해결책을 실행하는 데 필수적이다. 외교는 공통의 문제를 해결하기 위해 동맹국들이 행동에 나서도록 촉구하고 생각이 같은 국가와 조직들의 집단 자원을 결집시키는 데 도움을 준다. 권위주의 국가들은 미국이 외교관을 철수시키고 전초기지를 폐쇄한 지역에서 미국을 대체하고자 한다.

우리는 현재의 환경에서 경쟁할 수 있는 외교적인 역량을 높이고 경쟁적인 의식구조를 가져야 한다. 효과적인 외교를 하려면 제한된 자원을 효율적으로 사용해야 하며, 전문적인 외교관 집단, 현대적이고 안전한 시설 및 현지인들과 의사소통을 하고 관계를 맺기 위한 안전한 방법이 필요하다.

〈우선 실시 사항〉

• 외교관의 전진 배치를 유지

우리 외교관들은 국익이 걸려 있는 지역과의 관계를 구축하고 지속시킬 수 있어야 한다. 기술로 대면 외교를 대체할 수 없다. 시간을 두고 발전된 관계는 미국이 안보 위협에 대처하고 위기에 대응하며 세계가 당면한 도전에 대응하는 데 부담을 함께 지도록 타국을 권장할 때 미국이 이용할 수 있는 신뢰와 공통의 이해를 창출한다. 우리는 외교 시설의 한계를 초월하여 전진 배치한 현장 작업을 할 수 있어야 한다. 여기에는 분쟁하고 있는 국가들의 군사 동료들과 파트너가 되는 것도 포함된다.

• 미국 이익의 증진

진행 중인 세력 다툼에서 우리의 외교관들은 공유된 이익을 증진시킬 연합을 구축하고 그것을 주도하여야 하며, 국제 포럼과 양자 간 관계 및 국가 내부의 지방 수준에서 미국의 비전을 분명히 제시해야 한다. 우리의 외교관들은 복잡한 분쟁 지역에서 활동하기 위해 특별한 융통성이 필요하다.

• 기회의 촉진

외교관들은 상업과 협력을 위한 기회를 식별하고 문화적, 교육적 및 국민 간 교류를 촉진하여 자유롭고 번영된 세계를 확장할 현재와 미래의 정치와 시민 사회 그리고 교육 지도자들의 네트워크를 조성하여야 한다.

2) 경제 외교의 도구

세계에서 탁월한 경제 행위자로서 우리의 입지를 계속 확보하는 섯은 미국 국민과 여타 국민을 위한 경제 외교 수단을 사용할 능력을 강화시킨다. 국제 금융 무대에서 미국이 중심적 역할을 유지하는 것은 자유시장경제 공동체를 확장하고 국가 주도 경제 및 불법 행위자들에 의한 부당한 행위로부터 미국과 국제 경제를 보호함으로써 우리의 안보와 번영을 증진한다.

우리는 미국인들과 동맹국 및 협력국들을 위한 부의 창출을 원한다. 번영하는 국가들은 공동의 위협에 대처하는 부담을 공유할 수 있는 더욱 강력한 안보 협력국들이다. 공정하고 호혜적인 무역, 투자 및 지식의 교환은 우리의 동맹과 파트너십을 심화시킨다. 이는 오늘날의 경쟁적인 지정학적 환경에서 성공하는 데 필수적인 것이다. 무역, 수출 진흥, 목표를 가진 외국 원조의 사용, 현대화된 개발 금융 수단은 안정, 번영 및 정치 개혁을 촉진할 수 있으며 호혜 원칙에 기반을 둔 새로운 파트너십을 구축할 수 있다.

경제적 수단 — 제재, 자금세탁 방지 및 반부패 조처와 집행 행동 포함 — 은 적대세력을 억지하고 압박하며 억제하는 더 넓은 전략의 중요한 부분이 될 수 있다. 우리는 뜻을 같이하는 협력국들과 함께 공동의 위협에 대처하는 경제 외교 수단을 위한 지지를 구축할 것이다. 다자간 경제 압력은 표적이 된 국가들이 조치를 우회하는 능력을 제한하고 단결된 결의를 전달하기 때문에 종종 더 효과적이다.

〈우선 실시 사항〉

• 동맹국 및 협력국들과 경제 유대 강화

우리는 뜻을 같이하는 국가들과의 관계의 핵심 요소로서 경제 유대를 강화할 것이며 우리의 경제 전문지식, 시장, 자원을 이용하여 경쟁국들로부터 위협을 받고 있는 국가들을 지원할 것이다.

• 안보 위협에 경제적 압력 행사

우리는 기존의 경제적 권한을 사용하고 새로운 것을 추구할 것이며, 군사 행동을 취하기 전에 분쟁을 해결하기 위해 평화와 안보에 대한 위협에 압력을 가중할 국제적 행위자들을 동원할 것이다.

• 자금원 단절

우리는 테러리스트, 대량살상 무기 확산자 및 여타 불법 행위자들의 수입을 인정하지 않을 것이다. 그렇게 하는 것은 적대 행위와 활동을 지원하는 자금의 사용과 이동 능력을 제한하기 위함이다.

3) 정보 운영 기술

미국의 경쟁국들은 정보를 무기로 자유사회의 기저가 되는 가치와 제도를 공격하는 한편 외부 정보를 차단한다. 이런 국가들은 마케팅 기법을 이용하여 자신들의 활동, 이해관계, 견해 및 가치에 기반을 둔 사람들을 표적으로 삼는다. 이들은 허위 정보를 퍼뜨리고 선전을 한다.

미국의 국가안보에 대한 위험은 증대될 것이다. 그 이유는 경쟁국들이 개인과 상업 정보원으로부터 획득한 정보를 인공지능과 기계 학습에 기반을 둔 정보 수집 및 데이터 분석 능력과 통합할 것이기 때문이다. 미국의 상업 및 정부 기관들의 보안상의 허점을 통해서 적대 세력은 데이터와 그들의 표적 수용자(target audience)들에 대한 통찰을 얻는다. 예를 들어 중국은 데이터와 인공지능 사용을 결합하여 시민들의 국가에 대한 충성심에 등급을 매기고 이 등급으로 일자리와 여타의 것을 결정한다. 지하디스트 테러리스트 집단들은 지속적으로 이념적 정보 캠페인을 벌여 증오의 담론을 구축하고 합법화하며, 정교한 통신수단을 이용하여 신입 조직원을 모집하고 미국 국민들과 미국의 협력국들을 공격하도록 고무한다.

러시아는 전 지구에 걸쳐 공공 여론에 영향을 미치기 위해 공격적인 사이버 활동의 일부로서 정보 작전을 이용한다. 러시아의 영향력을 행사하기 위한 활동은 비밀 정보 활동과 온라인상의 거짓 인물을 국영 미디어, 제3자 중개자 및 유료 미디어 사용자나 '트롤(troll: 인터넷 토론방에서 남들의 화를 부추기기 위해 보내는 메시지나 보내는 사람 — 옮긴이)'과 혼합한다.

경쟁국들의 정보 악용에 대처하는 미국의 노력은 미지근하고 단편적이다. 미국의 노력은 지속적인 초점이 없고 제대로 훈련받은 전문가가 부족하여 지장을 받았다. 미국의 민간 부문은 관용과 개방 및 자유를 옹호하는 여론을 지원하고 증폭하는 데 직접적인 관심이 있다.

〈우선 실시 사항〉

• 경쟁의 우선순위화

우리는 모든 정책에 걸쳐 적대세력이 정보 및 심리적 우위를 획득하는 방법에 대한 이해를 개선할 것이다. 미국은 이 분야에서 효과적으로 경쟁하기 위해 진정한 공공 외교 역량에 힘을 실어야 한다.

• 효과적인 커뮤니케이션 추동

우리는 미국의 영향력을 증진하고 급진적인 이슬람 집단들과 경쟁 국가들에서 나오는 이념적 위협으로부터의 도전에 대처하기 위해 일관성 있는 커뮤니케이션 활동 계획을 정교하게 수립하고 방향을 제시해야 한다. 이런 활동은 미국의 가치를 고수하고 적대세력의 거짓 선전과 허위정보를 폭로할 것이다.

• 지역 네트워크의 활성화

이념 경쟁에서 지역의 목소리는 가장 강렬하고 효과적이다. 우리는 신뢰할 수 있는 목소리를 증폭시켜야 하며 폭력적이고 증오에 찬 메시지에 대한 대안을 발전시키기 위해 그런 사람들과 파트너 관계를 형성해야 한다. 미디어와 인터넷 회사들은 메시지가 전달되는 플랫폼이기 때문에 그 민간 부문은 문명화된 집단과 개인들의 공동체에 영감을 불어넣고 그것을 성장시키는 가치의 증진을 위해 창의력을 발휘하고 자원을 투입해야 한다.

• 책임 분담

미국은 급진주의가 발호하는 국가들이 폭력적인 메시지에 대처하고 관용적이고 다원적인 세계관을 진작하기 위한 책임을 더 많이 지도록 촉구할 것이다.

• 업그레이드하고 마름질하며 혁신하기

우리는 미국의 메시지를 해외에 전파하기 위해 낙후된 전달 플랫폼을 재점검할 것이다. 우리는 미국의 국가안보 이익과 부합하는 콘텐츠를 전달하고 평가하기 위해 좀 더 저렴하고 효과적인 방안을 고려해야 한다.

제4장

미국의 영향력 확대

" 무엇보다도 우리는 모든 인간 생활의 존엄을 중시하고
모든 인간의 권리를 보호하며, 모든 인간이 자유 속에서 살고자 하는
희망을 공유한다. 그것이 바로 우리이다. "

대통령 도널드 J. 트럼프_ 2017년 7월

미국우선 외교 정책은 세계에서의 미국의 영향을 평화와 번영을 위하고 성공적인 사회를 발전시키기 위한 여건을 조성하는 데 도움을 줄 수 있는 긍정적인 힘이라고 선포한다.

미국의 자유로운 정치, 경제 시스템이 자동적으로 승리하도록 보장하는 역사의 궤도는 없다. 우리의 행동에 따라 성공할 수도 있고 실패할 수도 있다. 이 행정부는 우리의 가치와 이익을 보호하기 위해 자신 있게 경쟁할 것이고, 그런 것들의 기저가 되는 근본적인 원칙을 갖고 있다.

냉전기간 동안 소련으로부터의 전체주의적인 위협은 자유세계가 자유를 방어하기 위해 연합할 동기를 주었다. 오늘날의 자유사회에 대한 도전은 이에 못지않게 심각하고 더욱 다양하다. 국가와 비국가 행위자들은 정보, 민주적 언론 자유 및 국제기구들을 악용함으로써 목표를 실행한다. 억압적인 지도자들은 종종 자유사회를 전복하고 다자간 기구들을 부패시키기 위해 협력한다.

전 세계적으로 국가와 개인들은 미국이 옹호하는 것을 동경한다. 우리는 국민을 동등하게 대우하며, 법치를 중히 여기고 수호한다. 우리는 최상의 아이디어가 번창할 수 있는 민주제도를 갖고 있다. 우리는 경제를 성장시켜 개인들이 번영을 누릴 수 있도록 하는 방법을 알고 있다. 이런 특성들 덕분에 미국은 문화, 인재, 기회 및 물질적 부의 측면에서 지구에서 가장 풍요한 나라가 되었다.

미국은 자유와 번영을 위한 우리의 열망을 공유하는 국가들에 파트너십을 제공한다. 우리는 솔선수범한다. 알렉산더 해밀턴(Alexander Hamilton: 1755~1804, 미국 건국 시기의 연방주의 정치가 - 옮긴이)은 다음과 같이 관찰했다. "세계가 미국을 지켜본다. 우리가 자유를 위해서 한 고상한 투쟁은 인간의 감정에 일종의 혁명을 일으켰다. 우리가 보인 모범은 전제정치의 암울한 지역을 뚫고 들어가 영향을 미쳐왔다."

우리는 다른 나라에 우리의 가치를 강요하지 않을 것이다. 우리의 동맹, 협력관계 그리고 연합은 자유 의지와 공동의 이해관계를 바탕으로 세워졌다. 미국이 다른 나라들과 파트너가 되었을 때 우리는 우리의 목표를 달성할 수 있는, 그리고 협력국들은 그들의 목표를 달성할 수 있는 정책을 계발한다.

동맹국과 협력국들은 미국의 위대한 힘이다. 그런 국가들은 미국의 정치적, 경제적, 군사적 및 정보의 측면과 여타의 능력에 직접 보탬이 된다. 이와 더불어 미국과 동맹국 및 협력국들은 전 세계 GDP의 절반 이상을 차지한다. 우리의 적대세력들 중 어느 나라도 이에 비교할 만한 연합을 갖고 있지 못하다.

우리는 다른 나라들이 '뜻을 같이하는 우리 민주 국가들의 공동체'에 가입하여 그들 국민의 여건을 향상시키기 원할 경우 그들을 격려한다. 우리는 미국의 외교와 개발의 기구들을 현대화함으로써 그들의 목표 달성에 도움이 되는 여건을 촉진할 것이다. 이와 같은 열망을 가진 국가에는 취약하고 분쟁에서 회복 중인, 그리고 지속가능한 안보와 경제성장의 길을 모색하는 국가들이 포함된다. 안정적이고 번영하는 우방국들은 미국의 안보를 강화하고 경제적 기회를 신장시킨다.

우리는 지속적으로 미국의 가치를 수호할 것이며, 자신들의 사회에서 인간의 존엄성을 위해 투쟁하는 자들을 격려할 것이다. 법의 지배를 옹호하며 여성에게 힘을 실어주고 개인의 권리를 존중하는 국가들과 자국민을 짐승처럼 다루고 억압하는 국가들 사이에 도덕적 동등성이란 있을 수 없다. 미국은 말과 행동을 통해 정치적, 종교적 폭정에 대한 긍정적인 대안을 보여준다.

1. 열망하는 국가들 격려

미국의 국가 경영이 최대로 승리한 것들을 예로 들면 취약한 개발도상 국가들을 지원한 결과 성공한 사회가 된 것이다. 결과적으로 이런 성공으로 인하여 미국 기업들이 많은 수익을 내는 시장, 유리한 지역적 세력 균형을 달성하는 데 도움이 되는 동맹국들, 그리고 부담을 서로 나누고 전 세계에 걸쳐 많은 문제들에 대처할 연합국가들을 창출했다. 오랜 시간에 걸쳐 미국은 공동의 이익과 가치를 증진시키는 국가들의 네트워크를 조성하는 데 일조했다.

이런 역사적 기록은 전례가 없으며 예외적이다. 미국이 협력국이 되고자 하는 나라들에 제공한 지원 덕분에 마셜 플랜하에 서구 국가들이 회복할 수 있었으며, 또한 냉전 이후 중부 유럽과 동부 유럽이 서방 제도에 통합되고 있다. 아시아에서 미국은 전쟁으로 황폐화된 한국과 일본을 지원하여 민주주의가 정착되고 세계에서 경제적으로 가장 번영하는 국가에 속하도록 도왔다.

이런 업적은 번영된 사회를 건설하고 민주국가 공동체에 가입하기를 열망하는 국가들과 끈기 있게 협력관계를 형성한 결과물이다. 그것은 미국이 성장과 안정으로 이행하기 위하여 자신들의 자원을 동원하는 나라들을 도와서 상호 이익이 되는 관계를 수립했기 때문에 가능했다. 이런 국가들과 함께 일함으로써 미국은 부가 더욱 축적되고 경쟁력이 강화되었다. 이런 진전은 효과적인 외국 원조 프로그램이 본래의 목적지에 어떻게 다다를 수 있는지를 보여준다.

오늘날 미국은 전 세계적으로 긍정적인 관계를 맺기 위해 경쟁해야 한다. 중국과 러시아는 영향력을 확대하고 미국에 대한 경쟁 우위를 점하기 위해 개도국에의 투자를 목표로 하고 있다. 중국은 전 세계에 걸쳐 사회기반시설에 수십억 달러를 투자하고 있다. 러시아 역시 유럽의 일부 지역과 중앙아시아에서 핵심 에너지와 여타 사회기반시설의 통제를 통해 경제적인 영향력을 미치고 있다. 미국은 국가 주도의 투자에 대한 대안을 제공하고 있다. 국가 주도의 투자는 개도국의 경제사정을 악화시키는 경우가 자주 있다. 미국은 시장 접근뿐만 아니라 공동의 정치 및 안보 이익을 증진시키기 위해 지속적인 관계를 조성하는 경제적인 유대를 추구한다.

미국은 자국 문화와 일치하고 자유시장 원칙과 공정하고 호혜적인 무역, 민간 부문 활동 및 법치에 기초한 발전을 원하는 국가들과 파트너를 형성하는 발전 모델을 추진할 것이다. 미국은 양여금에 기초한 원조로부터 민간 자본을 유치하고 민간 부문 활동을 촉진하는 접근방법으로 이행할 것이다. 우리는 시민의 경제적 잠재력을 일깨우는 개혁을 강조할 것이다. 예를 들면 공식적인 재산권의 강화, 기업 개혁 및 사회기반시설의 개선 같은 것으로서, 국민이 생계를 버는 데 일조하고 미국 기업에 추가적인 혜택을 주는 프로젝트들이다. 미국은 공공 및 민간 자원을 동원함으로써 수익과 성과를 극대화하고 미국 정부 자원의 부담을 경감하는 데 일조할 수 있다. 수혜국가에 이익이 되지 않고 더욱 의존하게 만드는 일부 경쟁국들의 국가 주도 중상주의와 달리 미국의 대외 원조의 목적은 원조의 필요성을 종식시키는 것이어야 한다. 미국이 원하는 것은 강력한 파트너이지 취약한 파트너가 아니다.

미국의 개발 원조는 미국의 국익을 뒷받침해야 한다. 우리는 미국의 국익과 함께하는, 열정적인 협력국들과의 협업을 우선시할 것이다. 우리는 가장 효과가 큰, 현지의 개혁자들이 경제적·정치적 난제들을 해결하는 데 전념하는 지역의 개발 투자에 집중할 것이다.

이와 같은 기본틀 내에서 미국은 또한 미국 본토에 대한 위협을 예방하기 위해 취약 국가들을 원조할 것이다. 지하디스트 테러리스트 및 조직범죄와 같은 초국경 위협 조직들은 자주 취약 국가들에서 자기 마음대로 활동하며 주권국가 정부들을 약화시킨다. 이처럼 취약 국가들은 전 지역의 안정을 해칠 수 있다.

아프리카, 중남미, 아시아에 걸쳐 국가들은 투자에 적극적이고 사회기반시설 개발과 성장 촉진에 자금을 투입하고 있다. 미국과 협력국들은 그들 나라와 협력하여 그들 나라가 자국 국민들에게 책임을 지는, 번영하면서 주권을 가진 국가로서의 잠재력을 실현하도록 도울 기회를 가지고 있다. 그런 국가들은 미국산 상품을 더 많이 구매하고 미국 회사들에 이익을 주는 더욱 예측가능한 비즈니스 환경을 조성하는 무역 협력국이 될 수 있다. 미국이 주도하는 투자는 개발에 대한 가장 지속가능하고 책임 있는 접근방법을 나타내며, 권위주의 국가들이 제공하는 부패하고 투명하지 않으며 착취적이고 질이 낮은 거래와 극명하게 대조된다.

〈우선 실시 사항: 개발도상국가들〉

• 자원 동원

미국은 개발금융 수단을 현대화함으로써 미국 회사들이 개도국에서의 사업 기회를 이용할 인센티브를 갖도록 할 것이다. 이런 변화 덕분에 미국은 여타 국가들이 영향력 확대를 위해 투자와 프로젝트 금융을 이용하고 있을 때 뒤처지지 않을 것이다. 또한 미국 정부는 개도국에서 사업을 하고자 원하는 미국 회사들에 걸림돌이 되어서는 안 된다.

• 새로운 기술 이용

우리는 외교 및 개발 프로그램 속에 혁신적인 기술을 포함시킬 것이다. 예를 들어 디지털 기술 덕분에 수백만 명의 사람들이 핸드폰을 통해 금융서비스를 이용할 수 있고 농부들이 시장과 연결될 수 있다. 그런 기술들은 부패를 줄이고 투명성을 높이며 돈이 의도된 용도에 분명하게 쓰일 수 있도록 한다.

• 개혁 장려

미국은 외교와 원조를 이용하여 여러 국가들이 거버넌스, 법치 및 지속 가능한 개발을 선택하도록 권장할 것이다. 우리는 이런 일을 밀레니엄 챌린지 코퍼레이션(MCC: Millennium Challenge Corporation)을 통해 이미 실행하고 있다. 이 기관은 개혁을 적극적으로 실시하는 국가를 선정하여 그런 나라들이 추진하는 프로젝트를 모니터하고 평가한다.

〈우선 실시 사항: 취약 국가들〉

• 선택적으로 실시

우리는 국가의 취약상 또는 실패가 미국 본토에의 위협을 증폭시킬 수 있는 나라들의 강화작업을 우선적으로 실시할 것이다. 예를 들어 미국이 아프가니스탄에 개입하는 것은 테러리스트들의 피난처가 다시 출현하는 것을 저지하기 위함이다.

• 개혁하는 국가들과 협력

취약상태에 빠진 나라 대부분의 근저에는 정치문제가 있다. 미국은 개혁을 지향하는 정부, 국민, 시민사회에 힘을 실어주는 프로그램을 우선적으로 시행할 것이다. 미국이 그런 노력을 계획할 때 현지 행위자들로부터의 조언이 지속적인 해결 가능성을 향상시키고 비용을 절감하며 미국 납세자들에 대한 책임을 높여준다.

• 동시에 진행하는 행동

미국은 협력국이 되고자 하는 나라들을 원조할 때 외교적, 경제적 및 군사적 수단을 동시에 사용해야 한다. 우리는 지역적 및 거시경제적 안정을 달성하고 역량 있는 치안 병력 구축에 도움이 되며 법의 지배를 강화하는 경제 지원에 우선권을 둘 것이다.

2. 다자간 포럼에서 더 좋은 결과 달성

미국은 국익과 가치에 영향을 미치는 다수의 규칙을 형성하는 다자간 협정에 참여하고 주도해야 한다. 이러한 기구들에서 영향을 미치기 위한 경쟁이 존재한다. 우리가 그에 참여할 때에는 미국의 주권을 지키고 미국의 이익과 가치를 추구해야 한다.

다양한 국제기구들은 국가, 기업, 개인들이 육지와 바다, 극지방, 외계 및 디지털 영역에서 상호작용하는 데 대한 규칙을 확립하고 있다. 이런 기구들이 공동의 영역을 개방되고 자유롭게 유지하는 데 도움이 되는 규칙을 지탱하는 것은 미국의 번영과 안보에 매우 중요하다. 바다에 자유롭게 접근하는 것이 여전히 국가안보와 경제 번영의 중심적인 원칙이며, 바다와 우주의 탐사는 상업적인 이득과 과학의 획기적인 발전을 위한 기회가 된다. 데이터의 흐름과 개방적이고 상호운용 가능한 인터넷은 미국 경제의 성공에 불가분이다.

권위주의적인 행위자들은 다자 기구들의 힘을 오랫동안 인식해왔으며, 그들의 이익을 추구하고 자기네 시민들의 자유를 제한하는 데 그것을 사용했다. 미국이 이런 기구들의 리더십을 적대세력에 양보한다면 미국에 긍정적인 발전을 이룰 기회를 상실하고 말 것이다. 하지만 모든 기구들이 동등한 것은 아니다. 미국은 국익에 보탬이 되는 기구들에서의 노력에 우선순위를 두어 이런 기구들이 강화되고 미국, 동맹국 및 협력국들을 지원하도록 할 것이다.

기존의 기구와 규칙들이 현대화될 필요가 있을 경우 미국은 그것을 새롭게 하는 데 앞장설 것이다. 동시에 미국은 미국 시민에 대한 권한을 주장하고 우리의 헌법 기본틀과 어긋나는 기구와 규칙들에 주권을 양보하지 않는다는 것을 분명히 할 것이다.

〈우선 실시 사항〉

• 정치 및 안보 기구에서 지도력 행사

미국은 정치와 안보 포럼에서 미국의 국익 및 가치와 부합하는 성과를 내기 위해 노력할 것이다. 그리고 가치는 동맹국 및 협력국들과 공유한다. UN은 세계의 여러 가지 복잡한 문제 해결에 도움을 줄 수 있지만, 개혁이 되어야 하고 창립정신으로 되돌아가야 한다. 우리는 회원국들의 의무와 책임 공유를 강조할 것이다. 만약 미국이 어느 기구에 대한 남다른 지원을 요청받으면 우리는 그 기구의 방향과 활동에 관하여 지원에 상응하는 정도의 영향력을 요구할 것이다.

• 국제 금융 및 무역 기구의 형성과 개혁

미국은 IMF, 세계은행, WTO 등의 기구에서 주도적인 역할을 지속하겠지만 개혁을 통해 그 임무 수행을 개선할 것이다. 이런 개혁들 중에는 다자간 개발 은행들이 경제성장을 촉진하는 양질의 사회기반시설 프로젝트에 투자를 하도록 장려하는 것이 포함된다. 우리는 WTO가 좀 더 효율적으로 불공정 무역관행을 시정하는 기구가 되도록 압력을 행사할 것이다.

• 공동 영역이 자유롭게 유지되도록 보장

미국은 공동 영역 ─ 우주, 사이버 공간, 공중, 해양 ─ 을 국제법의 기본틀 내에서 형성하고 관리하는 지도력과 기술을 제공할 것이다. 미국은 분쟁이 국제법하에서 평화적으로 해결되는 것을 지지하지만, 미국의 이익을 방어하고 공동의 영역이 자유롭게 유지되도록 보장하기 위한 권력 수단 모두를 사용할 것이다.

• 자유롭고 개방된 인터넷 보호

미국은 정보 및 서비스를 글로벌로 교환하는 데 따른 장벽이 가장 낮은, 개방적이며 공동으로 운용할 수 있는 커뮤니케이션을 옹호할 것이다. 미국은 데이터의 자유로운 흐름을 촉진할 것이며 인터넷 주소 관리기구(ICANN), 인터넷 거버넌스 포럼, UN, 국제전기통신연합(ITU) 같은 핵심적인 기구에 적극적으로 참여함으로써 자신의 이익을 보호할 것이다.

3. 미국적 가치의 옹호

미국이 식민지 집단에서 번창하고 산업화된 주권 공화국, 세계에서 단 하나의 초강대국으로 변모한 보기 드문 궤적은 우리 나라가 건립된 이념, 즉 우리 시민 각자는 법 앞에서 자유롭고 평등하게 태어났다고 하는 이념 의 힘을 입증한다. 독립선언서에 간직된 미국의 가장 중요한 원칙은 종교, 언론, 출판 및 집회의 자유를 비롯한 개인의 기본적 자유에 대한 존중을 천 명한 권리장전에 의해 보장된다. 자유, 자유 기업, 법 앞에 평등한 정의 그 리고 모든 인간 생명의 존엄은 국민으로서의 우리에게 가장 중요하다.

이런 원칙들은 우리의 가장 영속적인 동맹들의 기반을 형성하며 미국 은 이들 원칙을 계속해서 옹호할 것이다. 시민의 권리를 존중하는 정부들 은 여전히 번영, 인간의 행복과 평화를 위한 최상의 수단이다. 이와 대조적 으로 일상적으로 시민의 권리를 능멸하는 정부들은 세계에서 건설적인 역 할을 수행하지 못한다. 예를 들어 여성을 동등하게 대우하지 않는 정부 아 래에서는 사회가 그 잠재력을 제대로 발휘하지 못한다.

어느 나라도 혼자 힘으로 인간의 모든 고통을 경감시킬 수 없지만, 우리 가 모든 사람을 도울 수 없다는 바로 그 이유로 어느 누구에게도 도움을 주 는 것을 중단해야 되는 것은 아니다. 세계의 많은 사람들에게 미국의 자유는 영감을 주고 있으며 미국은 항상 자유를 추구하는 사람들과 함께 할 것이다. 우리는 계속 전 세계의 자유와 기회의 신호등이 될 것이다.

또한 미국은 계속하여 우리의 첫 번째 자유인 종교의 자유를 지지하고 진전시키는 데 전념할 것이다. 우리 나라의 건국자들은 종교의 자유를 국 가의 창조물이 아니라 모든 사람에게 주어진 신의 선물이자 우리의 번영하 는 사회를 위한 기본권으로 이해했다.

그리고 곤경에 처한 사람들과 가족을 위해 더 좋은 미래를 건설하고자 하는 사람들에게 도움을 주는 것은 우리 문화의 일부이며 아울러 미국의 이익과 부합하는 것이다. 우리는 다른 사람들을 사려 깊게 도와주고 우리의 수단을 목적에 맞추어 조정하지만, 우리가 좀 더 안전하고 번영하는 세계를 위한 여건을 확립한다면 타인들의 생활을 개선할 수 있다는 굳은 신념을 갖고 있다.

〈우선 실시 사항〉

• 개인의 존엄성 지원

우리는 억압적인 정권하에 살면서 자유와 개인의 존엄 및 법치를 모색하는 사람들을 말과 행동으로 지원한다. 우리는 억압 정권과 인권 침해자들에게 우리의 자유롭고 번영하는 공동체의 편익을 제공할 아무런 의무가 없다. 우리는 우리의 이익을 위협하고 우리의 가치에 반하는 행동을 하는 국가와 지도자들을 고립시키기 위해 외교, 제재 및 기타 수단을 사용할 것이다. 우리는 악을 보고 침묵하지 않을 것이다. 우리는 인종 학살과 대량 학살을 저지른 자들에게 책임을 물을 것이다.

• 초국경 테러리스트 조직의 척결

개인의 권리를 신장시키는 행동으로서, 이슬람 이데올로기 지상주의를 추구하기 위해 증오를 조장하고 폭력을 행사하는 지하디스트 테러리스트 및 여타 집단들을 척결하는 것보다 더 중대한 일은 있을 수 없다. 우리는 모든 문명화된 사람들에 대한 이런 해악을 없애기 위해 여타 국가들과 지속적으로 힘을 합칠 것이다.

• 여성과 청년에게 힘을 실어주기

여성들에게 시민생활과 경제활동에 완전히 참여하도록 힘을 실어주는 사회는 더욱 번창하고 평화스럽다. 우리는 여성의 평등을 진전시키고 여성과 소녀들의 권리를 보호하려는 노력을 지원하며, 여성과 청년들에게 힘을 실어주는 프로그램을 촉진할 것이다.

• 종교의 자유와 종교적 소수자 보호

우리는 종교 자유와 위협받는 소수자들을 옹호할 것이다. 종교적 소수자들은 계속해서 폭력의 희생자가 되고 있다. 우리는 이런 집단들을 우선적으로 보호할 것이며 소수 공동체들이 공격을 받지 않도록 보호하고 그들의 문화적 유산을 보존하기 위해 지역 협력국들과 계속해서 함께 작업할 것이다.

• 인간의 고통 감소

미국은 인도주의적 지원을 제공하는 일에서 계속 세계를 주도할 것이다. 우리는 여타국들이 책임을 분담할 것으로 기대하는 한편, 인위적이거나 자연적인 재해에 대한 국제적인 대응을 촉진하고 필요로 하는 국가들에 우리의 전문기술과 역량을 계속해서 제공할 것이다. 우리는 생명을 구하고 굶주림과 질병의 근본적인 원인을 해결하는 식량 안보와 건강 프로그램을 지원할 것이다. 우리는 그들의 집 가까이에 있는 난민들이 안전하고 자발적으로 귀향할 수 있게 될 때까지 그들이 필요로 하는 것을 충족하는 데 일조하기 위해 지원을 할 것이다.

지역별 전략

미국은 국가이익을 보호하기 위해 세계의 상이한 지역에 따라 접근방법을 조정해야 한다. 우리는 모든 것을 현지의 정치적, 경제적, 사회적 및 역사적 현실의 상황에 따라 위협의 특성과 규모, 경쟁 강도 및 가용한 기회의 전망을 감안한 통합된 지역 전략을 필요로 한다.

지역의 세력 균형에 변화가 발생하면 세계적 결과가 초래되고 미국의 이익이 위협을 받을 수 있다. 시장, 원자재, 통신선 및 인적 자본은 세계의 주요 지역의 내부에 있거나 그 사이에서 이동한다. 중국과 러시아는 세계적으로 세력을 확장하려고 열망하지만 대부분은 인근 국가들과 상호작용한다. 북한과 이란도 이 두 나라에 가장 가까운 국가들에 최대의 위협이 된다. 하지만 파괴적인 무기가 급증하고 지역의 상호 연결이 강화됨에 따라 위협을 억제하기가 더욱 어려워졌다. 그리고 미국에 불리하게 바뀐 지역 균형들이 결합하여 우리 나라의 안보를 위협할 수 있다.

미국은 인도 - 태평양, 유럽 및 중동에서의 불리한 변화에 대처하고 예방하기 위한 의지와 역량을 결집해야 한다. 유리한 세력균형을 유지하려면 동맹국 및 협력국들과의 확고한 결의와 긴밀한 협조를 필요로 한다. 왜냐하면 동맹국과 협력국들은 미국의 힘을 증대시키고 영향력을 확장시키기 때문이다. 그들은 권위주의적인 추세를 거부하고 급진적인 이데올로기와 대결하며 침략을 저지하기 위해 우리와 이해관계와 책임을 공유한다.

세계의 다른 지역에서 정정이 불안정하고 거버넌스가 취약하여 미국의 이익이 위협을 받는다. 어떤 정부들은 안보를 유지하지 못하고 국민의 기본적 욕구를 충족시키지 못하여 자기네 국가와 시민을 포식자의 밥이 되도록 한다. 정부가 취약하고 부패가 만연하며 정부기관에 대한 신뢰가 낮은 곳에서 테러리스트와 범죄자들이 번성한다. 전략적 경쟁자들은 자원을 빼내가고 국민을 착취하기 위해 부패와 국가의 취약점을 시정하기보다 악용하려는 경우가 종종 있다.

정정이 불안하고 정부가 취약하여 고통받는 지역은 안보를 개선하고 번영을 촉진하며 희망이 되살아날 기회를 제공하기도 한다. 개도국 세계 전반에서 열망하는 협력국들은 사회를 개선하고 투명하며 효율적인 정부를 구축하고 비정부 위협에 대응하고 주권을 강화하고자 한다. 다수의 국가들은 시장경제와 정치적 자유가 제공하는 기회를 인식하고, 미국 및 우리의 동맹국들과 파트너십을 갖고자 한다. 미국은 협력국이 되고자 하는 나라들이 개혁조처를 취하고 스스로의 염원을 추구할 때 그 나라들을 격려할 것이다. 번영하는 국가들과 개발 원조를 받는 국가에서 무역 파트너로 전환된 국가들은 미국 기업들에 경제적 기회를 제공한다. 그리고 안정이 되면 국내에서 미국인을 표적으로 삼는 위협이 감소한다.

1. 인도 - 태평양

세계질서에 대한 자유로운 비전과 억압하는 비전 사이의 지정학적 경쟁이 인도 - 태평양 지역에서 발생하고 있다. 인도 서해안으로부터 미국 서부 해안에 이르는 지역은 세계에서 인구가 가장 많고 경제적으로 역동적인 부분을 대표한다. 자유롭고 개방적인 인도 - 태평양에서의 미국의 이익은 우리 공화국의 가장 초기 시대로 거슬러 올라간다.

미국은 중국과의 협력을 지속하고자 하지만, 중국은 경제적인 유인과 경제 보복, 영향력 공작 및 암시적인 군사적 위협을 이용하여 여타국이 중국의 정치 및 안보 의제에 유의하도록 설득하고자 한다. 중국의 사회기반시설 투자와 무역 전략은 그들의 지정학적 열망을 강화한다. 남중국해에 전초기지를 건설하고 군사화하는 것은 무역의 자유로운 흐름을 위험에 빠뜨리며 타국의 주권을 위협하고 지역 안정을 훼손한다. 중국은 이 지역에 대한 미국의 접근을 제한하고 자국의 활동 영역을 넓힐 목적으로 군사 현대화를 급속하게 추진했다. 중국은 자국의 야망을 호혜적이라고 내세우지만, 중국의 지배로 인도 - 태평양에서 다수 국가들은 주권이 위축될 위험에 처하게 된다. 이 지역의 국가들은 주권과 독립을 존중하는 지역 질서를 지키고자 하는 집단 대응에서 미국의 지속적인 지도력을 요망하고 있다.

동북아에서 북한 정권은 사이버, 핵, 탄도미사일 프로그램을 급속도로 가속화시키고 있다. 북한이 이런 무기들을 추구하는 것은 글로벌 대응을 필요로 하는 글로벌 위협을 제기한다. 북한이 도발을 계속하면 인근 국가들과 미국은 안보 유대를 더욱 강화하고 스스로를 보호하기 위한 추가 조처를 취할 것이다. 그리고 핵무장한 북한은 인도 - 태평양 지역과 그 이상에 세계에서 가장 파괴적인 무기의 확산을 초래할 수 있다.

미국의 동맹국들은 북한과 같은 공동의 위협에 대응하고 인도 - 태평양 지역에서 상호이익을 보호하는 데 매우 중요하다. 역사적으로 시련을 거치면서 다져진 한국과의 동맹 및 우호 관계는 과거 그 어느 때보다 굳건하다. 우리는 매우 중요한 동맹국인 일본의 강력한 리더십을 환영하고 지지한다. 오스트레일리아는 1차 세계 대전 이래 모든 중요한 분쟁에서 우리와 함께 싸워왔으며, 우리의 공통된 이익을 지원하고 이 지역에서 민주적 가치를 지키는 경제 및 안보 협정을 계속 강화하고 있다. 뉴질랜드는 이 지역에서 평화와 안보에 기여하는 핵심적인 미국의 협력국이다. 우리는 인도가 주요한 글로벌 강대국이자 더욱 강력한 전략적 및 방위 협력국으로 부상한 것을 환영한다. 우리는 일본, 오스트레일리아, 인도와 4자 간 협력의 증진을 모색할 것이다.

동남아에서 필리핀과 태국은 미국을 위해 여전히 중요한 동맹국이고 시장이다. 베트남, 인도네시아, 말레이시아 및 싱가포르는 미국의 점점 더 중요해지는 안보와 경제 협력국이다. 아세안(ASEAN)과 아시아 - 태평양 경제협력체는 여전히 자유에 기반한 질서를 촉진하기 위한 인도 - 태평양 지역 구조와 플랫폼의 중심물이다.

〈우선 실시 사항〉

• 정치적 사항

우리가 인도 - 태평양에 품고 있는 비전에는 어떤 나라도 배제되지 않는다. 우리는 기존의 동맹 및 협력관계를 더욱 강화시키는 한편, 주권과 공정하고 호혜적인 무역 및 법치에의 존중을 우리와 공유하는 새로운 협력국들과의 관계를 확대하고 심화시킬 것이다. 우리는 공해의 자유와 영토 및 해양 분쟁을 국제법에 따라 평화적으로 해결하는 데 대한 우리의 다짐을 더욱 강화할 것이다. 우리는 동맹국 및 협력국들과 함께 한반도에서 완전하고 검증가능하며 되돌릴 수 없는 비핵화를 달성하고 동북아에서 핵확산방지 체제를 유지하기 위해 공동 노력을 할 것이다.

• 경제적 사항

미국은 자유롭고 개방된 해로, 투명한 기반시설 파이낸싱 관행, 방해를 받지 않는 상업과 분쟁의 평화적 해결을 유지하기 위한 지역 협력을 고무할 것이다. 우리는 공정하고 호혜적인 기반에서 양자 간 무역협정을 추구할 것이다. 우리는 미국의 수출에 대한 동등하고 신뢰할 만한 접근을 모색할 것이다. 우리는 협력국들과 함께 자유시장에 이바지하고 주권을 전복시키려는 세력으로부터 보호를 받는 국가들의 네트워크를 구축할 것이다. 우리는 고품질의 사회기반시설에서 동맹국들과의 협력을 강화할 것이다. 우리는 태평양 제도 지역에서 오스트레일리아 및 뉴질랜드와 공동으로 허약한 협력국가들이 경제 변동과 자연 재해에의 취약성을 줄이도록 지원할 것이다.

• 군사 및 안보 사항

우리는 여하한 적이라도 저지하고 필요시 퇴치할 수 있는 전진적인 군사배치를 유지할 것이다. 우리는 장기 군사 관계를 강화하고 동맹국 및 협력국들과 강력한 방위 네트워크를 발전시킬 것이다. 예를 들어 우리는 지역 방위 역량을 발전시키기 위해 일본 및 한국과 미사일 방어에 대해 협력할 것이다. 우리는 여전히 북한의 침략에 압도적인 전력으로 대응할 태세를 갖추고 있으며, 한반도의 비핵화를 강제하기 위한 선택지를 개선할 것이다. 우리는 중대되는 테러 위협에 대처하기 위하여 동남아시아 협력국들과 법집행, 방위 및 정보 협력을 개선할 것이다. 우리는 '하나의 중국'이라고 하는 우리의 정책과 조화시키면서 타이완과의 강한 유대를 지속할 것인데, 거기에는 타이완의 정당한 방위 수요를 충족하고 압박을 제거하기 위한, 타이완 관계법에 의거한 우리의 약속이 포함된다. 우리는 미국의 주요 방위 협력국인 인도와 방위 및 안보 협력을 확장할 것이며 인도가 이 지역 전체와 관계를 강화하는 것을 지원할 것이다. 우리는 필리핀 및 태국과의 동맹관계를 다시 활성화시키고 싱가포르, 베트남, 인도네시아, 말레이시아 및 여타국들과 협력관계를 강화하여 이들 국가가 협력적인 해양 파트너가 되도록 하는 데 일조할 것이다.

2. 유럽

강하고 자유로운 유럽은 미국에 매우 중요하다. 우리는 민주주의, 개인의 자유 및 법치 원칙을 전적으로 공유함으로써 긴밀한 유대관계를 갖고 있다. 제2차 세계 대전 이후 우리는 함께 서구를 재건했으며 대서양 양안에서 안정과 부를 낳은 기구들을 창설했다. 오늘날 유럽은 세계에서 가장 번영하는 지역 중 하나이며 우리의 가장 중요한 무역 파트너이다.

소련 공산주의의 위협은 사라졌지만 새로운 위협이 우리의 의지를 시험하고 있다. 러시아는 미국의 유럽 공약에 대한 신뢰성을 약화시키고 대서양 연안 국가들의 단결을 훼손하며 유럽의 기구와 정부들을 약화시키기 위해 파괴적인 조처를 취하고 있다. 러시아는 조지아와 우크라이나를 침략함으로써 이 지역 국가들의 주권을 침해할 의사를 보여줬다. 러시아는 핵 태세와 공격 역량을 전진배치하는 등의 위협적인 행동을 취함으로써 인근 국가들을 계속 위협하고 있다.

중국은 불공정 무역관행을 확장하고 핵심 산업, 민감 기술 및 기반시설에 투자함으로써 유럽에서 전략적 발판을 확보하고 있다. 또한 유럽은 폭력적인 이슬람 극단주의자들의 직접적인 위협에 처해 있다. ISIS와 여타의 지하디스트들이 스페인, 프랑스, 독일, 벨기에, 영국 및 여타 국가들에서 자행한 공격은 우리의 유럽 협력국들이 심각한 위협에 계속 당면하고 있음을 보여준다. 중동과 아프리카의 불안정으로 인해 수백만 명의 이민자와 난민들이 유럽으로 몰려들어 이 지역의 불안정과 긴장 상태를 악화시켰다.

미국은 유럽이 번영하고 안정되어 있을 때 더욱 안전하고 공동의 이익과 이상을 방어하는 데 일조할 수 있다. 미국은 여전히 유럽의 동맹국 및 협력국들과 굳건한 유대를 갖고 있다. 자유로운 주권 국가들이 결성한 나토 동맹은 경쟁국들보다 우리가 큰 우위를 차지하고 있는 것 중의 하나이며 미국은 여전히 워싱턴 조약의 제5조(1949년 워싱턴에서 체결된 나토 규약의 제5조. 어느 나토 회원국에 대한 무력공격을 나토 회원국 전체에 대한 공격으로 간주하여 공동 대응한다는 내용으로서, 나토 규약의 핵심을 이룬다 — 옮긴이)를 준수한다.

유럽의 동맹국과 협력국들은 우리의 전략적 영역을 확장시키며 글로벌 작전을 위한 해외 기지 및 영공 비행권을 제공한다. 우리는 함께 공동의 위협에 대항하고 있다. 유럽 국가들은 아프가니스탄에서 지하디스트 테러리스트와의 전쟁에 도움을 주고 이라크를 안정시키며 아프리카와 대중동(Greater Middle East: 아프리카의 모로코에서 아시아의 파키스탄에 이르는 이슬람 국가와 이스라엘을 일컫는 용어로서, 2000년대 초에 미국의 부시 행정부에서 처음으로 썼다 — 옮긴이)에서 테러리스트 조직들과의 전쟁을 지원하기 위해 수천 명의 군대를 파견하고 있다.

나토 동맹은 모든 회원국들이 더 큰 책임을 지고 상호이익, 주권, 가치를 보호하기 위해 공정한 분담을 할 때 더욱 강화될 것이다.

〈우선 실시 사항〉

• 정치적 사항

미국은 유럽 동맹국 및 협력국들과 공동의 가치, 안보 이익, 공유하는 비전을 훼손하고자 위협하는 세력에 대항하기 위해 협력을 강화할 것이다. 미국과 유럽은 공동으로 러시아의 전복과 침략 및 북한과 이란이 제기하는 위협에 대응할 것이다. 우리는 국제 포럼에서 공동의 원칙과 이익을 계속 진전시킬 것이다.

• 경제적 사항

미국은 유럽연합과 함께 그리고 쌍무적으로 영국 및 여타 국가들과 함께 공정하고 호혜적인 무역관행을 보장하고 성장 장애 요인을 제거할 것이다.

우리는 일자리를 창출하기 위해 유럽의 미국에 대한 직접 투자를 장려할 것이다. 우리는 유럽의 에너지원을 다양화하여 유럽 국가들의 에너지 안보를 보장하기 위해 동맹국 및 협력국들과 함께 일할 것이다. 우리는 협력국들과 함께 중국의 불공정 무역 및 경제 관행에 대처하고 중국의 민감한 기술 획득을 제한할 것이다.

• 군사 및 안보 사항

미국은 자신의 방위책임을 완수하고 여타국들도 동일하게 행동하기를 기대한다. 우리는 유럽 동맹국들이 2024년까지 국방비 지출을 GDP의 2%까지 올리기를 기대하며, 그 중 20%는 군사 능력 제고에 쓰기를 바란다. 나토의 동부 측면에서 우리는 억지와 방어를 계속 강화할 것이며, 최전선 동맹국과 협력국들의 방어를 더 잘하기 위한 노력을 촉진할 것이다. 우리는 나토와 함께 기존 및 예상되는 탄도와 순항 미사일 위협, 특히 이란의 위협에 대처하기 위해 통합된 공중 및 미사일 방어 역량을 개선하는 작업을 할 것이다. 우리는 대(對)테러리즘 및 사이버안보 협력을 증진할 것이다.

3. 중동

미국이 중동에서 추구하는 것은 중동이 지하디스트 테러리스트를 위한 안전한 피난처 또는 번식지가 아니고, 미국에 적대적인 세력에 지배되지 않으며 안정된 글로벌 에너지 시장에 기여하는 것이다.

수년 동안 중동 지역은 이란의 팽창, 국가 기능의 붕괴, 지하디스트 이데올로기, 사회적·경제적 침체 및 지역적 대결이라고 하는 문제들이 뒤얽혀 몸살을 앓아왔다. 미국은 민주화를 열망하거나 아니면 손을 뗀다고 해서 이 지역의 문제에서 벗어날 수 없다는 것을 터득했다. 우리는 비관주의에 빠져 현대의 중동에 대한 우리의 이해관계나 비전을 불투명하게 하는 일이 없도록 이 지역에 대한 기대를 현실적으로 해야 한다.

이 지역은 여전히 세계에서 가장 위험한 테러리스트 조직들의 근거지이다. ISIS와 알카에다는 불안정 위에서 번성하고 있으며 폭력적인 지하드를 수출하고 있다. 세계에서 테러리즘을 주도적으로 후원하는 국가인 이란은 협력국과 대리자들, 무기 확산과 자금 제공을 통해 영향력을 확대하기 위해 불안정을 이용해왔다. 이란은 계속해시 성능이 더욱 우수한 탄도미사일을 개발하고 정보 역량을 발전시키고 있으며, 악의적인 사이버 활동을 벌이고 있다. 이런 활동들은 2015년의 핵 협정 이후 전혀 수그러들지 않았다. 이란은 이 지역에서 민간인들에게 심각한 타격을 가하는 폭력의 순환을 영속화시키고 있다. 적대 국가들은 국가 붕괴와 지속적인 지역 분쟁으로 조성된 공백을 메우고 있다.

이런 도전에도 불구하고 중동에서 미국의 이익을 발전시킬 기회가 나타나고 있다. 일부 우리의 협력국들은 급진적인 이데올로기를 배격하는 작업을 함께 하고 있으며, 핵심적인 지도자들은 이슬람 극단주의와 폭력의 거부를 촉구하고 있다. 정치 안정과 지속가능한 번영을 촉진하면 종파적인 불평불만을 부채질하는 여건을 완화시키는 데 도움이 될 것이다.

수 세대 동안 이스라엘과 팔레스타인의 분쟁이 이 지역에서 평화와 번영을 저해하는 주된 자극물로 이해되었다. 오늘날 지하디스트 테러리스트 조직과 이란의 위협은 이스라엘이 이 지역 문제의 원인이 아니라는 것을 깨닫게 한다. 국가들은 공동의 위협에 대처하면서 점점 더 이스라엘과 공동의 이해관계를 갖고 있음을 발견했다.

오늘날 미국은 우리와 협력하기를 원하는 국가들의 번영을 신장할 경제적, 정치적 협력 강화를 촉진할 기회를 갖고 있다. 개혁 지향적인 국가들과의 협력관계를 회복하고 이 지역의 협력국 간 공조를 장려함으로써 미국은 안정과 미국의 국가이익에 유리한 세력 균형을 촉진할 수 있다.

〈우선 실시 사항〉

• 정치적 사항

우리는 안정을 통한 안보 진전에 일조하기 위해 협력관계를 강화하고 새로운 협력관계를 형성할 것이다. 가능할 때는 언제고 점진적인 개혁을 장려할 것이다. 우리는 폭력적인 이데올로기에 대항하는 노력을 지원할 것이며, 개인의 존엄을 더욱 중시하도록 할 것이다. 우리는 협력국들이 안정되고 번영하는 지역을 이루고자 하면 전적으로 지원할 것이다. 거기에는 안정되고 통합된 걸프협력기구를 통한 활동이 포함된다. 우리는 독립국가인 이라크와 장기적인 전략적 협력관계를 강화할 것이다. 우리는 시리아 내전에서 난민들이 귀국하여 다시 안전한 삶을 누릴 수 있는 여건을 마련할 해결책을 모색할 것이다. 우리는 협력국들과 함께 이란 정권이 핵무기를 입수할 모든 경로를 차단하고 이란의 악영향을 상쇄할 것이다. 우리는 이스라엘과 팔레스타인 모두가 받아들일 수 있는 포괄적인 평화협정을 촉진하는 데 전념할 것이다.

• 경제적 사항

미국은 지하디스트 테러리스트들이 악용하는 핵심적인 불평등을 시정하기 시작한 현재의 개혁을 지원할 것이다. 우리는 이집트와 사우디아라비아를 포함하여 이 지역 국가들이 경제 현대화를 지속하도록 장려할 것이다. 우리는 경제적으로 개입하고 개혁자들을 지원하며 개방된 시장과 사회의 이익을 옹호함으로써 긍정적인 개발을 촉진하는 역할을 수행할 것이다.

• 군사 및 안보 사항

우리는 미국과 동맹국들을 테러리스트의 공격으로부터 보호하고 지역의 세력 균형을 유리하게 유지하기 위해 이 지역에 필요한 미국 군대를 계속 주둔시킬 것이다. 우리는 지역 협력국들이 대테러 및 대반란 활동을 수행할 법 집행을 포함한 기관들과 역량을 강화하도록 지원할 것이다. 우리는 협력국들이 활발한 미사일 위협에 방어를 더 잘하기 위해 상호 운용이 가능한 미사일 방어 체제와 여타 역량을 확보하는 데 일조할 것이다. 우리는 협력국들과 함께 이 지역에서 이란의 악의적인 활동을 무력화시키기 위해 협력할 것이다.

4. 남아시아 및 중앙아시아

남아시아와 중앙아시아는 세계 인구의 1/4 이상과 미국이 지정한 테러리스트 그룹의 1/5이 있고 경제적으로 급성장하는 몇 나라가 있으며 2개 국가가 핵무장을 하고 있는데, 몇 가지의 가장 복잡한 국가안보 도전과 기회를 제공한다. 이 지역에는 중동에서 확산된 테러리스트 위협과 유럽 및 인도 - 태평양에서 전개된 세력 경쟁이 뻗쳐 있다. 미국은 초국경 테러리스트들과 파키스탄 내에서 활동하는 호전주의자들로부터의 위협에 계속 직면하고 있다. 상호 간 핵 공격을 유발할 수 있는 인도 - 파키스탄의 군사 분쟁 전망은 여전히 지속적인 외교적 주의를 요구하는 핵심 걱정거리이다.

미국이 이 지역에 갖고 있는 관심에는 미국 본토와 동맹국의 안보에 영향을 주는 테러리스트 위협에 대처하고 군사 및 핵 긴장 가능성을 야기하는 월경 테러리즘을 예방하며 핵무기, 기술 및 원료가 테러리스트들의 손에 들어가지 않도록 방지하는 것이 포함된다. 우리는 이 지역에 본토 및 동맹국에 대한 위협에 비례하여 미군의 주둔을 모색한다. 우리는 파키스탄이 불안정을 초래하는 일을 하지 않고 아프가니스탄이 안정되고 자립된 나라가 되는 것을 추구한다. 그리고 중앙아시아 국가들이 우리의 경쟁상대인 강대국들의 지배에서 벗어나고 지하디스트의 성역이 되는 것을 방지하며 개혁을 우선적으로 실시도록 노력한다.

〈우선 실시 사항〉
• 정치적 사항

우리는 인도와 전략적 협력관계를 심화시킬 것이며 인도가 인도양 안보에 그리고 더 넓은 지역에서 지도적인 역할을 수행하도록 지원할 것이다. 우리는 파키스탄에 압력을 가해 대테러 활동을 강화토록 할 것이다. 왜냐하면 어떤 나라가 협력국의 군인과 관리들을 표적으로 삼는 무장단체와 테러리스트에 대한 지원을 할 경우 협력관계는 지속될 수 없기 때문이다. 또한 미국은 파키스탄이 핵 자산을 책임 있게 관리하는 국가임을 계속 보여주도록 촉구할 것이다. 우리는 아프가니스탄이 이 지역에서 평화와 안보를 진작하도록 계속 협력할 것이다. 우리는 아프가니스탄에서 반부패 개혁을 계속 촉진하여 정부의 합법성을 높이고 폭력적인 극단주의 조직의 매력을 감소시킬 것이다. 우리는 중국이 이 지역에서 영향력을 증대시키는 상황에서 남아시아 국가들이 주권을 유지하는 데 일조할 것이다.

• 경제적 사항

우리는 중앙 및 남아시아의 경제통합을 장려하여 번영과 경제적 연결을 촉진함으로써 이 지역의 연계성과 무역을 증진할 것이다. 그리고 우리는 인도가 이 지역에서 경제 원조를 증가하도록 장려할 것이다. 파키스탄에서 우리는 안보가 개선되고 파키스탄이 우리의 대테러 목표에서 미국을 지원하고 있음을 보여줌에 따라 무역과 투자 유대를 구축할 것이다.

• 군사 및 안보 사항

우리는 아프가니스탄 정부와 보안 부대가 탈레반, 알카에다, ISIS 및 여타 테러리스트들과 전쟁을 하는 데 전폭적인 지원을 하고 있다. 우리는 아프가니스탄 보안 부대의 전투력을 증강하여 탈레반이 전장에서 승리할 수 없다는 것을 깨닫게 함으로써 영속적인 평화를 달성하기 위해 외교적인 노력을 기울일 여건을 조성할 것이다. 우리는 파키스탄이 자국 땅에서 준동하는 무장단체와 테러리스트 집단을 퇴치하기 위한 결정적인 행동을 취하라고 요구할 것이다. 우리는 중앙아시아 국가들과 협력하여 우리의 대테러 활동을 지원하기 위해 이 지역에 접근할 수 있도록 보장할 것이다.

5. 서반구

서반구의 안정되고 우호적이며 번영하는 국가들은 우리의 안보를 강화시키고 경제에 이득이 된다. 공동의 가치와 경제적 이해관계로 연결된 민주국가들은 우리의 공동 안보를 위협하는 폭력, 마약거래와 불법이민을 감소시킬 것이며 적대세력이 우리와 매우 근접한 지역에서 활동할 기회를 제한할 것이다.

지난 반세기 동안 서반구의 일부 국가들에서는 독재와 내란으로 나라가 망가지고 수만 명이 살해되었다. 오늘날 이 지역은 민주주의와 법치를 기반으로 하여 번영과 평화를 시작하려 하고 있다. 이 지역에서 미국의 무역은 번창하고 있으며 미국 상품과 서비스를 위한 시장 기회, 에너지와 기반시설 프로젝트 및 외국인 직접 투자는 계속 확장되고 있다.

하지만 난제도 여전하다. 갱단과 마약 카르텔을 포함한 초국경 범죄조직은 폭력과 부패를 영속화시키고 과테말라, 온두라스, 엘살바도르 등을 비롯한 중미 국가들의 안정을 위협한다. 베네수엘라와 쿠바에서 정부들은 국민을 계속 실망시킨 시대착오적인 좌파 권위주의 모델에 집착하고 있다. 경쟁국들은 이 반구에서 활동 공간을 찾았다.

중국은 국가 주도의 투자 및 대출을 통해 이 지역을 자국의 영향권으로 끌어들이려고 한다. 러시아는 쿠바가 자국 시민에 대한 억압을 계속하고 있을 때 급진적인 쿠바 동맹국들을 부추김으로써 실패한 냉전 정치를 지속하고 있다. 중국과 러시아 양국은 베네수엘라에서 독재를 지원하고 있으며 이 지역 전체에서 군사 연계와 무기 판매를 확대하려 모색하고 있다. 이 반구의 민주국가들은 주권에 대한 위협에 대처하는 데 관하여 공동의 이해관계를 갖고 있다.

캐나다와 미국은 독특한 전략적 방위 파트너십을 공유한다. 또한 미국은 이 지역의 핵심적인 국가들과 중요하고 심화된 관계를 갖고 있다. 우리는 함께 안정되고 평화로운 반구를 건설하여 모두를 위한 경제적 기회를 늘리고 거버넌스를 개선하며 범죄조직의 세력을 약화시키고 반구 바깥 세력의 악의적인 영향을 제한할 것이다.

〈우선 실시 사항〉
• 정치적 사항
우리는 강력한 외교적 개입을 통해 안보와 번영을 구축하기 위한 지역 활동을 촉진할 것이다. 우리는 반구의 평화와 번영을 진전시키는 일에 책임 있는 파트너로서 행동하기를 거부하는 정부들을 고립시킬 것이다. 우리는 쿠바와 베네수엘라 국민이 자유와 공동의 번영으로부터 혜택을 누릴 수 있는 날을 기대하며, 반구의 여타 자유국가들이 이런 공동의 노력을 지원하도록 장려할 것이다.

• 경제적 사항

우리는 무역협정을 현대화하고 이 지역과의 경제유대를 심화시키며 공정하고 호혜적인 무역을 보장할 것이다. 우리는 시장기반의 경제개혁을 더욱 촉진할 것이며 지속적인 번영을 위한 여건을 조성하기 위해 투명성을 장려할 것이다. 우리는 미국의 금융 시스템이 범죄 수익을 위한 피난처 또는 중간 지점이 되지 않도록 보장할 것이다.

• 군사 및 안보 사항

우리는 범죄와 부패를 줄이기 위한 현지의 노력을 강화하고 적법한 문화를 장려할 것이다. 여기에는 경찰과 어디 보인 부대를 전문화하기 위한 현지 활동의 지원, 법치 강화, 사법개혁 실시 및 범죄인과 부패한 지도자를 색출하고 불법 마약 거래를 저지하기 위한 정보 공유의 개선이 포함된다.

6. 아프리카

아프리카는 여전히 약속과 지속적인 도전의 대륙이다. 아프리카에는 세계에서 경제성장이 가장 빠른 국가가 많이 있는데, 이런 나라들은 미국 상품과 서비스의 잠재적인 신시장이 된다. 이 대륙 전반에서 우리의 협력국이 되고자 하는 나라들은 시장기반 경제의 구축과 안정의 제고를 열망하고 있다. 미국의 고품질 수출품에 대한 수요는 높으며 아프리카의 인구와 번영이 증대됨에 따라 더욱 증가할 것이다. 대륙 전체에 걸쳐 사람들은 정부의 책무와 부패 감소를 요구하고 독재 추세에 반대하고 있다. 독립시대

이래 수많은 국가들이 파괴적인 분쟁에서 벗어나고 민주적으로 이행하면서 안정된 국가들의 숫자가 늘어왔다.

이런 발전에도 불구하고 많은 국가들은 정치적 소요와 불안정에 직면하고 있는데 이런 여파가 다른 지역에 미치고 있다. 부패와 취약한 통치로 인하여 새로운 경제적 기회로 얻을 수 있는 정치적 이득을 망치고 말 위험이 있다. 많은 아프리카 국가들은 폭력적인 극단주의와 지하디스트 테러리스트들의 싸움터이다. ISIS, 알카에다 및 그 산하 조직들이 이 대륙에서 활동하면서 공격의 치명성을 증대시키는 한편 새로운 지역으로 확대하고 있으며 미국 시민과 이익을 표적으로 삼고 있다. 아프리카 국가들과 지역 기구들은 지하디스트 테러리스트 조직의 위협에 적극적으로 대처하고 있음을 보여주지만 그들의 안보 역량은 여전히 취약한 상태이다.

중국은 아프리카에서 경제적, 군사적 영향력을 확대하고 있으며 20년 전만 해도 소규모 투자국에 불과했지만, 이제는 아프리카의 최대 무역 파트너로 성장했다. 중국의 일부 관행은 아프리카의 장기적인 발전을 저해하고 있다. 엘리트들을 부패시키고 채취산업을 지배하며 여러 나라를 지속 불가능하고 불투명한 부채와 책무로 얽어매고 있기 때문이다.

미국은 세계경제에 통합되고 시민들의 수요를 충족할 수 있으며 평화와 안보에 대한 위협을 관리할 능력이 있는 독립된 아프리카 국가들을 추구하고 있다. 이런 국가들에서 거버넌스가 개선되면 경제 발전과 기회를 뒷받침하며 불법 이주의 유인을 줄이고 극단주의자들이 노리는 취약점을 감소시킴으로써 불안정성을 줄인다.

〈우선 실시 사항〉
• 정치적 사항
미국은 장기간에 걸친 폭력적인 분쟁을 종식시키기 위해 정부, 시민사회 및 지역 조직들과 협력할 것이다. 우리는 전망이 밝은 국가들과 함께 개혁을 장려하여 효율적인 거버넌스를 촉진하고 법치를 개선하며 시민에 책임을 지고 그들의 요구에 부응하는 기관들을 발전시킬 것이다. 우리는 인간 고통의 근본 원인을 시정하기 위해 헌신적인 정부 및 지역 기관들과 협력하는 한편, 계속 인도적 필요에 대응할 것이다. 필요시 우리는 시민을 착취하고 악행을 저지르는 정부 관리와 기관들을 제재할 태세가 되어 있다. 대안이 없을 경우 우리는 부패한 엘리트들이 원조를 부당하게 이용하는 것을 좌시하기보다 차라리 원조를 유보할 것이다.

• 경제적 사항

우리는 미국인과 아프리카인들의 일자리를 창출하고 부를 축적하기 위해 무역과 상업적 유대를 확대할 것이다. 우리는 개혁 지향적인 정부들과 협력하여 그들이 무역 파트너로 변화되고 비즈니스 환경을 개선할 수 있는 여건을 조성하는 데 일조할 것이다. 우리는 아프리카 국가들의 경제통합을 지원할 것이다. 우리는 원조를 넘어서 번영을 촉진하는 파트너십으로 이행할 것을 모색하는 국가들과 협력할 것이다. 우리는 미국 상품과 서비스를 제공할 것인데, 그것이 우리에게 이익이 되고 또 이 대륙에서의 중국의, 많은 경우 채취적인 경제적 자취에 대안이 되기 때문이다.

• 군사 및 안보 사항

우리는 테러리즘, 인신매매 및 무기와 천연자원의 불법거래에 대처하는 보안 기관의 능력을 개선하기 위해 협력국들과 계속 함께 일할 것이다. 우리는 협력국들과 함께 미국 시민과 국토를 위협하는 테러리스트 조직 및 여타의 조직들을 물리치는 작업을 할 것이다.

§ 결론 §

이 국가안보 전략은 미국을 위한 적극적인 전략 방향을 설정한 것으로서 세계무대에서 미국의 우위를 재천명하고 우리 나라의 위대한 힘을 증대시킬 것이다. 트럼프 행정부 기간 동안 미국 국민은 그들의 안보와 번영이 항상 최우선할 것임을 확신할 수 있다. 안전하고 번영하며 자유로운 미국은 강할 것이고, 우리의 이익과 생활방식을 보호하기 위해 해외에서 주도할 태세를 갖출 것이다.

미국의 새로운 전략적 확신은 우리의 건국 문서에 명기된 원칙에 우리가 다시 헌신하는 데 뿌리내리고 있다. 국가안보 전략은 우리가 소중하게 여기는 개인의 자유, 법치, 정부의 민주적 시스템, 관용과 모두를 위한 기회를 찬양하고 보호한다. 우리 자신과 우리가 상징하는 것을 파악함으로써 우리는 무엇을 방어할 것인지 명확하게 하고 행동을 위한 처리 원칙을 수립한다.

이런 전략은 원칙에 기초를 둔 현실주의에 의거한다. 이 전략은 국제정치에서 힘이 수행하는 중심적인 역할을 인정하고 주권 국가들이 평화로운 세계를 위한 최상의 희망임을 천명하며 우리의 국가 이익을 분명하게 규정하기 때문에 현실적이다. 이 전략은 미국의 원칙을 발전시키는 것이 전 세계적으로 평화와 번영을 확산시킨다는 인식에 근거하였기 때문에 원칙에 입각한 것이다. 우리는 우리의 가치에 따라 움직이며 우리의 이해관계에 따라 규율된다.

이 행정부는 미국의 장래에 관해 밝은 비전을 갖고 있다. 미국의 힘에 의해 뒷받침된 미국의 가치와 영향은 세계를 더욱 자유롭고 안전하며 번영하게 만들고 있다.

우리 나라의 힘은 미국 국민으로부터 나온다. 모든 미국인은 이와 같은 미국우선 국가안보 전략을 수행하는 거대한 국가적 노력에서 맡은 바 역할이 있다. 우리가 다 함께 수행할 임무는 가족을 강화하고 공동체를 개발하며 시민에게 봉사하고 세계에 빛나는 예로서 미국의 위대성을 널리 알리는 것이다. 우리는 자식과 손주에게 과거 어느 때보다 더 강력하고 살기 좋으며 자유롭고 자랑스러운 위대한 나라를 남겨줄 것이다.

트럼프 대통령 연두교서(발췌)

우리는 다함께 안전하고 강력하며 자랑스러운 미국을 건설하고 있습니다. 우리는 모든 미국인이 고된 하루 일의 소중함을 알기 바랍니다. 우리는 모든 어린이가 밤에 자신의 집에서 안전하기를 바라며, 모든 시민이 우리가 사랑하는 이 땅에 자부심을 갖기를 바랍니다.

제가 11개월 전 이 연단에서 미국 국민에게 약속한 대로 우리는 미국 역사상 최대의 조세 감면과 개혁을 단행했습니다. 대폭적인 조세 감면으로 중산층과 소기업들은 엄청난 경감을 받았습니다. 조세 감면을 단행한 이래 대략 300만 명의 근로자들이 이미 조세 감면 보너스를 받았습니다 ― 그중 많은 사람들은 1인당 수천 달러에 달합니다.

지금은 새로운 미국의 순간입니다. 미국의 꿈을 실현하기 위해 더 좋은 때는 없었습니다. 오늘 밤 저는 우리가 어떤 종류의 미래를 갖고 어떤 종류의 국가가 될 것인가에 관해 말씀드리고자 합니다. 우리 모두는 하나의 팀, 하나의 국민, 하나의 미국 가족으로서 함께 합니다.

미국 국민은 조국을 사랑합니다. 그에 대한 보답으로 그들은 동일한 사랑과 충성심을 보여주는 정부를 가질 자격이 있습니다.

지난해 우리는 시민과 정부 간 신뢰의 유대를 회복하려고 했습니다.

책임질 줄 아는 정부를 지향하면서 집권 초년도에 역사상 어느 행정부보다 더 많은 규제를 제거했습니다.

우리는 미국 에너지에 관한 전쟁을 종료했습니다 ― 그리고 정탄(精炭)

에 관한 전쟁을 종료했습니다. 우리는 이제 세계에 에너지를 수출하는 국가입니다.

또한 미국은 우리의 번영을 희생시키고 우리의 회사들, 우리의 일자리 그리고 우리 나라의 부를 해외로 가져간 수십 년 동안의 불공정한 무역 거래에 드디어 새 장을 열었습니다.

미국은 건설자의 나라입니다. 우리는 단 1년 만에 엠파이어스테이트 빌딩을 지었습니다 — 이제 그런 나라가 도로 하나 건설하기 위한 승인을 받는 데 10년이나 걸리기도 한다니 수치스러운 일 아니겠습니까?

저는 양당이 우리 경제가 필요로 하고 우리 국민이 가질 자격이 있는 안전하고 신속하며 믿을 수 있고 현대적인 사회기반시설을 우리에게 주기 위해 함께할 것을 요청합니다.

고군분투하는 공동체들, 특히 이민 공동체들도 미국의 근로자와 가족들의 최선의 이익에 초점을 맞춘 이민 정책의 도움을 받을 것입니다.

따라서 저는 오늘 밤 출신 배경, 피부색, 신조가 각기 다른 우리 시민 모두를 보호하기 위해 민주, 공화 양당 당원들이 함께 하도록 열린 손을 내밀고 있습니다.

우리가 국내에서 미국의 힘과 신뢰를 다시 구축하는 것과 같이 해외에서 우리의 힘과 입지를 회복하고 있습니다.

지난해 저는 동맹국들과 함께 ISIS가 지구상에서 사라지도록 할 것이라는 약속을 드렸습니다. 1년이 지난 다음 저는 ISIS를 격퇴시키기 위한 연합은 이라크와 시리아의 이들 살인자가 한때 장악했던 영토의 거의 100퍼센트를 해방시켰다고 자랑스럽게 말씀드릴 수 있습니다. 하지만 해야 될 작업이 훨씬 더 많습니다. 우리는 ISIS를 타도할 때까지 전투를 지속할 것입니다.

지난 경험에 비추어 볼 때 현 상태에 안주하고 양보하는 것은 침략과 도발을 불러올 뿐입니다. 저는 우리를 현재와 같이 위험한 지경에 빠뜨린 과거 행정부의 실수를 반복하지 않을 것입니다.

2018년 1월 30일

제2부
국방, 핵 및 무역 전략

TRUMP's
America
First

2018 미국의 국가방위 전략*

미국 군대의 경쟁력 강화

1. 들어가기

국방부의 지속적인 임무는 전쟁을 억지하고 우리 나라의 안보를 지키기 위해 필요한, 믿을 만한 전투력을 가진 군대를 확보하는 것이다. 만약 전쟁 억지가 실패한다면 합동군은 승리할 준비태세를 갖추고 있다. 미국의 전통적인 외교 수단을 강화하면서 국방부는 대통령과 외교관들이 유리한 입장에서 협상을 하도록 보장하기 위해 군사적인 옵션을 제공한다.

오늘날 우리는, 우리의 군사적 경쟁 우위가 약화되어 왔음을 인식하면서, 전략적 위축의 시기에서 벗어나고 있다. 우리는 증대되는 지구적 무질서에 직면하고 있다. 그 특징은 오랫동안 지켜져 온 규칙에 입각한 국제질서가 쇠퇴하고 있다는 것으로서, 우리가 최근에 경험한 그 어느 때보다도 더 복잡하고 불안정한 안보 환경을 초래하고 있다. 현재 테러리즘이 아니라 국가 간 전략적 경쟁이 미국 국가안보의 1차적인 관심사항이다.

---

* 「2018 미국의 국가방위 전략」의 전문은 비공개이고, 이 요약문만 공개되었다. ─ 옮긴이

중국은 남중국해의 섬과 암초를 군사화하는 한편 약탈적 경제를 이용하여 이웃 국가들을 위협하는 전략적 경쟁국이다. 러시아는 인근 국가들의 국경을 침범했으며 이웃 국가들의 경제, 외교, 안보 결정에 대한 거부권을 계속 행사하고 있다. 또한 북한의 무법자 같은 행동과 난폭한 수사는 UN의 비난과 제재에도 불구하고 지속되고 있다. 이란은 계속 폭력의 씨를 뿌리고 중동의 안정에 여전히 최대의 도전이 되고 있다. ISIS의 물리적인 칼리프 국가가 패배했음에도 불구하고 안정은 여전히 위협을 받고 있다. 그 이유는 세력이 멀리까지 미치는 테러리스트 집단들이 무고한 사람들을 계속해서 살해하고 더욱 광범위하게 평화를 위협하고 있기 때문이다.

이처럼 점점 더 복잡해지는 안보 환경은 급속한 기술 변화, 모든 활동 영역에 있는 적대세력으로부터의 도전 그리고 우리 나라 역사상 최장기간 지속된 무력분쟁에 따른 현재의 준비태세에 대한 영향으로 규정된다. 이런 환경에서 현실에 안주할 수는 없다. 우리는 어려운 선택을 해야 하며, 치명적이고 복원력이 있으며 신속하게 적응하는 합동군을 야전에 배치하기 위해서 무엇이 가장 중요한지 우선순위를 정해야 한다. 미국 군대가 전장에서 당연히 승리한다는 보장은 없다.

비밀문서인 2018 국가방위 전략을 요약한 본 공개 문서는 이런 환경에서 경쟁하고 억지하며 승리하기 위한 우리의 전략을 분명하게 밝힌다. 장기적인 전략적 경쟁이 재등장하고 기술이 급속하게 확산되면 분쟁의 전 계층에 걸친 전쟁과 경쟁의 새로운 개념은 이런 현실에 상응하여 구조화된 합동군을 요구한다.

더욱 치명적이고 복원력이 높으며 급속하게 혁신하는 합동군은 수많은 굳건한 동맹국 및 협력국들과 결합하여 미국의 영향력을 지속시킬 것이며, 자유롭고 개방된 국제질서를 지키는 유리한 힘의 균형을 보장할 것이다. 종합적으로 우리 군대의 준비 태세와 동맹국 및 협력국의 구성 그리고 국방부 현대화를 통해 우리는 분쟁에서의 승리와 힘을 통한 평화유지에 필요한 역량과 민첩성을 갖게 될 것이다.

이런 전략을 수행하지 않을 경우의 대가는 분명하다. 우리의 국방목표를 달성하지 못하면 그 결과는 미국의 세계적 영향력 감소, 동맹국 및 협력국들과의 결속력 훼손 그리고 시장 접근 축소가 될 것이며, 그로 인하여 번영과 생활 수준의 하락이 초래될 것이다. 군대의 준비태세를 회복하고 우리 시대에 적합하도록 현대화하기 위한 지속적이고 예측가능한 투자를 하지 않으면 우리는 급속하게 군사적 우위를 상실하고, 그 결과 합동군은 우리 국민을 지키는 데 적합하지 않은 구형 시스템을 갖게 될 것이다.

2. 전략 환경

국가방위 전략은 점점 더 복잡해지는 글로벌 안보 환경을 인정하는데, 그 특징은 자유롭고 개방적인 국제질서에 대한 공공연한 도전, 국가들 사이의 장기적인 전략적 경쟁의 재등장이다. 이런 변화들은 우리가 직면하고 있는 위협에 대한 명확한 평가, 전쟁의 변화하는 성격에 대한 이해 그리고 국방부가 업무를 수행하는 방식의 탈바꿈을 요구한다.

미국의 번영과 안보에 대한 중심적인 도전은 국가안보 전략이 수정주의 강대국으로 분류한 국가들에 의한 장기적인 전략적 경쟁의 재등장이다. 중국과 러시아가 그들의 권위주의적인 모델과 일치하는 세계를 형성하고자 원한다는 것은 점점 더 분명해지고 있다. 그들은 타국의 경제, 외교 및 안보 결정에 거부권을 행사하고자 한다.

중국은 인도 - 태평양 지역의 질서를 자국에 유리하도록 재편하기 위해 인근 국가를 압박하는 데 군사 현대화, 영향력 공작(influence operation) 및 약탈 경제를 이용하고 있다. 중국은 경제적 및 군사적으로 지배적인 우세를 계속함에 따라 국가 전체의 장기 전략을 통해 힘을 과시하면서 군대 현대화 프로그램을 지속적으로 추진하여 가까운 장래에 인도 - 태평양 지역의 헤게모니를 장악하고 향후 글로벌 우위를 달성하여 미국을 대체하고자 한다. 본 국방전략의 가장 원대한 목표는 우리 두 나라 사이의 군사 관계를 투명성과 불가침의 길 위에 올려놓는 것이다.

동시에 러시아는 나토를 분쇄하고 유럽 및 중동의 안보와 경제 구조를 자국에 유리하도록 바꾸고자 주변국들 정부의 경제적, 외교적 결정 면에서 거부권을 행사하고자 한다. 신기술을 사용하여 조지아, 크리미아, 동부 우크라이나에서 민주적 과정의 신뢰를 떨어뜨리고 전복시키고자 하는 것은 충분히 우려할 만한 일이지만, 핵무기를 확장하고 현대화하는 것과 결합된다면 그것은 분명한 도전이다.

전략적 환경에 대한 또 하나의 변화는 복원력이 있지만 취약한 2차 대전 이후의 국제질서이다. 제2차 세계대전에서 파시즘이 패망한 이후 수십 년 동안 미국과 그 동맹국 및 협력국들은 그들의 자유와 국민을 침략과 억압으로부터 더 잘 보호하기 위해 자유롭고 개방된 국제질서를 구축했다. 비록 이 시스템이 냉전 종식 이후 점차 변화했지만 우리의 동맹과 협력의 네트워크는 여전히 글로벌 안보의 중추이다. 이제 중국과 러시아는 국제질서의 편익을 이용하면서 동시에 그 원칙과 '교통규칙'을 약화시킴으로써 국제질서를 내부로부터 훼손하고 있다.

북한 및 이란과 같은 불량 정권들은 핵무기를 추구하거나 또는 테러리즘을 후원함으로써 지역의 안정을 해치고 있다. 북한은 정권의 생존 보장과 강화된 레버리지를 확보하기 위하여 핵, 생물학, 화학, 재래식 및 비재래식 무기의 혼합체를 추구한다. 또한 탄도미사일 역량을 향상시켜 남한, 일본 및 미국에 대한 강압적인 영향력을 가지려 한다. 중동에서 이란은 불안정한 지역에 영향력을 행사하면서 인근 국가들과 경쟁하고 있다. 또 지역 패권을 장악하고 목적을 달성하기 위해 국가 지원 테러리스트 활동, 점증하는 대리인 네트워크와 미사일 프로그램을 사용한다.

수정주의 강대국들과 불량 정권 다 모든 차원의 권력에 걸쳐 경쟁하고 있다. 이런 국가들은 새로운 전선으로 억압을 확장하고 주권 원칙을 침해하고 모호한 표현을 사용하며 민간 및 군사 목표 사이의 경계를 의도적으로 흐리게 함으로써 무력분쟁 직전까지 활동을 증대했다.

미국의 군사 우위에 대한 도전은 글로벌 안보 환경의 또 다른 변화를 나타낸다. 수십 년 동안 미국은 모든 작전 영역에서 적수가 없거나 지배적인 우월성을 누렸다. 우리는 일반적으로 원하는 대로 군대를 배치했으며 원하는 곳에 집결하고 원하는 방식으로 작전을 했다. 오늘날에는 공중, 육지, 바다, 우주 및 사이버 공간 등 모든 영역에서 다툼이 벌어지고 있다.

우리는 과거 어느 때보다 더 치명적이고 파괴적인 전장에 직면하고 있다. 전장은 여러 영역에 걸쳐 있으며, 속도가 빨라지고, 해외 도처의 근접전에서 우리 나라 본토에 이르기까지 범위가 확대되어 수행된다. 어떤 경쟁국들과 적대세력은 우리의 전투 네트워크와 작전 개념을 최대한 표적으로 삼는 반면, 그들의 목적(예컨대 정보전쟁, 모호한 또는 부인하는 대리 작전 및 전복)을 달성하기 위해 공개적인 전쟁에 이르지 않는 여타 경쟁 영역을 이용한다. 이런 추세가 시정되지 않으면 우리의 침략 저지 능력은 도전을 받을 것이다.

또한 안보 환경은 급속한 기술 진보와 전쟁의 변화하는 성격의 영향을 받고 있다. 신기술 발전을 위한 추동은 수그러들지 않고 있으며 진입 장벽이 낮아짐으로 인해 더 많은 행위자로 확장되고 속도가 빨라지고 있다. 신기술에는 선진 컴퓨팅, '빅 데이터' 분석, 인공지능, 자율화, 로봇 공학, 지향성 에너지, 극초음속학, 생명공학이 포함된다. 바로 이런 기술들이 미래의 전쟁 수행과 승리를 보장하는 기술들이다.

새로운 상업 기술은 사회를 변화시킬 것이며, 궁극적으로 전쟁의 성격을 변화시킬 것이다. 수많은 기술 발전이 상업 기술로부터 왔다는 사실은 경쟁국들과 비국가 행위자들도 그런 기술에 접근할 수 있다는 것을 의미한다. 이는 또한 우리 나라가 익숙해진 재래식 전쟁에서의 압도적 우위가 훼손될 위험에 처한다는 의미이다. 국방부가 기술 우위를 유지하려면 산업 문화, 투자원 및 국가안보 혁신 기반(National Security Innovation Base) 전반에 대한 보호를 변화시킬 필요가 있을 것이다.

국가들은 글로벌 무대에서 주된 행위자들이지만 비국가 행위자들도 점점 더 수준 높은 역량을 갖고 안보 환경을 위협하고 있다. 테러리스트들, 초국경 범죄조직들, 사이버해커들과 여타의 악의적인 비국가 행위자들은 대량 파괴 역량을 강화하면서 글로벌 문제를 변환시켰다. 여기에는 긍정적인 측면도 있다. 안보를 유지하기 위한 우리의 파트너들도 단순한 국민국가 이상이 되기 때문이다. 즉 다자간 기구, 비정부 기구, 기업체 그리고 전략적 영향력 행사자들은 협력과 파트너십을 위한 기회를 제공하고 있다. ISIS의 물리적인 칼리프 국가가 실패하였음에도 불구하고 테러리즘은 여전히 이데올로기와 불안정한 정치 및 경제 구조에 의해 추동되는 지속적인 조건이다.

이제 미국 본토가 더 이상 성역이 아니라는 것을 부인할 수 없다. 미국은 우리의 시민을 공격하고자 하는 테러리스트로부터든지 혹은 개인, 상업 또는 정부 기반시설을 공격하는 악의적인 사이버 활동이나 정치적 및 정보 전복으로부터이든지 간에 표적이 되고 있다. 우주의 상업적 및 군사적 이용에 대한 새로운 위협이 나타나고 있는 것과 함께 우리의 생활, 비즈니스, 정부 및 군부의 모든 면에서 증가하는 디지털 연결성은 중대한 취약성을 조성한다. 분쟁이 일어나고 있는 동안 우리의 중요한 국방, 정부 및 경제 기반시설에 대한 공격은 사전에 파악돼야 한다.

북한과 같은 불량 정권은 계속적으로 핵, 화학 및 생물학 무기와 같은 대량살상 무기와 함께 장거리 미사일 능력을 모색하거나 개발하고 있다. 아울러 경우에 따라서는 이란의 탄도미사일 수출로 실증된 바와 같이 악의적인 행위자들에게 이런 능력을 확산시킨다. 마찬가지로 테러리스트들도 대량살상 무기를 계속 추구하고 있으며, 핵무기 기술과 선진 제조기술의 확산은 여전히 지속적인 문제이다. 최근 생명공학의 발전은 생물학 무기에의 접근 가능성, 다양성 및 편리성을 증대시킴으로써 또 다른 걱정거리를 제기하고 있다.

3. 국방부의 목표

국방부는 국가안보 전략을 지원함에 있어서 국토를 방위하고 세계의 독보적인 군사 대국으로서의 지위를 유지하며 세력균형이 우리에게 계속 유리하도록 보장하고 우리의 안보와 번영에 가장 기여하는 국제질서를 발전시킬 태세를 갖출 것이다.

중국 및 러시아와의 장기적인 전략적 경쟁은 국방부의 가장 중요한 우선사항이며, 두 나라가 미국의 안보와 번영에 오늘날 제기하는 위협의 규모 및 장차 증가할 잠재성 때문에 투자를 지속적으로 증가시킬 필요가 있다. 이와 함께 국방부는 북한 및 이란과 같은 불량정권들을 억지하고 그에 대처하는 노력을 지속하며 미국에 대한 테러리스트 위협을 물리치고 이라크와 아프가니스탄에서의 성과를 공고히 하는 한편 자원을 좀 더 지속적으로 투입할 수 있는 접근방법으로 나아갈 것이다.

국방부의 주요 목표는 다음과 같다.

- 공격으로부터 본토 방위

- 지구 전체적으로, 그리고 핵심 지역에서 합동군의 군사 우위 지속

- 적대세력이 우리의 중대한 이익을 침범하지 못하도록 억지

- 미국의 관련 부서 당국자들이 미국의 영향력과 이익을 진전시킬 수 있도록 함

- 인도 - 태평양, 유럽, 중동 및 서반구에서 유리한 지역 세력 균형 유지

- 동맹국들을 군사적 침략으로부터 방어하고 협력국들이 압박에 저항하도록 고무
하며, 공동 방위를 위한 책임을 공정하게 분담

- 적대국과 비국가 행위자들이 대량살상 무기를 획득, 확산 및 사용하지 못하도록
설득하거나 방지 또는 억지함

- 테러리스트들이 미국 본토 및 시민, 해외의 동맹국과 협력국들에 대한 공격을 하
고자 대외 작전을 지시 또는 지원하는 행위의 방지

- 공동 영역이 계속 개방되고 자유롭도록 보장

- 국방부의 의식구조, 문화, 관리 시스템 변화에 따라 적절한 비용과 속도로 계속적
인 성과 수행

- 국방부의 작전을 효율적으로 지원하고 안보와 지급능력을 지속하는 독보적인 21
세기 국가안보 혁신 기반의 구축

4. 전략적 접근방법

장기적인 전략적 경쟁을 하려면 외교, 정보(information), 경제, 금융, 첩
보(intelligence), 법의 집행 및 군부 등 국력의 여러 요소들을 매끄럽게 통합
할 필요가 있다. 세계 어느 나라보다 더 미국은 경쟁력 있는 공간을 확장하
여 우리가 우위를 확보하고 경쟁국들의 힘이 부족한 곳에서 경쟁을 하도록
주도권을 장악할 수 있다. 미국은 결정적이고 지속적인 군사 우위를 차지

할 것인데 그 발생요인은 더욱 치명적인 힘 및 강력한 동맹과 파트너십 그리고 미국의 기술 혁신과 성과 위주 문화이다.

우리는 경쟁력 있는 공간을 확대하면서도 경쟁국들과 적대 세력에 지속적으로 손을 내밀고 협력할 기회를 개방할 것이지만 유리한 위치에서 국익에 근거하여 그렇게 할 것이다. 협력에 실패한다면 우리는 미국 국민과 가치 및 이익을 방어할 태세를 갖춰야 할 것이다. 경쟁 상대들이 자발적으로 침략 행위를 포기하는 것은 그들이 미국의 힘과 우리의 동맹 및 협력관계의 활력을 어떻게 인식하느냐에 달려 있을 것이다.

전략적으로는 예측가능하지만 작전은 예측이 불가능해야 한다　장기적인 전략적 경쟁자들을 억지하거나 물리치는 것은 이전에 취한 전략의 초점이었던 지역적 적대국과 근본적으로 다른 도전이다. 우리의 힘과 동맹국들과의 통합된 행동은 우리가 침략을 억지하는 데 전력투구하고 있음을 보여주겠지만 우리의 역동적인 전력 운용, 군의 태세 및 작전은 적의 의사결정권자들이 예측할 수 없도록 해야만 한다. 우리는 동맹국 및 협력국들과 함께 경쟁국들이 불리한 위치에 처하도록 책략을 쓰고 그들의 시도를 좌절시키며 우리 자신의 선택지는 확장하는 한편 그들의 선택지는 봉쇄하고 그들이 불리한 여건에서 분쟁에 대처하지 않을 수 없도록 만듦으로써 그들에 도전할 것이다.

미국의 기관 간 통합　경쟁력 있는 공간을 효과적으로 확장하려면 미국의 관련 기관 간에 모든 차원의 국력을 활용하기 위한 결합된 행동이 필요하다. 우리는 국무부, 재무부, 법무부, 에너지부, 국토안전부, 상무부, 미국 국제개발처와 정보공동체, 사법 당국 및 여타 기관들이 경제, 기술, 정보의 취약 분야를 파악하고 그에 대처하기 위한 협력관계를 구축하도록 지원할 것이다.

압박 및 전복 대응   무력 분쟁 이외의 적대 행위 시에 수정주의 강대국들과 불량 정권들은 현장의 실상을 바꾸기 위해 부패, 약탈적인 경제 관행, 선전, 정치적 전복, 대리 행위, 군사력의 위협 또는 행사를 하고 있다. 어떤 나라들은 우리의 다수 안보 협력국들과의 경제 관계를 특히 능숙하게 이용하고 있다. 우리는 미국의 기관 간 접근방법을 지원하고 우리의 이익을 확보하고 이런 압박에 대응하고자 동맹국 및 협력국들과 함께 작업을 할 것이다.

경쟁심이 강한 의식구조 조성   새로 나타난 안보 환경에서 성공하기 위해 국방부와 합동군은 수정주의 강대국, 불량 정권, 테러리스트 및 여타 위협 행위자들에게 생각에서, 계책에서, 협력관계에서 그리고 혁신에서 앞서야 할 것이다.

우리는 다음과 같은 분명한 3 대 노선을 추구하면서 경쟁력 있는 공간을 확장할 것이다.

> 첫째, 더욱 치명적인 합동군을 육성함으로써 군사적 준비태세의 재구축
> 둘째, 새로운 협력국을 끌어들이면서 동맹국 강화
> 셋째, 성과 및 경제성 제고를 위한 국방부 업무 관행 개혁

1) 더욱 치명적인 군 육성

전쟁을 방지하는 가장 확실한 방법은 승리를 위해 준비태세를 갖추는 것이다. 그렇게 하려면 전투 준비태세를 회복하고 치명적인 군을 야전에 배치하기 위해 개발과 일관되고 여러 해에 걸친 투자를 해야 하는 경쟁적인 접근 방법이 필요하다. 우리 군대의 규모가 중요하다. 우리 나라는 적을 물리치고 미국 국민과 중대한 국익을 보호하는 지속적인 성과를 달성하기

위해 충분하고 유능한 군대를 야전에 배치해야 한다. 우리의 목표는 분쟁의 전 영역에 걸쳐 능수능란하면서 예상되는 어떤 분쟁에서도 결정적인 우위를 지닌 합동군이다.

최우선적으로 전쟁 준비태세를 갖춘다 힘을 통해 평화를 달성하려면 합동군이 전쟁 준비태세를 갖춤으로써 분쟁을 억지할 필요가 있다. 정상적인 일상 활동 중 합동군은 핵심적인 3개 지역 ― 인도 - 태평양, 유럽, 중동 ―에서 침략을 억지하기 위해 지속적으로 경쟁을 벌일 것이다. 또한 테러리스트와 대량살상 무기의 위협을 약화시킬 것이며, 무력 충돌에 이르지 않는 도전으로부터 미국의 이익을 방어할 것이다. 전시에 완전 동원된 합동군은 강대국의 침략을 물리치고 여타 지역에서의 빈틈을 노린 침략을 억지하고 임박한 테러리스트와 대량살상 무기 위협을 저지할 수 있을 것이다. 평시나 전시에 합동군은 핵 및 비핵 전략 공격을 억지하고 국토를 방어할 것이다. 이런 임무를 지원하기 위해 합동군은 정보 우위를 획득하고 유지해야 하며 미국의 안보 관계를 발전, 강화, 지속시켜야 한다.

핵심 역량 현대화 우리는 어제의 무기나 장비를 갖고 오늘의 분쟁에서 전투해서는 성공을 기대할 수 없다. 경쟁국과 적대세력들의 야망과 역량의 범위와 속도에 대처하기 위해 우리는 지속가능하며 예측가능한 예산을 갖고 핵심 역량의 현대화에 투자해야 한다. 지난 15년 동안 우리가 지연시킨 준비태세, 구매 및 현대화 요구사항 목록은 늘어만 갔으며 이제는 더 이상 모른 체하고 넘어갈 수 없다. 우리는 핵심적인 역량과 용량 수요를 충족하기 위해 인원과 플랫폼의 목표를 정하고 엄정하게 증가시켜야 할 것이다. 국가방위 전략 2018은 계획된 2019~2023 회계연도에 근거를 마련하여 현대화 계획을 가속화하고 경쟁 우위를 굳히기 위한 지속적인 노력에 추가 자원을 투입할 것이다.

핵전력: 국방부는 3 대 핵전력을 현대화할 것인데, 거기에는 핵 지휘, 통제 및 커뮤니케이션과 지원 기반 시설이 포함된다. 핵전력 현대화에는 핵 또는 전략적 비핵 공격 위협에 입각한 경쟁국의 압박 전략에 대항하기 위한 선택지의 개발이 포함된다.

전투 영역으로서 우주 및 사이버 공간: 국방부는 우리의 우주 역량을 보장하기 위한 복원, 재구성 및 작전에 우선적으로 투자할 것이다. 또한 사이버 방어, 복원 및 사이버 역량을 모든 영역의 군사 작전에 지속적으로 통합하는 데 투자할 것이다.

지휘, 통제, 커뮤니케이션, 컴퓨터, 정보, 감시 및 정찰(C4ISR): 투자의 우선순위는 탄력성이 있고 존속 가능하며 연동된 네트워크와 전술적인 수준에서 전략적인 계획에 이르기까지의 정보 생태계를 개발하는 데 둘 것이다. 또한 정보의 획득과 이용, 경쟁국들에 동일한 우위를 허용하지 않고 사이버 공격 시 책임 있는 국가 또는 비국가 행위자들에 맞서 방어하고 붙잡고 있는 동안 출처를 밝힐 수 있는 능력에 둘 것이다.

미사일 방어: 전역(戰域) 미사일 위협과 북한의 탄도미사일 위협 양쪽 모두에 대한 다층적 미사일 방어와 파괴 역량에 투자를 집중할 것이다

접전 환경하에서의 합동 치명성(joint lethality): 합동군은 이동 전력투사 플랫폼을 파괴하기 위한 적의 공중 및 미사일 방어망 내부의 다양한 목표물을 타격할 수 있어야 한다. 여기에는 복잡한 지대에서 벌어지는 접근전에서의 치명성을 향상시킬 역량이 포함될 것이다.

전향적인 군 작전과 태세 복원력: 투자는 공격받는 동안 모든 영역에서 배치, 생존, 작전, 기동, 재건할 수 있는 지상, 공중, 해상 및 우주 군에 우선적으로 이루어질 것이다. 또한 대규모의 중앙 집중화된 강화 방어설비가 없는 기반시설을 적극 방어와 소극 방어를 포함한 소규모의 분산된, 복원력과 적응력

이 있는 배치방식으로 전환하는 것을 우선적으로 처리할 것이다.

선진 자율 시스템: 국방부는 군대의 경쟁 우위를 확보하기 위해 민간 분야의 기술 약진을 신속하게 적용하는 것을 포함하여 자율, 인공지능 및 기계학습의 군사적 적용에 광범위하게 투자할 것이 다.

탄력성이 있고 기민한 병참: 지속적인 다중 영역 공격하에서 병참 지원을 보장하기 위해 사전 배치한 전쟁 물자와 군수품, 전략적 기동 자산, 파트너 및 동맹국 지원과 아울러 비상업의존적 배송 병참 및 유지에 우선적으로 투자할 것이다.

혁신적인 작전 개념 진화   현대화는 하드웨어에만 한정되지 않는다. 그것은 우리가 병력을 조직하고 운용하는 방법의 변화를 요구한다. 우리는 전장에서의 신기술의 영향을 예측해야 하고 미래 분쟁 시 예상되는 군사적 문제를 철저히 규정해야 하며 실험과 계산된 위험 감수 문화를 장려해야 한다. 우리는 경쟁자들과 적대 세력들이 어떻게 새로운 작전 개념과 기술을 사용하여 우리를 패배시키려고 시도할지 예측하는 반면, 우리의 경쟁 우위를 높이고 치명성을 향상시키기 위한 작전 개념을 개발해야 한다.

치명적이고 민첩하며 탄력적인 병력 태세 및 운용 개발   병력 태세와 운용은 변화하는 글로벌 전략 환경에 존재하는 불확실성에 대처하기 위해 적응력이 있어야 한다. 우리의 병력 운용 모델과 태세 다수는 냉전 종료 직후로 거슬러 올라간다. 당시 우리의 군사적 우위는 도전을 받지 않았으며 주요한 위협은 불량 정권이었다.

역동적인 병력 운용: 병력 운용의 우선순위는 주요 전투를 위한 규모 및 역량의 유지와 함께 합동군의 선제적, 신축적 운용을 위한 선택지를 제공하는 데 둘 것이다. 확실한 전투력과 유연한 전역(戰域) 태세로 특징지어지는

현대화된 글로벌 작전 모델은 분쟁 시에 우리가 경쟁을 더 잘하고 더욱 폭넓은 운신의 자유를 갖게 하는 한편, 국가의 의사 결정권자들에게 더 좋은 군사적 선택지를 제공할 것이다.

글로벌 전략 환경은 증대된 전략적 유연성과 행동의 자유를 요구하고 있다. 역동적 병력운용 개념은 국방부의 우선적 임무에 대한 선제적, 신축적 선택지를 제공하기 위해 합동군을 사용하는 방식을 바꿀 것이다. 역동적 병력운용은 전략적 환경을 선제적으로 형성하기 위해 상비군을 좀 더 유연하게 사용하는 반면 우발사태에 대응하고 장기 전투 준비를 보장하기 위해 준비태세를 유지할 것이다.

글로벌 작전 모델: 글로벌 작전 모델은 합동군이 경쟁과 전시 임무를 달성하기 위해 어떻게 태세를 갖추고 운용될 것인가를 기술한다. 근본적인 역량에는 핵, 사이버, 우주, C4ISR, 전략 기동성, 대량살상 무기 확산 방지가 포함된다. 그것은 4개의 층으로 구성된다. 바로 접촉(contact), 둔화(blunt), 증강(surge) 그리고 본토(homeland)이다. 이런 층들은 우리가 군사 분쟁에 이르지 않는 수준에서 좀 더 효과적으로 경쟁하기 위해 구상되었다. 즉, 먼저 적의 침략을 지연시키고 저하시키거나 또는 단념시키는 것이다. 그 다음 단계로 전쟁에서 승리하는 병력을 급격히 증강하여 분쟁 고조를 관리하고, 마지막으로 미국 본토를 방어한다.

근로인력의 재능 개발　　군대 및 민간의 고급 인력 선발, 개발 및 보유는 전투 성공의 본질적 요소이다. 치명적이고 민첩한 병력의 양성에는 새로운 기술과 태세 변화 이상의 것이 요구된다. 그것은 새로운 역량을 통합하고 전투방법을 조정하며 임무를 달성하기 위해 업무 관행을 바꾸는 군인과 국방부 인력의 능력에 달려 있다. 미국 군인의 창의력과 재능은 우리의 가장 위대한 영속적 힘이며, 우리가 당연하게 생각해서는 안 되는 것이다.

전문군사교육(PME: Professional Military Education): 전문군사교육은 치명성과 창의력 대신에 필수 학점 따기에 더욱 집중하면서 침체되었다. 우리는 전투 기술과 학문에서 지적인 리더십과 군사적 전문성을 강조하고, 경쟁국들에 대항하기 위한 새로운 기술과 기법을 수용하면서 역사 지식을 심화시킬 것이다. 전문군사교육은 전투 시 통신의 악화 또는 상실의 영향을 감소시키기 위해 전투 개념에서 작전의 독립성을 강조할 것이다. 전문군사교육은 합동군과 동맹국 및 협력국의 군대 전반에 걸쳐 신뢰와 상호 운용성을 구축하기 위한 전략 자산으로 사용되어야 한다.

인재 관리: 국가 수준의 의사 결정을 내릴 수 있는 리더들을 개발하려면 군대의 인재 관리를 광범위하게 수정할 필요가 있다. 여기에는 펠로십, 민간 교육 그리고 기관 간과 아울러 동맹군 및 연합군과의 의사결정의 이해를 높이는 임무가 포함된다.

민간 인력의 전문지식: 현대의 민첩한, 정보우위를 확보한 국방부가 되려면 동기가 부여되고 다양하며 고급 기술을 보유한 민간 인력을 필요로 한다. 우리는 새로운 기술을 강조하고 현재의 인력을 정보 전문가, 데이터 과학자, 컴퓨터 프로그래머, 기초 과학 연구자 및 엔지니어로 보충할 것이다. 이는 정보를 단순히 관리하는 것이 아니라 사용하기 위함이다. 또한 국방부는 지속적으로 중대한 기술을 업무에 도입하기 위해 간편화되고 비전통적인 경로를 탐색하며 외부 전문 기술 이용을 확대하고 소기업, 스타트업 및 대학교들과의 공동 작업을 위해 새로운 공공 - 민간 파트너십을 창안할 것이다.

2) 동맹국과의 관계 강화 및 새로운 협력국 확보

호혜적 동맹국과 협력국들은 우리의 전략에 중차대하다. 이는 어떤 경쟁국 또는 라이벌도 필적할 수 없는 장기적이고 비대칭적인 전략 우위를 제공하기 때문이다. 지난 75년 동안 이런 접근방법은 평시와 전시에 미국에 매우 유익했다. 우리의 동맹국과 협력국들은 9.11 테러 공격 이후 우리를 지원해 줬으며, 그 이후 미국 주도의 모든 중요한 군사 개입에 기여했다. 매일과 같이 우리의 동맹국과 협력국들은 자유를 수호하고 전쟁을 억지하며 자유롭고 개방적인 국제질서를 뒷받침하는 규칙을 유지하는 데 우리와 함께 했다.

우리는 동맹국 및 협력국들과 함께 활동함으로써 우리 이익의 장기적인 증진을 위한 가능한 최대의 힘을 축적하고 침략을 억지하며, 경제성장을 유발하는 안정을 지원하는 유리한 세력균형을 유지한다. 공동 방어를 위해 자원을 모으고 책임을 분담할 때 우리의 안보 부담은 가벼워진다. 동맹국과 협력국들은 독창적인 관점, 지역관계 및 환경에 대한 이해를 증진하고 선택지를 확대하는 정보와 더불어 상호 보완적인 역량과 병력을 제공한다. 또한 동맹국과 협력국들은 매우 중요한 지역에 접근할 수 있도록 하며, 국방부의 전 지구적인 활동 영역을 뒷받침하는 광범위한 기지 및 병참 시스템을 지원한다.

우리는 동맹과 협력관계를 우리 시대의 공동 도전을 억지하거나 그에 대응하기 위해 결정적으로 행동할 수 있는 확장된 네트워크로 강화하고 진화시킬 것이다.

상호존중, 책임, 우선 사항 및 책무의 기초 유지: 우리의 동맹과 연합은 자유의지와 공동 책임을 발판으로 삼는다. 우리는 미국의 가치와 민주주의에 대한 신념을 당당하게 대변하는 한편, 우리의 생활방식을 억지로 강요하지 않을 것이다. 우리는 우리의 책무를 이행할 것이며 동맹국과 협력국들이 방위 능력 현대화에 효과적으로 투자하는 것을 포함하여 호혜적인 집단안보에 공평한 몫을 기여할 것으로 기대한다. 우리는 권위주의적 트렌드에 저항하고 급진적인 이데올로기에 대항하며 불안정에 대한 방파제 역할을 하는 책임을 분담해왔다.

　지역 자문 기제와 협업 계획 확대: 우리는 지역 연합과 안보 협력을 강화하기 위해 공동의 이익을 중심으로 새로운 파트너십을 개발할 것이다. 우리는 동맹국과 협력국들에 동맹과 연합에의 참여, 방위 협력 및 군사 투자 확대를 권장하기 위해 분명하고 일관된 메시지를 보낼 것이다.

　상호 운용성의 심화: 동맹국과 협력국들은 각기 고유한 특질을 가지고 있으므로 연합군이 일관성 있고 효율적으로 군사적 목적을 달성하기 위해서는 상호 운용성이 필요하다. 상호 운용성은 작전 개념, 모듈형 군대 요소, 통신, 정보 공유 및 설비에서 우선사항이다. 국방부는 의회 및 국무부와의 협의에서 미군 설비 판매 요청과 해외 협력국의 현대화 및 미군과 통합하는 능력이 가속화를 우선시할 것이다. 우리는 동맹, 양국 및 다국 간 훈련에서 최고급의 전투 임무를 훈련할 것이다.

　영속적인 연합과 장기적인 안보 파트너십은 기본적인 동맹의 뒷받침을 받고 동맹국들 자체의 안보 관계망으로 강화되어 아래와 같이 여전히 우선한다.

　인도 - 태평양 동맹 및 파트너십 확대: 자유롭고 개방적인 인도 - 태평양 지역은 모두에게 번영과 안보를 제공한다. 우리는 인도 - 태평양의 동맹과 파트너십을 침략을 억지하고 안정을 유지하며 공동 영역에 대한 자유로운 접근을 보장할 수 있는 네트워크화된 안보 구조로 강화시킬 것이다. 자유롭고 개방된 국제 시스템을 보존하기 위해 우리는 이 지역의 핵심 국가들과 함께 양자 및 다자간 안보관계를 맺을 것이다.

　대서양 양안 국가들의 나토 동맹 강화: 민주주의, 국가의 주권 및 북대서양 조약 제5조 준수라고 하는 공동의 원칙으로 결속된 강력하고 자유로운 유럽은 우리의 안보에 대단히 중요하다. 이 동맹은 러시아의 모험주의를 억지하고 무고한 사람들을 살해하려는 테러리스트들을 격퇴히고 나토 주변의 불안정 지대를 다룰 것이다. 동시에 나토는 목적, 역량 및 민감한 의사결정에서 우리 시대에 알맞고 적합한 상태를 유지하도록 적응해야 한다. 우리는 유럽 동맹국들이 공동의 안보 우려에 직면하여 동맹을 강화하기 위해 국방비와 현대화 비용을 증액하는 공약을 이행할 것으로 기대한다.

중동에서 영속적인 연합 형성: 우리는 안정되고 안전한 중동을 조성할 것이다. 이런 중동은 테러리스트들의 피난처가 되는 것을 거부하며 미국에 적대적인 어떤 강대국의 지배를 받지 않고 안정된 세계 에너지 시장과 안전한 무역 루트에 기여한다. 우리는 아프가니스탄, 이라크, 시리아 및 기타 지역에서 우리가 이룬 성과를 공고히 하며, 테러리스트들을 힘의 원천으로부터 차단하고 이란의 영향력을 상쇄함으로써 그들을 지속적으로 퇴치하도록 지원하는 영속적인 동맹을 발전시킬 것이다.

서반구에서의 우위 유지: 미국은 본토에 대한 안보 위협을 감소시키는, 안정되고 평화로운 반구로부터 무한한 이득을 보고 있다. 국방부는 미국의 관련 부서들이 합동으로 추진하는 조치들을 지원하면서, 공동의 지역 및 글로벌 안보 도전에 대처할 군사적 역량에 기여하는 지역 국가들과의 관계를 심화시킬 것이다.

아프리카에서의 중요한 테러리스트 위협에 대처하기 위한 관계 지원: 우리는 미국의 이익을 위협하고 유럽과 중동에서 도전을 유발하는 중요한 테러리스트 위협에 대처하기 위해 기존의 양자 및 다자간 관계를 보강하고 새로운 관계를 개발할 것이다. 우리는 지역 협력국들 및 유럽연합과 함께 다음과 같은 활동을 하는 데 집중할 것이다. 즉, 테러리스트들을 약화시키고 폭력적인 극단주의, 인신매매, 초국경 범죄활동, 제한적인 외부 지원을 받는 불법 무기 거래에 대처할 역량을 구축하고 비아프리카 강대국들의 악의적인 영향을 제한할 것이다.

3) 성과 및 경제성 제고를 위한 국방부 개혁

다른 무엇보다 철두철미함과 위험 최소화에 역점을 둔 현재의 관료적 접근방법은 점점 더 신속한 대응을 하지 못하는 것으로 판명되고 있다. 우리는 결과와 책무성이 중요한 성과 문화로 바뀌어야 한다. 우리는 리더십이 기회를 이용할 수 있고 납세자 자원의 효과적인 관리를 보장하는 관리 시스템을 시행할 것이다. 우리는 국방에 지출되는 납세자의 모든 달러로부터 완전한 가치를 획득할 책임을 지고 있으며, 그렇게 함으로써 의회와 미국 국민의 신뢰를 받을 수 있다.

적합한 속도로 성과 이행 새로운 기술을 제일 처음에 개발하는 국가가 성공하는 것이 아니라 오히려 그것을 더 잘 통합하여 전투방식에 적용하는 국가가 성공한다. 현재의 과정은 필요에 바로 대응하지 못한다. 국방부는 시의적절한 결정, 정책, 군인의 역량 대신에 뛰어난 성과에 지나치게 몰두하고 있다. 우리의 대응은 전달 속도, 지속적인 적응, 빈번한 모듈 갱신을 우선적으로 시행할 것이다. 우리는 둔중한 승인 사슬, 경쟁력이 없는 공간에서 자원의 낭비적 사용 또는 변화를 저해하는 지나친 위험 회피 사고를 받아들이면 안 된다. 성과 이행은 업무 혁신을 위한 통찰을 통합하면서 시대에 뒤진 관리관행과 구조에서 탈피하는 것을 의미한다.

혁신을 위한 조직 국방부의 관리 조직과 과정은 영구적인 것이 아니며 전투하여 승리하기 위한 지식과 장비, 지원 시스템으로 군인에게 힘을 실어주는 목적을 위한 수단이다. 국방부의 리더들은 합동군을 가장 잘 지원하기 위해 조직구조를 조정할 것이다. 현재의 구조가 치명성이나 성과의 실질적인 제고에 방해가 된다면 각 군 장관들과 기관 책임자들이 필요에 따라 강화, 제거 또는 구조 개편할 것이다. 국방부의 리더십은 권한의 변화, 면제의 허가 및 과정과 조직을 간소화하기 위한 외부 지원 확보에 전념한다.

지불을 제대로 하기 위해 예산 규율과 경제성 추동　우수한 관리는 효율적인 재정 관리로부터 시작한다. 국방부는 모든 활동의 완전한 감사 가능성을 달성하기 위한 계획을 지속하고, 비용을 이해하고 관리하며 개선하기 위한 재정 과정, 시스템 및 도구를 개선할 것이다. 우리는 병참, 정보기술 및 지원 서비스 따위의 분야에서 계약을 통합하고 간소화할 기회를 추구하는 한편, 물자와 서비스 구매의 효율성 제고를 추동하기 위해 활동규모를 계속 이용할 것이다. 또한 우리는 관리 비용과 본부 직원 규모를 줄이기 위한 노력을 지속할 것이다. 우리는 인적 자원, 재정, 의료 서비스, 여행 및 보급을 관리하기 위한 중복 조직과 시스템을 줄이거나 제거할 것이다. 또한 국방부는 잉여 재산과 기반시설을 줄이기 위한 작업을 하여 의회에 기지 재배치 및 폐쇄를 위한 선택지를 제공할 것이다.

개발부터 야전배치까지 신속하고 반복적인 접근방법 간소화　능력 개발을 위한 신속하고 반복적인 접근방법은 비용과 기술 노후화 및 획득 위험을 줄일 것이다. 국방부는 인도까지 걸리는 시간을 단축하고 요구 과정에서 디자인의 균형을 찾을 수 있도록 인센티브와 보고 구조를 재편하고, 획득과정 전반에서 군인과 정보 분석의 역할을 확대할 것이며, 비전통적 공급자들을 활용할 것이다. 요구 사항과 상업적 규격품 시스템을 정하기에 앞서 시제품화와 실험이 시행되어야 한다. 플랫폼 전자 장치와 소프트웨어는 10년 이상 지속되는 정적인 구성 대신 정기적으로 교체할 수 있도록 고안되어야 한다. 이전의 관행 및 문화와 크게 다른 이와 같은 접근방법은 국방부로 하여금 안보 환경의 변화에 더욱 신속하게 대응할 수 있도록 하고 경쟁국들이 우리 시스템을 상쇄하기가 더욱 어렵게 만들 것이다.

국가안보 혁신 기반의 이용 및 보호   국방부의 기술우위는 전통적 및 비전통적 방위 협력국들을 포함한 건강하고 안전한 국가안보 혁신 기반에 달려 있다. 국방부는 의회의 지원을 받아 방위산업에 중요한 기술, 기반시설, 연구개발에 대한 장기투자를 결정하는 데 충분한 예측가능성을 제공할 것이다. 우리는 과정의 간소화를 계속함으로써 새로운 진입자와 소규모 벤더들이 첨단 기술을 제공할 수 있게 할 것이다. 또한 우리는 군사 역량에 대한 협력국의 투자를 활용하고 보호하기 위해 국제 파트너십을 양성할 것이다.

5. 결론

이 전략은 긴급한 변화를 대규모로 추구하고자 하는 나의 의도를 밝힌 것이다.

우리는 우리 시대에 적합한, 즉 점차 복잡해지는 안보 환경에서 경쟁하고 억지하며 승리할 수 있는 합동군의 야전배치를 실현하기 위해 창조적인 접근방법을 사용하고 지속적인 투자와 훈련을 해야 한다. 압도적인 합동군은 우리 나라의 안전을 보호하고 미국의 영향력을 증대시키며 우리의 생활 수준을 향상시킬 시장에의 접근을 보존하고, 동맹국과 협력국들 사이의 응집력을 강화할 것이다.

어떤 전략이나 실행될 수 있어야 하겠지만 이 국가방위 전략의 요약은 우리가 현재 구가하는 자유를 다음 세대에 온전히 넘겨주기 위해 해야 할 일의 개요를 적은 것이다. 하지만 태양 아래 새로운 것은 아무것도 없다. 즉 이 전략은 미국 국민이 지속적인 투자를 하도록 요구하겠지만, 또 한편 과거 세대를 돌이켜보면 그들이 우리보다 더한 희생을 했기 때문에 우리가 지금의 생활양식을 구가할 수 있는 것이다.

지난 수 세대 동안 해온 것처럼 미국 군대의 자유로운 남성과 여성들은 우리를 보호하기 위해 기량과 용기를 갖고 전투에 임할 것이다. 역사는 우리에게 어떤 전략을 수행하기 위해 지혜와 자원을 충분히 갖춰야 된다고 가르친다. 나는 이 국방전략이 적합하고 미국 국민의 지지를 받을 가치가 있다고 확신한다.

2018년 1월 19일

국방부 장관 짐 매티스

제2장

핵태세 검토 보고서*

핵심 요약서

1. 서문

　2017년 1월 27일 도널드 트럼프 미국 대통령은 제임스 매티스 국방부 장관에게 새로운 핵태세 검토 보고서(NPR: Nuclear Posture Review)에 착수할 것을 지시했다. 트럼프 대통령은 자신의 최우선 과제가 미국과 동맹국 및 협력국들을 보호하는 것임을 분명히 했다. 그는 또한 핵무기 제거라는 장기적 계획과 핵무기가 전 세계에서 신중하게 제거될 때까지 미국이 안전성과 보안성을 갖춘, 현대적이고 유연성 및 탄력성이 있는 핵 능력을 갖출 필요성을 모두 강조했다.

　미국은 전 세계의 핵, 생물학, 화학 무기를 궁극적으로 제거하기 위한 노력을 계속해나갈 것이다. 미국은 냉전이 최고조에 달한 이후 핵무기 비

---

* 핵태세 검토 보고서의 전문은 이 핵심 요약서(executive summary)의 약 7배에 달하는 방대한 분량인데, 이 핵심 요약서가 전체적인 내용을 잘 요약하고 있어서 이 책에 수록했다. 미국 국방부는 이 핵심 요약서의 한국어판도 발표하였는데, 이 번역문은 미국 국방부의 한국어판을 토대로 하여 오탈자와 오역을 바로잡고, 가독성을 위하여 읽기 쉽게 수정한 것이다. — 옮긴이

축량을 85% 이상 감축했으며, 20년 이상에 걸쳐 신규 핵무기를 배치하지 않았다. 그럼에도 불구하고 최근의 2010 NPR 이후 잠재적 적으로부터 점점 더 노골적인 핵 위협을 받는 것을 포함해 세계적인 위협 상황이 눈에 띄게 악화되었다. 잠재적 적이 지닌 핵무기 및 운반 체계의 개발 및 배치 프로그램이 상당히 역동적인 상황에서 이제 미국은 그 어느 때보다 더 다양하고 고도화된 핵 위협 환경에 직면하고 있다.

2. 국제 안보 환경의 진화와 불확실성

미국이 핵무기의 수와 존재감을 줄이는 동안 러시아와 중국을 포함한 다른 나라는 정반대 행보를 보여왔다. 이들은 새로운 유형의 핵역량을 병기고에 추가하고, 전략과 계획 면에서 핵전력의 존재감을 늘렸으며, 외계와 사이버 공간 등에서 점점 더 공격적인 행동을 취해왔다. 북한은 국제연합 안전보장이사회 결의를 정면으로 위반하는 핵무기 및 미사일 능력을 불법으로 계속 추구하고 있다. 이란은 포괄적공동행동계획(JCPOA: Joint Comprehensive Plan of Action)에 나오는, 자국의 핵무기 프로그램 제한에 동의했다. 그럼에도 불구하고 이란은 마음만 먹는다면 1년 이내에 핵무기를 개발하는 데 필요한 기술 역량과 생산 능력의 상당 부분을 유지하고 있다.

기존 방식의 주요 위협과 화학, 생물학, 핵, 우주 및 사이버 위협 그리고 비국가 차원의 폭력적인 행위자를 포함한 유례없는 범위와 다양성을 갖춘 위협이 현재 존재하고 있다. 이런 상황전개로 불확실성과 위험이 고조되었다.

미국의 정책과 전략을 수립하고 미국 핵전력의 유지 및 교체를 시작하는 시점에서 2010 NPR 이후 급속히 악화된 위협 환경이 미국의 주요 고려

사항이 되어야 한다. 이 2018 NPR은 더 양호한 핵 환경과 보다 우호적인 열강 관계하에 성립되었던 이전의 핵 정책과 요구사항을 평가한다. 이 보고서는 미국과 동맹국 및 협력국들이 직면한 악화하는 위협 환경으로부터 미국을 보호하는 데 필요한 핵 정책, 전략 및 그에 상응하는 능력을 파악하는 데 중점을 둔다. 이 보고서는 전략에 의해 주도되며 현재와 미래에 요구되는 핵전력 태세 및 정책 요구사항에 대한 안내 역할을 한다.

미국은 중국이나 러시아를 적으로 간주하길 원하지 않고, 양국과의 안정된 관계를 추구한다. 미국은 중국과 각자의 핵 정책, 원칙 및 보유능력에 대한 이해를 증진하고, 투명성을 높이며, 오산과 오인으로 인한 위험을 관리하도록 돕기 위해 오랫동안 중국과의 대화를 추구해왔다. 우리는 중국이 이런 관심에 동참하고, 의미 있는 대화가 양국 간에 시작되기를 희망한다. 미국과 러시아는 핵 경쟁 및 핵 위험을 관리하기 위해 과거에 전략적인 대화를 유지한 바 있다. 크림반도 점령을 포함한 러시아의 행동으로 인하여 이런 건설적인 관계가 현저히 줄어들었다. 우리는 다시 한번 러시아와 투명하고 건설적인 관계를 맺을 수 있는 상황을 고대한다.

그럼에도 불구하고, 이 보고서는 러시아, 중국 및 다른 나라가 특히 핵 문제에서의 전략적인 정책, 프로그램 및 핵 능력과 관련하여 제기하는 도전 과제를 솔직하게 다루고 있다. 이 보고서는 미국과 동맹국 및 협력국들을 보호하고 전략적인 안정성을 증진하는 데 필요한 유연성, 적응 능력 및 탄력성을 갖춘 미국의 핵 능력을 제시한다.

3. 미국 핵 능력의 가치

미국의 핵 능력과 억지 전략이 미국, 동맹국 및 협력국들의 안보에 필요한 근본적인 이유는 아주 분명하다. 미국의 핵 능력은 핵 및 비핵 공격을 억지하는 데 결정적인 역할을 한다. 미국의 핵 능력이 제공하는 억지 효과는 적의 핵 공격을 막는 데 특별하고 필수적인 역할을 하는데, 이것이 바로 미국의 최우선 사항이다.

미국의 핵 능력이 모든 분쟁을 막을 수는 없으며 또 그렇게 기대해서도 안 된다. 그러나 미국의 핵 능력은 핵 및 비핵 공격을 억지하는 데 독보적으로 기여한다. 미국의 핵 능력은 이런 목적에 필수적이고, 예측가능한 미래에도 그러할 것이다. 비핵전력 역시 필수적인 억지 역할을 하지만, 핵 억지가 등장하기 이전에 열강 간의 전쟁을 재래적 방식으로 억지하려는 노력이 주기적으로 비극적인 실패를 한 사실에서 알 수 있듯이 핵 능력에 비할 만한 억지력을 제공하지는 않는다. 이뿐만 아니라 자국의 안보를 위하여 미국의 확장된 핵 억지(자국에 대한 공격의 억지를 기본 억지, 동맹국들에 대한 공격의 억지를 확장된 억지라고 한다 ─옮긴이)에 엄청난 가치를 부여하고, 따라서 그 나라들의 안보가 핵의 비확산에 핵심적 역할을 하는 많은 동맹국들을 재래식 병력만으로는 안심시키기에 미흡하다.

4. 미국의 핵 능력과 지속적인 국가 목표

미국의 핵 정책 및 전략의 최우선순위는 잠재적 적이 감행하는 모든 규모의 핵 공격을 억지하는 것이다. 그러나 핵 공격 억지가 핵무기의 유일한 목적은 아니다. 현재와 미래의 위협 환경이 지닌 다양한 위협과 심각한 불확실성을 고려할 때 미국의 핵전력은 미국의 국가안보 전략에 다음과 같은 중요한 역할을 한다. 미국의 핵전력은 다음에 기여한다.

- 핵 및 비핵 공격 억지
- 동맹국 및 협력국들에 대한 보장
- 억지 실패 시 미국의 목표 달성
- 불확실한 미래에 대비-하는 능력

이들 역할은 상호 보완적이고 연관관계가 있으며, 미국 핵전력의 적절성은 각 역할과 그 역할을 이행하기 위한 전략에 비추어 평가되어야 한다. 핵확산 방지와 생산된 무기, 재료 및 기술에 대한 테러리스트의 접근을 저지하는 것 역시 미국의 핵정책 및 필요 사항을 구체화하는 데 주요 고려 사항이다. 이런 다양한 역할 및 목적이 미국의 핵정책 및 필요 사항의 근거가 된다.

5. 핵 및 비핵 공격의 억지

미국이 핵 공격 및 비핵 전략 공격을 효과적으로 억지하려면 잠재적 적이 국지적으로 혹은 미국 자체를 대상으로 핵을 선제 사용하는 행동에서 초래되는 결과에 대해 오판하지 않도록 해야 한다. 그들은 비핵 공격 혹은 제한적 핵 확전(nuclear escalation) 시 자신들에게 돌아올 이득이 있을 수 없다는 것을 알아야 한다. 그런 오해를 바로잡는 것이 현재 유럽과 아시아의 전략적인 안정을 유지하는 데 결정적인 요인이다.

잠재적 적은 새로 출현하는 위협과 상황 전체에 걸쳐 1) 미국이 새로운 유형의 공격을 포함해 공격 행위를 포착할 수 있을 뿐만 아니라 그것에 대한 책임을 물을 수 있고, 2) 미국이 비핵 전략 공격을 물리치며, 3) 어떠한 핵 확전 행위로도 그들의 목적을 달성할 수 없고, 오히려 그들이 수용할 수 없는 결과를 가져오리라는 것을 인식해야 한다.

'모든 경우에 통용되는 한 가지' 억지 방법은 있을 수 없다. 따라서 미국은 다양한 적, 위협 및 상황에 따라 효과적으로 억지할 수 있는 맞춤식의 융통성 있는 방법을 사용할 것이다. 맞춤식 억지 전략은 다양한 잠재적 적에게 '공격을 해봤자 그에 따른 위험 및 비용을 계산해 보았을 때 수용할 수 없는 위험과 과도한 비용을 초래할 것'이라는 메시지를 전달할 것이다.

미국의 핵 능력과 핵 관련 명령, 통제 및 커뮤니케이션(NC3: nuclear command, control, and communications)은 다양한 잠재적 적과 위협에 따라 억지 전략을 맞춤화할 수 있고 시간이 흐름에 따라 조정이 가능하도록 점차 융통성을 갖추어야 한다. 따라서 미국은 미국과 동맹국 및 협력국들에 대한 핵 혹은 비핵 공격이 목표를 달성할 수 없을 뿐만 아니라 잠재적 적에게 현재와 미래에 감내하기 어려운 결과를 초래하는 위험이 분명히 따른다는 사실을 확신시키는 데 필요한 융통성 있는 핵 능력 범위를 유지할 것이다.

그렇게 하기 위해서 미국은 핵 능력을 유지 및 교체하고, NC3을 현대화하며, 핵 및 비핵 군사 계획의 통합을 강화할 것이다. 이 임무를 위해 전투 명령과 활동이 조직되고 지원을 받을 것이며, 적의 핵 위협과 사용에 맞서 운영할 미국의 핵 및 비핵 전력을 통합하는 계획, 훈련 및 활동이 이루어질 것이다. 미국은 핵 위협에 처한 동맹국과 함께 통합 활동을 조정하고, 동맹국이 핵 억지 임무의 책임을 추가적으로 공유할 가능성이 있는지 모색할 것이다.

6. 동맹국 및 협력국들을 보장

미국은 유럽과 아시아 및 태평양 동맹국을 보장하는, 공식적인 확장된 억지 약속을 했다. 보장은 우리가 처한 위협을 억지하거나 물리치기 위해 동맹국 및 협력국들과의 협력에 근거하여 설정된 공동 목표이다. 그 어느 나라도 미국의 확장된 억지 약속의 힘이나 미국과 동맹국이 잠재적 적이 가하는 어떠한 핵 및 비핵 공격도 억지하고, 필요한 경우 물리칠 수 있는 능력을 가지고 있다는 것을 의심해서는 안 된다. 많은 경우, 동맹국 및 협력국들에게 효과적인 보장을 제공하려면 이들 국가가 미국의 확장된 핵 억지의 신뢰성에 대한 확신을 가져야 하는데, 이 확신으로 인해 대부분 국가가 핵무기 보유를 피할 수 있게 되고, 이는 곧 미국의 비확산 목표에 기여하는 결과를 낳는다.

7. 억지 실패 시 미국의 목적 달성

미국은 극단적인 상황에서만 미국과 동맹국 및 협력국들의 사활적 이익을 보호하기 위해 핵무기 사용을 고려할 것이다. 그럼에도 불구하고 억지가 실패하는 경우, 미국은 어떤 분쟁이라도 가능한 최저 수준의 피해로 끝내고 미국과 동맹국 및 협력국들에게 가장 유리한 조건을 끌어내도록 노력할 것이다. 미국의 핵 정책은 지난 수십 년간 지속적으로 억지 실패 시 피해를 제한하는 목표를 포함해왔다.

8. 불확실한 미래에 대비

미국은 더 협력적이고 무해한 안보 환경을 만들기 위해 계속적으로 노력할 것이지만 예기치 못한 미래의 위험에도 대비해야만 한다. 대비 전략은 시간이 지나면서 발생할 수 있는 지정학, 기술, 운영 및 프로그램 등에서의 위험과 위협을 줄이고 회피하는 데 도움이 된다. 이것은 또한 억지에 기여하고, 핵 능력의 '시발' 혹은 확대로 이익을 볼 수 있다는, 잠재적 적이 지닌 믿음을 줄일 수 있다. 잠재적 적의 방위 정책과 전략에서 핵무기가 점점 더 중요성을 더해가고 있다는 점과 미래 위협 환경의 불확실성을 고려할 때, 미국의 핵 능력과 이런 능력을 신속하게 조정할 수 있는 역량은 예기치 않은 사건을 포함한 위험을 완화하고 극복하는 데 필수적일 수 있다.

9. 미국의 핵 기업 인력

직업적으로 전쟁을 억지하고 국가를 보호하는 데 헌신하는 수천 명의 미국 군인과 민간 인력이 없이는 효과적인 억지가 불가능할 것이다. 이 훌륭한 남성들과 여성들은 가장 엄격한 기준을 유지하고, 미국의 핵 능력과 억지에 가장 핵심적인 기여를 한다.

핵 억지 임무에 참여하는 군인과 민간인은 세간의 인정이나 팡파르에 거의 관심이 없다. 이들의 임무는 아무도 알아주지 않지만 가장 중요하다. 그들은 미국 및 전 세계에 제공하는 안전, 보안 및 안정에 대해 미국민들로부터 지원을 받을 자격을 가지고 있다. 이런 취지에서 미국이 단행한 군 개혁은 이미 오래전에 시행되었어야 하고, 국방부는 핵 위협으로부터 미국을 보호하는 군인을 제대로 지원하는 데 전적인 노력을 기울이고 있다.

10. 3 대 핵전력: 현재와 미래

현재의 3 대 핵전력은 대체적으로 1980년대 혹은 그 이전에 배치되었고, 잠수함 발사 탄도미사일(SLBM)을 갖춘 핵 잠수함(SSBN), 대륙간 탄도미사일

(ICBM) 그리고 중력투하 폭탄과 공중발사 순항미사일(ALCM)을 탑재한 전략 폭격기로 구성되어 있다. 3대 핵전력 및 비전략 핵전력은 그것을 뒷받침하는 NC3와 더불어 미국의 전략을 억지와 보장에 맞추고, 억지가 실패할 경우 목적을 달성하며 위험을 회피하는 데 필요한 다양성과 융통성을 제공한다.

이러한 다양성과 융통성을 갖추어야 할 필요성의 증가는 역으로 지금 3대 핵전력과 비전략적 핵 능력을 유지하고 대체하며 NC3를 현대화해야만 하는 주된 이유 중의 하나이다. 3대 핵전력의 시너지 효과와 서로 중복되는 특성은 공격에 대한 우리의 억지 능력의 지속적인 생존성과 위기 혹은 갈등이 발생하는 동안 적의 다양한 표적을 계속 위협하는 능력의 보장에 기여한다. 3대 핵전력 중 어느 하나라도 부재한다면 적이 공격 계획을 매우 용이하게 해 주고, 적의 자원과 관심을 나머지 두 요소를 무찌르는 데 집중할 수 있도록 만든다. 따라서 우리는 계획된 교체 프로그램이 가동될 때까지 기존의 3대 핵전력 체계를 유지할 것이다.

미국은 현재 14척의 오하이오급 핵 잠수함을 운용 중이며 오하이오급 핵 잠수함이 컬럼비아급 핵 잠수함에 의해 교체될 때까지 운용 면에서 효과적이고 생존할 수 있도록 할 것이다. 컬럼비아 프로그램은 현 오하이오 함대를 교체할 수 있도록 최소 12척의 핵 잠수함을 선보일 것이고, 수십 년 동안 필요한 억지 능력을 제공하도록 설계되어 있다.

ICBM 전력은 지하 사일로에 배치되어 있고, 몇 개 주에 흩어져 있는 400개의 단일 탄두 미니트맨 III 미사일로 구성되어 있다. 미국은 미니트맨 III 미사일을 2029년에 교체하기 위해 지상기반 핵 억지(GBSD) 프로그램에 착수했다. GBSD 프로그램은 또한 400개의 ICBM 필드 배치를 지원하는 450개의 ICBM 발사 시설을 현대화할 것이다.

3대 핵전력 중의 하나인 폭격기는 46대의 핵 탑재 가능 B-52H와 20대의 핵 탑재 가능 '스텔스' B-2A 전략 폭격기로 구성되어 있다. 미국은 차세대 폭격기인 B-21 레이더를 개발하고 보급하는 프로그램에 착수했다. 미국은 먼저 재래식 및 핵 탑재 가능 폭격기를 보완한 뒤 2020년대 중반을 시점으로 그것을 교체할 것이다.

B83-1과 B61-11 중력투하 폭탄은 다양한 보호 대상을 위험에 빠뜨릴 수 있다. 그렇지만 최소한, 2020년에 사용가능할 B61-12 중력투하 폭탄에 대한 충분한 신뢰가 있을 때까지는 둘 다 비축 상태에 둘 것이다.

1982년부터 B-52H 폭격기는 ALCM을 갖추었다. ALCM으로 무장한 B-52H는 적의 대공 방어권 바깥에 머물면서 효과를 발휘할 수 있다. 그러나 ALCM은 이제 고안 수명을 25년이나 초과했고, 점점 향상되고 있는 적국의 대공 방어에 도전받고 있다. 원거리 공격(LRSO) 순항 미사일 교체 프로그램은 발달된 통합 대공 방어 체계를 뚫고 들어가서 살아남을 수 있는 원거리 무기를 실어나를 미래의 폭격기 능력을 갖출 때까지 유지함으로써 폭격기 핵전력의 장기 효과성을 지원할 것이다.

현재 비전략 핵전력은 F-15E와 협력기인 이중 능력 전략기(DCA: 재래식 무기와 핵무기를 함께 장착할 수 있는 전략기 – 옮긴이)가 실어나르는 비교적 소수의 B61 중력투하 폭탄으로만 구성되어 있다. 미국은 현재 노화하고 있는 DCA를 교체하기 위해 전방 배치와 핵 탑재가 가능한 F-35로 핵 능력을 통합하고 있는 중이다. 그것은 현재 진행되고 있는 B61 폭탄에 대한 수명 연장 프로그램과 함께 지속적인 지역적 억지 안정성과 동맹국의 보장에 핵심적인 기여를 할 것이다.

11. 융통성 있고 안전한 핵 능력: 부담가능 우선순위

지난 수십 년간 미국 정부 고위관리는 국방부의 최우선 사항이 핵 공격을 억지하며 그것을 실천할 수 있는 핵 능력을 유지하는 것임을 강조해왔다. 미국의 핵 능력을 유지하고 교체하는 프로그램에 대한 추산 비용에는 여러 가지가 있지만, 최고 추산치도 미래 비용의 최고점이 현 국방부 예산의 약 6.4%라고 보고 있다. 현재 노화되고 있는 핵전력을 유지하고 운영하는 데 드는 비용은 현 국방부 예산의 2~3%를 차지한다. 수십 년간의 임무 수행을 위해 3 대 핵전력을 재건설하는 교체 프로그램은 몇 년간 비용이 최고치에 이를 것으로 예상되고, 그때도 현재 유지와 운용에 필요한 2~3%보다 약 4% 정도만 증가할 것이다. 장기 교체 프로그램에 소요되는, 현 국방부 예산의 6.4%는 전체 연방정부 예산의 1%도 되지 않는다. 미국의 핵 능력을 교체하는 데 드는 이런 수준의 비용은 마지막으로 그러한 투자를 했던 시기인 1980년대에 소요된, 연방정부 예산의 약 3.7%이자 국방부 예산의 10.6% 그리고 1960년대 초에 소요된, 국방부 예산의 17.1%와 비교해서 양호한 수준이다.

미국의 효과적인 핵 억지력이 갖는 미국 국민과 동맹국 및 협력국들의 안전을 위한 중요성을 고려할 때, 유지 및 교체 프로그램이 필수적이면서 비용 면에서 부담이 가능하다는 점은 의심의 여지가 없다.

12. 비전략적 핵 능력으로 억지 강화

핵전력 교체 프로그램의 기존 요소는 전략적 환경이 극적으로 악화하기 이전으로 거슬러 올라간다. 미국 전략의 부상하는 요구를 충족하기 위해 미국은 이제 미국 핵전력의 융통성과 응답성을 강화하기 위한 교체 프로그램에 대해 엄선된 보완을 추구할 것이다. 현재와 같은, 훨씬 더 도전적인 위협 환경에서도 적당한 보완만 하면 된다는 것은 미국 3 대 핵전력의 다용도성과 융통성을 보여준다.

이런 보완은 제한된 핵 사용으로 미국과 그 동맹국에 대해 유용한 경쟁 우위를 차지할 수 있다는 잠재적 적의 잘못된 믿음을 배제함으로써 억지를 강화할 것이다. 러시아가 잠재적으로 저강도 무기를 포함해 제한된 핵 선제 사용이 그런 우위를 제공할 수 있다고 믿는 것은 더 많고 다양한 비전략적 핵 체계가 위기와 낮은 수준의 분쟁이 있을 때 강압적 우위를 제공한다는 모스크바의 인식에 부분적으로 근거한다. 변화하고 있는 이 핵무기 원칙에 대한 최근 러시아의 성명은 모스크바의 핵무기 선제 사용의 문턱을 낮추는 것처럼 보인다. 러시아는 수많은 실행과 성명을 통해 이런 체계가 제공하는 우위에 대해 그들이 어떤 생각을 하는지 제시하고 있다. 이러한 러시아의 잘못된 인식을 바로잡는 것이 바로 전략적 필수 사항이다.

이런 유형의 도전을 다루고 억지 안정을 유지하기 위해 미국은 맞춤화된 억지 옵션의 융통성과 범위를 강화할 것이다. 분명히 밝힐 것은 이것이 '핵전쟁'을 일으키는 것을 의도하거나 일으킬 수 있는 것이 아니라는 점이다. 저강도 선택지를 포함하기 위해 융통성 있는 미국의 핵 선택지를 확대하는 것은 지역적인 공격에 대항해 신뢰할 수 있는 억지 보존을 하는 데 중요하다. 그것은 핵의 문턱을 높이고 잠재적 적이 제한된 핵 확대로 인해 얻을 수 있는 우위 가능성이 없다는 것을 확실하게 인식토록 하여 핵무기 사용 가능성을 줄이는 데 일조할 것이다.

따라서 미국은 전 세계에 핵 폭격기와 이중 능력 전략기(DCA)를 전진배치하는 능력을 유지하고 필요한 경우 강화할 것이다. 미국은 DCA를 핵 탑재 가능한 F-35 전투기로 업그레이드하기 위해 노력하고 있다. 미국은 나토와 협력해 유럽에 배치된 DCA의 준비태세, 생존 능력 및 운영 효과를 최대한 보장할 뿐 아니라 필요한 경우 개선할 것이다.

이에 더하여 미국은 단기적으로는 저강도 선택지를 제공하는 기존

SLBM의 탄두 수를 얼마간 조정할 것이고, 장기적으로는 현대적인 핵무장 해상발사 순항미사일(SLCM)을 추구할 것이다. DCA와 달리 저강도 SLBM과 SLCM은 억지 효과를 제공하는 데 주둔국의 지원을 필요로 하거나 주둔국에 의존하지 않는다. 그것들은 플랫폼과 범위 및 생존 능력에 다양성을 추가하고, 미래의 핵 '발발' 상황에서 소중한 대비책이 될 수 있을 것이다.

국방부와 국가핵안보국(NNSA)은 적의 방어망을 뚫을 수 있는 신속한 대응 선택지를 확보하기 위해 저강도 SLBM 탄두를 배치용으로 개발할 것이다. 이것은 비교적 비용이 적게 들고, 기존 보유 능력에 단기적으로 수정을 가하는 것으로서 미국의 지역적 억지 능력 면에서 취약한 '틈새'에 대한 잘못된 인식을 바로잡는 데 도움을 줄 것이다.

이러한 단기 조치 외에 장기 계획으로 미국은 기존 기술을 이용해 핵무장한 SLCM을 추구함으로써 비용 대비 효율성 보장에 기여할 것이다. SLCM은 필요한 비전략적 지역 주둔, 즉 보장된 대응능력을 제공할 것이고, 또한 러시아의 중거리핵전력조약 비준수, 비전략적 핵 군비 그리고 안정을 해치는 다른 행위에 대해 군축 협정을 지키면서 대응할 수 있도록 할 것이다.

2010년의 NPR에서 미국은 수십 년간 억지와 동맹국, 특히 아시아 동맹국들의 보장에 기여한 기존 핵무장 SLCM의 퇴역을 발표했다. 미국은 현대적인 SLCM의 신속 개발을 위한 대안분석(AoA)으로 이어지는 성능 연구에 바로 착수해 이 능력을 복구하는 노력을 시작할 것이다.

계획된 핵전력 교체 프로그램에 대한 이러한 보완은 미국의 핵 능력의 융통성과 다양성을 강화하는 데 있어 현명한 선택지이다. 그것은 모든 조약 및 협정을 준수하는 것이며, 억지와 확약을 이끌어내는 우리의 능력을 강화하는 다양한 특성을 제공하고, 핵 혹은 비핵 전략적 공격에 대응하는 미국의 신뢰할 수 있는 선택지를 확장하며, 잠재적 적에게 제한된 핵 확대가 어떤 이용 가능한 우위도 가져다줄 수 없다는 것을 보여줌으로써 억지를 강화한다.

13. 핵 명령, 통제 및 통신의 현대화

미국은 언제나, 심지어 핵 공격이 실행되는 엄청난 압박 상황에서도 미국의 핵전력을 통제하는 NC3 체계를 갖추고 있어야 한다. NC3 능력은 전달된 정보의 온전함을 보장하고 핵 공격의 영향을 안정되게 극복하는 데 필요한 탄력성과 생존 능력을 지니고 있어야 한다. 평화 시와 위기 시에 NC3 체계는 다음과 같은 다섯 가지의 중요한 기능을 수행한다. 감지, 경고 및 공격의 성격 규정; 적용 가능한 핵 계획; 의사결정 회의; 대통령 명령의 수신; 군의 관리와 지휘를 가능하게 함.

현재의 NC3 체계는 냉전 시대의 유물로서 거의 삼십 년 전에 마지막으로 전면 갱신되었다. 여기에는 1) 경고 위성과 레이다로 구성된 상호연결 부분, 2) 통신 위성, 비행기, 지상 기지, 3) 고정 및 이동 지휘 본부 그리고 4) 핵 체계 통제 센터가 포함된다.

한때는 최신이었지만 NC3 체계는 이제 노후화된 체계 요소와 점점 새로워지고 커져가는 21세기의 위협이라고 하는 양쪽에서 도전을 받고 있다. 특히 우려되는 것은 우주 및 사이버 공간에서 증가하는 위협, 적의 제한된 핵 확대 전략 그리고 일의 성격상 반드시 통합되어야 하는 기능인 NC3 체계 관리의 권한과 책임이 국방부 내에서 광범위하게 확산되는 현상이다.

미국의 NC3 체계가 생존성과 효율성을 유지해야 한다는 중대한 요구에 비추어 미국은 다음과 같은 일련의 계획을 추진할 것이다. 사이버 위협과 우주 기반 위협으로부터의 보호 강화, 통합된 전술적 경보와 공격 평가 강화, 지휘 본부와 통신 연결체계 개선, 의사결정 지원기술 향상, 계획 및 운영 통합 그리고 전체 NC3 체계의 관리에 대한 개혁.

14. 핵무기 기반시설

효과적이고 신속한 반응을 하며 탄력적인 핵무기 기반시설은 변화하는 요구에 유연하게 적응하는 미국의 능력에 필수적이다. 그런 기반시설은 미국의 핵무기 보유능력에 대한 확실한 증거를 동맹국과 잠재적 적 모두에게 보여줌으로써 억지, 보장 및 불리한 상황 전개에 대한 대비에 기여한다. 그것은 또한 무기 경쟁에 대한 적의 관심을 잃게 한다.

국방부는 핵탄두를 발사 플랫폼에 탑재하는 데 필요한 군사적 요건을 규정한다. NNSA는 국방부 탄두 요건에 필요한 연구, 개발, 실험, 평가 및 생산 프로그램을 감독한다.

지난 수십 년간 미국의 핵무기 기반시설은 노후화와 자금 부족에 시달렸다. NNSA 기반시설의 반 이상이 40년 이상 되었으며, 4분의 1은 맨해튼 프로젝트 시대에 건설되었다. 이전의 모든 NPR은 현대적인 핵무기 기반시설을 유지할 필요성을 강조했다. 그러나 미국은 탄력성을 갖추고, 예기치 못한 상황 전개에 대응할 수 있는 현대적인 기반시설을 유지하지 못했다. 미국의 핵무기를 위한 전략물자와 부품을 생산하는 데 필요한 물리적 기반시설의 재구성을 더 이상 연기할 여유는 없다. 우리의 핵전력이 부담 가능한 우선 사항인 것과 마찬가지로 탄력적이고 효과적인 핵무기 기반시설 역시 우선순위에 두어야 하고, 그러한 기반시설이 없으면 우리의 핵 억지는 존재할 수 없다.

미국은 안전하고, 확실하며, 효과적인 핵병기를 유지하고 증명하는 능력을 갖추어야 한다. 미국은 국방부의 교체 프로그램과 동시에 다음과 같은 작업을 통해 전략적 및 비전략적 핵 능력을 지탱하는 데 필요한 탄두를 유지하고 적시에 전달할 것이다.

- 2019 회계년(FY)까지 W76-1 수명 연장 프로그램 (LEP) 완료

- 2024 회계년까지 B61-12 LEP 완료

- 2024 회계년까지 W88 개조 완료

- NNSA의 W80-4 수명 연장을 국방부 LRSO 프로그램과 동기화하고, W80-4 LEP를 2031 회계년까지 완료

- 2030년까지 GBSD의 필드 배치를 지원하기 위해 W78 탄두 교체를 2019 회계년으로 1년 앞당기고, 해군 비행기 내에 핵 폭발물 패키지의 필드 배치 가능성을 조사

- 적절한 교체가 확인될 때까지 B83-1을 현재 계획된 퇴역 기한을 지나서 유지

- 공군과 해군 체계 간의 공통 재출입 체계 가능성을 포함해 잠재적 적의 위협과 약점에 바탕을 둔 미래 탄도미사일의 탄두 요건 조사

핵무기 기반시설에 필요한 역량, 능력 및 대응성 그리고 인력이 갖추어야 할 기량을 보장하기 위해 미국은 다음을 포함하는 계획을 추진할 것이다.

- 국방부와 에너지부 합동의 고급기술 개발 역량을 추구함으로써 개발 노력들이 적절히 통합되어 국방부의 필요를 충족하도록 보장한다.

- 2030년까지 1년에 80개 핏 이상의 비율로 플루토늄 핏을 지속적으로 생산할 수 있는 능력과 시설을 갖춘다. 이것이 지연되면 더 높은 비율로 그리고 더 많은 비용으로 핏을 생산해야 하는 결과를 초래할 것이다.

- 리튬 화합물을 생산하는 미국의 능력을 재편하려는 현재 계획이 군사적 필요를 충분히 만족시키도록 한다.

- 우라늄 처리 시설에 대한 자금을 전면 지원하고 군사적 필요를 충족시키도록 저농축 우라늄을 충분히 확보한다.

- 군사적 필요를 충족시키도록 충분한 양의 삼중수소를 공급할 수 있는 원자로 용

량을 확보한다.

- 비축 무기 현대화를 지원하기 위해 안전하고 신뢰할 수 있는 전략적 방사선 내성 마이크로 전자 체계를 개발하고 생산할 수 있는 미국의 능력 면에서 2025년 이후까지 지속성을 확보한다.
- 젊은 과학자와 공학자들에게 탄두의 디자인, 개발 및 생산 기술을 발전시킬 기회를 더 제공하기 위해 미국 의회가 수립한 비축 무기 대응성 프로그램을 신속히 추진한다.
- 생산 능력의 규모를 현대화와 대비 필요에 맞추는 NNSA 로드맵을 개발한다.
- 억지 요구를 충족하는 데 필요한 중력 투하 핵폭탄에 대한 신뢰를 유지한다.
- 핵무기를 해마다 평가하는 데 필요한 계산, 실험 및 검사 능력을 유지하고 강화한다.

15. 핵 테러리즘에 대한 대응

핵 테러리즘을 물리치는 미국 전략에는 현재 및 부상하는 위험에 대비한 종심(縱深) 방어를 구축하는 폭넓은 범위의 활동이 포함되어 있다. 이런 다층 접근을 통해 미국은 테러리스트가 핵무기나 핵무기에 사용가능한 물질, 기술과 전문 지식을 획득하지 못하도록 막고, 그들이 이런 자산을 획득, 이전 혹은 사용하려는 시도에 대처하며, 핵폭탄의 보관 장소를 탐지하거나 불능화함으로써 또는 핵폭발의 결과를 관리함으로써 핵 사고에 대응한다.

효과적인 억지를 위해 미국은 테러 목적으로 핵무기를 입수하고 사용하려는 행위를 지원하거나 허용하는 그 어떤 국가나 테러리스트 조직 혹은 기타 비국가 행위자에 대해 전적으로 책임을 물을 것이다. 비록 핵 테러리즘을 막는 데 있어 미국의 핵무기 역할이 제한되어 있지만, 미국과 그 동맹국 및 협력국들에 대해 테러 목적으로 하는 핵 공격을 '극단적인 상황'으로 간주하고, 따라서 최종적인 방식의 보복을 고려하리라는 것을 미국의 적은 인지해야 한다.

16. 핵확산 방지 및 군축

효과적인 핵 확산 방지 및 군축은 핵 물질과 기술의 확산을 통제하고, 핵무기의 생산, 비축 및 배치를 제한하고, 오인과 오산을 줄이며, 불안정한 핵무기 경쟁을 회피하게 함으로써 미국과 동맹국 및 협력국들의 안보를 도울 수 있다. 미국은 다음과 같은 노력을 계속할 것이다. 1) 신뢰할 수 있는, 확장된 핵 억지 및 확약을 유지함으로써 핵무기 보유국의 수를 최소화한다. 2) 테러리스트 조직이 핵무기와 물질에 접근하는 것을 막는다. 3) 핵무기에 사용될 수 있는 물질, 관련 기술 및 전문 지식을 엄격히 통제한다. 4) 안보를 강화할, 그리고 검증 및 집행 가능한 군축 협상을 추구한다.

핵확산방지조약(NPT)은 핵 확산 방지 체제의 초석이다. 그것은 확산 방지에 대한 합의를 끌어내는 데 긍정적인 역할을 하고, 조약을 벗어나 핵무기를 추구하려는 국가에 대가를 지불하게 하려는 국제적인 노력을 증진시킨다.

그러나 오늘날 핵 확산 방지는 심각한 도전에 직면하고 있다. 무엇보다도 북한이 NPT를 정면으로 위반하고 수많은 국제연합 안전보장이사회의 결의에 정면으로 반하며 핵의 길을 가고 있다. 북한 이외에 이란도 위협으로 부상하고 있다. 비록 JCPOA가 테헤란의 핵무기 프로그램에 제약을 가한다 하더라도 이란이 마음먹으면 핵무기 보유능력을 빠른 시일 내에 갖출 수 있다는 데에는 의심의 여지가 없다.

미국은 핵 확산 방지에 대한 지원을 계속하면서 투명성과 예측성을 높이고 필요한 경우 전략적인 대화, 위험을 줄이는 소통 채널, 핵무기 안전과 보안에 관련된 최상의 관행을 공유함으로써 핵무기 보유국 및 다른 핵무기 소유국들의 잠재적 오산을 피할 수 있도록 노력할 것이다.

미국은 포괄적 핵실험금지조약의 비준을 구하지 않겠지만 계속해서 포괄적 핵실험금지기구 준비위원회와 국제탐지체계 및 국제데이터센터를 지원할 것이다. 미국은 미국 핵군비의 안전과 효과 보장에 필요하지 않는 한 핵폭발 실험을 재개하지 않을 것이고, 핵무기를 소유하고 있는 모든 국가에 핵 실험 중단을 선언하거나 유지하라고 요구할 것이다.

군축은 국가 간의 전략적 경쟁의 관리에 도움을 줌으로써 미국 안보에 기여한다. 그것은 적대 관계에 대한 투명성, 이해 그리고 예측성을 높여 오해와 오산으로 인한 위험을 줄일 수 있다.

미국은 미국과 동맹국 및 협력국들의 안보를 개선하고, 검증 및 집행이 가능하며, 자신의 의무를 책임 있게 준수하는 협력국을 포함하는 군축 노력에 헌신하고 있다. 그러한 군축 노력은 미국의 전략적인 안정을 유지하는 능력에 기여할 것이다. 하지만 기존 군축 의무와 약속을 계속 상당 부분 준수하지 않고, 국경을 변경하고 기존 규범을 뒤집고자 하는 잠재적 적으로 특징지어지는 환경에서 더 이상의 발전을 내다보는 것은 어렵다.

이런 점에서 러시아는 일련의 군축 조약과 약속을 계속해서 위반하고 있다. 핵 문제에서 러시아의 가장 큰 위반 사항은 중거리핵전력 조약에서 금지한 체계와 관련이 있다. 더 광범위한 상황에서 볼 때 러시아는 수많은 협정에서 자신의 의무와 약속을 거부하거나 회피하고 있고, 신전략무기감축조약(START)에 이어서 다른 감축 협상을 하여 비전략적 핵전력 감축을 추구하려는 미국의 노력에 퇴짜를 놓은 바 있다.

그럼에도 불구하고 신전략무기감축조약은 2021년 2월까지 유효하고,

상호 합의 시 최대 5년인 2026년까지 연장될 수 있다. 미국은 2018년 2월 5일 효력이 발생하는 조약의 중점 제한 사항을 이미 이행했으며, 신전략무기감축 조약을 계속해서 수행할 것이다.

　　미국은 합당한 군축 의제에 계속 참여할 의사가 있다. 미국은 조건이 허용하고 잠재적 결과가 미국과 동맹국 및 협력국들의 안보를 개선할 수 있다면 참여국들을 조약의 준수와 예측가능성 및 투명성으로 되돌려 놓을 수 있는 군축 기회에 관심을 가질 것이고, 미래의 군축 협상을 계속 수용할 준비가 되어 있다.

국방부 장관실 _2018년 2월

미국의 이란 핵합의 파기

원래 제목은 '미국의 포괄적공동행동계획(이란 핵합의) 참여파기 및 이란의 악의적 영향에
대응하고 핵무기에 이르는 모든 통로를 차단하는 추가 행동'이다.

　대통령으로서 제가 최우선적으로 취해야 할 일은 미국과 미국 국민의 안전
과 안보를 보장하는 것입니다. 이란 이슬람 공화국은 1979년 혁명적인 신정제
를 실시한 이래 미국과 미국의 동맹국 및 협력국들에게 적대감을 공언해왔습니
다. 이란은 여전히 세계에서 가장 중요한 테러 후원국이며 헤즈볼라, 하마스,
탈레반, 알카에다 및 여타 테러리스트 네트워크에 도움을 주고 있습니다. 또한
이란은 이라크에서 발생하고 있는 종파주의 폭력 사태를 계속 부채질하고 예멘
과 시리아에서 벌어지고 있는 격심한 내전을 지원하고 있습니다. 이란은 가혹
하게 인권을 침해하고 있으며 정당한 법적 절차를 취하지 않고 거짓 죄목으로
미국 시민을 포함한 외국인들을 자의(恣意)적으로 구금하고 있습니다.

　이전에 이란은 핵무기의 추구를 통해 자신의 혁명적 목표를 뒷받침하고자
하였으며, 이란의 우라늄 농축 프로그램은 여전히 이란이 마음만 먹으면 무기
수준의 우라늄 프로그램을 복원할 수 있도록 해준다는 것에 의심의 여지가 없
습니다. 대통령으로서 저는 이란의 핵무기에 이르는 모든 통로를 차단하는 전
략적 목표를 포함한 대(對)이란 통합 전략을 승인했습니다.

　이전 행정부는 이란의 핵 프로그램에 대한 포괄적공동행동계획(JCPOA: Joint
Comprehensive Plan of Action)에 참여함으로써 이란의 핵 능력 추구 위협에 대
처하고자 하였습니다. JCPOA는 이란에 대한 핵관련 제재를 해제했으며, 이란

이 무기 수준의 핵물질을 획득하는 두 개의 중요한 통로인 우라늄 농축 프로그램을 잠정적으로 억제하고 핵연료 재가공 관련 작업을 수행하지 않는 대가로 여타의 상당한 혜택을 제공했습니다. 어떤 인사들은 JCPOA로 이란의 행동이 온건해졌다고 믿습니다. 하지만 JCPOA가 시작된 이래 이란은 주변 지역의 안정을 와해시키는 활동을 확대했을 뿐입니다. 이란 또는 이란이 지원하는 군대가 시리아, 이라크, 예멘으로 진군했으며 레바논과 가자 지구 일부를 지속적으로 장악했습니다. 한편 이란은 IAEA의 군사 현장 접근을 거부하겠다고 공개적으로 발표했는데, 이는 IAEA의 전면안전조치협정의 추가 의정서와 정면으로 충돌되는 일입니다. 또한 이란은 2016년에 JCPOA의 중수 비축량 제한을 두 번 위반했습니다. 이런 행위는 용납될 수 없습니다. 특히 핵무기 비확산 조약하의 의무를 위반하고 핵무기를 추구한 것으로 알려진 정권의 경우는 더 말할 나위가 없습니다.

이란의 행동은 미국의 국익을 위협하고 있습니다. 2017년 10월 13일 이란 핵협정 검토법에 명시된 인증절차에 의해 저는 JCPOA에 따른 이란 관련 제재 정지가 이란의 불법적인 핵 프로그램을 종식시키는 것에 관하여 이란이 취한 특정하고 검증 가능한 조처에 적합하고 비례한다는 것을 증명할 수 없다는 결정을 내렸습니다. 2018년 1월 12일 저는 두 개의 가능한 향후 진로의 대강을 밝혔습니다. 즉, JCPOA의 참담한 결함을 2018년 5월 12일까지 고치거나 그렇게 하지 못하면 미국은 이 협정에의 참여를 중단할 것이라고 했습니다. 저는 이것이 마지막 기회임을, 그리고 JCPOA를 고치고자 하는 의향이 없으면 미국은 실행을 지속하지 않을 것임을 분명히 밝혔습니다.

그런 의향이 구체화되지 못했습니다. 저는 오늘 미국이 JCPOA 참여를 끝내겠다는 약속을 이행하고자 합니다. 저는 이란에 JCPOA 관련 제재 완화 조치를 계속 이행하는 것이 미국의 국익에 부합하지 않는다고 믿으며, 제가 잘못되었다고 알고 있는 것을 승인하지 않을 것입니다. 나아가 저는 JCPOA와 관련하여 해제 또는 보류된 제재를 가능한 한 신속하게 다시 부과하는 것이 미국의 국익에 부합한다고 결정했습니다.

제1항 정책

미국의 정책은 다음과 같다. 이란의 핵무기 및 대륙간 탄도미사일을 인정하지 않는다. 이란의 지역 침략을 위한 네트워크와 군사행동은 불식되어야 한다. 이슬람 혁명수비대와 그 대리자들의 불안정을 초래하는 활동을 유지시키는 자원 이용을 방해하고 약화시키거나 저지해야 한다. 이란의 미사일과 여타 비대칭 및 재래식 무기 능력의 적극적인 개발에 대처해야 한다. 본인이 2017년 10월 13일 발표한 대이란 전략에 포함된 이들 목적과 목표를 미국은 계속 추구할 것이다. 이를 달성하기 위해 필요에 따라 수단과 방법을 조정해야 한다.

제2항 미국의 JCPOA 참여 종식

국무장관은 재무 및 에너지 장관과 협의하여 미국의 JCPOA 참여 종식을 위한 모든 적절한 조처를 취해야 한다.

제3항 미국의 제재 조처 회복

국무장관과 재무장관은 JCPOA와 관련하여 해제 또는 보류된 미국의 모든 제재 조처를 다시 부과하기 위해 필요한 조처에 즉시 착수해야 한다. 여기에는 2012년의 국방수권법, 1996년의 이란 제재법, 2012년의 이란 위협 감소 및 시리아 인권법, 2012년의 이란 자유 및 핵 비확산법에 의거한 제재들이 포함된다. 이런 조처들은 가능한 한 신속하게 완수되어야 하며, 이 명령이 공표된 날로부터 늦어도 180일까지는 시행되어야 한다. 국무장관과 재무장관은 이 목적을 달성하기 위해 필요한 조처에 대해 적절하게 조정해야 한다. 예를 들어 두 장관은 건의를 받은 행정부 조처를 준비하는 것과 관련하여 조정해야 한다. 여기에는 다음과 같은 것이 포함된다. 2016년 1월 16일 행정명령 13716호로 해제된 제재조처의 재부과를 하기 위해 적합한 문시, JCPOA와 관련하여 연관된 제재 목록에서 삭제된 인물 중 적정하다고 생각되는 자의 재수록 준비, 연관된 제재 규정의 수정, 단계적 축소 기간 중 적합하다고 생각되는 제한된 포기증서의 발급, 미국 및 미국 외의 비즈니스 공동체들에게 금지되었거나 제재를 받을 수 있는 활동의 범위와 이란 사람들과의 그런 거래를 정리할 필요성을 교육시키기 위한 지침의 준비.

이들 조처는 거래 혹은 거래 과정을 정리하는 재정적 부담을, 합리적으로 실현 가능한 범위에서 주로 이란이나 이란 측 당사자에게 전가하는 방식으로 이루어져야 한다.

제4항 지역 비상사태에 대한 준비

국방장관과 여타 관계 기관의 책임자들은 이란의 미국과 동맹국 및 협력국들에 대한 모든 형태의 침략행위에 신속하고 결정적으로 대응할 태세를 갖춰야 한다. 국방부는 이란이 핵무기 및 핵무기 관련 운반 시스템을 개발 또는 획득하지 못하도록 하는 수단을 확실하게 개발하고 보유해야 한다.

제5항 이란의 핵 행동 모니터링과 동맹국 및 협력국들과의 협의

관계 기관들은 미국이 이란의 핵 행동을 지속적으로 모니터할 수 있도록 적절한 조처를 취해야 한다. 나는 핵무기 및 대륙간 탄도미사일을 포함하여 이란의 전반적인 위협에 대응하기 위한 미래의 국제 협정에 관해 동맹국 및 협력국들과 열린 마음으로 협의할 것이다. 그리고 기관의 장들은 그런 협의의 기회에 관해 나에게 적절한 조언을 해야 한다.

제6항 일반조항

(가) 이 명령은 다음의 어떤 것도 손상하거나 그에 영향을 미칠 것으로 해석되어서는 안 된다.

(i) 법에 의해 부여된 행정 부처나 기관 또는 그 수장의 권한 또는

(ii) 예산, 행정 또는 입법 제안과 관련된 관리예산처 장관의 기능.

(나) 이 명령은 관련 법률에 부합하도록, 그리고 예산 확보 가능성에 따라 시행될 것이다.

(다) 이 명령은 미국, 그 부처, 기관 또는 독립체, 그 직원, 종업원, 대리인 또는 어느 여타 개인에 반하여 어느 당사자가 실질적이거나 절차적인, 법적으로 또는 소유권의 측면에서 집행 가능한 권리나 편익을 창출할 의도가 아니며 그렇게 하지도 않는다.

2018년 5월 8일

도널드 J. 트럼프

제3장

트럼프 대통령의 무역정책 어젠다

핵심 요약

2016년 트럼프 대통령은 미국인들에게 다음과 같이 말했다. "신사 숙녀 여러분, 이제 우리의 경제 독립을 다시 한번 선언할 때입니다." 2년이 채 되지 않아 트럼프 행정부는 이 약속을 이행하기 시작했다.

트럼프 대통령의 무역 어젠다는 공화국 자체만큼 오래된 원칙에 서 있다. 워싱턴 대통령은 고별 연설에서 무역협상에 관해 시민들에게 다음과 같이 경고했다. "국가 대 국가에서 진정한 호의를 기대하거나 혹은 계산하는 것보다 더 큰 잘못은 없을 것이다." 또한 그는 충고하기를 무역협정은 "일시적"이어야 하고 "경험과 환경이 지시하는 대로 폐기하거나 바꾸어야 한다." 이런 언급은 미국 무역정책의 초석이 되었다. 미국의 무역정책은 실용적이고 유연하며 확고부동하게 국익에 중점을 두고 있다.

우리 나라 역사의 대부분을 살펴보면 미국 국민들은 전반적으로 워싱턴 대통령의 충고를 따랐다. GATT에 가입한 다음에도 미국은 국익을 지키기 위해 행동할 주권을 유지했을 뿐만 아니라, 반복적으로 그런 행동을 취했다. 그 결과 국내에서는 무역정책이 국민적 지지를 유지할 수 있는 한편, 세계적으로 더욱 효율성이 높은 시장을 촉진했다.

하지만 최근에 들어서 미국은 이러한 성공적인 원칙에서 서서히 후퇴했다. 변화하는 환경에 대응하여 행동하는 주권을 내세우는 대신 수동적으로 낡아빠지고 성과가 낮은 무역거래에 계속 집착하고 국제 관료들이 미국의 국익을 훼손하도록 내버려뒀다. 이로 인하여 미국 근로자들과 기업은 세계 시장에서 불리한 위치에 방치되었다. 이와 같이 미국이 강력하게 대응하지 않는 바람에 불공정 무역관행이 판을 쳤다. 시장 왜곡 관행으로 덕을 본 국가들은 미국과 진지한 관계를 맺을 유인이 없었다. 수많은 미국인들이 받을 임금은 외주의 위협으로 압박을 받게 되었다.

장기간에 걸쳐 미국 징치인들은 이런 문제들에 대해 모종의 대책을 세우겠다고 약속했지만, 그동안 변한 것은 별로 없었다. 이제 트럼프 대통령 치하에서 미국 정부는 드디어 행동하기 시작했다. 다음 예를 고려해보기 바란다.

- 2016년 대선 운동 기간 동안 트럼프 대통령은 미국 국민들에게 미국은 환태평양 경제동반자 협정(TPP: Trans-Pacific Partnership)에서 탈퇴할 것이라고 말했다. 그는 다음과 같이 말했다. "TPP를 '바로잡을' 방도는 없다. 우리를 묶고 속박할 또 다른 거대한 국제 협정에 가입할 필요는 없다." 선거를 치른 후 트럼프 대통령은 취임하고 나서 바로 TPP에서 탈퇴함으로써 약속을 이행했다.

- 수년 동안 미국 정치인들은 북미자유무역협정(NAFTA: North American Free Trade Agreement)의 재협상을 약속했다. 그들은 그렇게 하기 위해 철수를 위협하기까지 했다. 트럼프 대통령은 이 약속을 이행하였는바, 2017년 8월 NAFTA를 개정하기 위한 새로운 협상에 착수했다. 또한 미국과 한국 간의

잘못된 자유무역협정을 개정하기 위한 노력을 시작했다.

- 양당 정치인들은 오랫동안 미국 무역법을 강력하게 시행하겠다고 약속했다. 2017년 트럼프 행정부는 다른 나라의 불공정 무역관행을 조사하기 위해 301조를 직권 발동했다. 2018년 들어서 — 16년 만에 처음으로 — 트럼프 행정부는 1974년의 무역법 201조에 따라 수입으로 심각한 타격을 받은 국내 산업에 세이프가드(긴급수입제한) 구제 조치를 취했다.

간단히 말해서 트럼프 대통령은 미국 무역정책에서 새로운 시대를 시작했다. 그의 어젠다를 추동하는 것은 세계 최대 경제가 이용할 수 있는 지렛대를 사용하여 외국시장을 개방하고 효율성이 높은 세계시장을 획득하여 미국 근로자들이 더욱 공정한 대우를 받도록 하는 실용적인 결의이다. 이 정책은 다음과 같은 5개 주요 원칙에 기초한다.

- **국가안보 뒷받침**

2017년 12월 트럼프 대통령은 미국의 새로운 국가안보 전략을 발표했다. 이 문서는 솔직히 다음과 같이 언급했다. "강력한 경제는 미국 국민을 보호하고 우리의 생활방식을 뒷받침하며 미국의 힘을 지탱해 준다." 또한 "미국은 이 이상 더 위법, 속임수 또는 경제침략을 못 본 체하지 않을 것임"을 분명히 했다. 우리의 무역정책은 주권을 지키고 미국 경제를 강화하기 위해 모든 가능한 수단을 동원함으로써 이런 목표를 달성할 것이다.

- **경제 강화**

2017년 트럼프 대통령은 새로운 조세법에 서명했다. 이 법의 목적은 미국 회사와 근로자들의 세계에서의 경쟁력을 강화하는 것이다. 또한 트럼프 행정부는 비즈니스를 방해하는 낭비적이고 불필요한 규제를 제거하기 위한 노력을 적극적으로 전개하기 시작했다. 미국 경제를 강화하기 위한 이런저런 노력으로 미국 회사들은 세계시장에서 성공하기가 더 수월해질 것이다.

• 유리한 무역거래 협상

너무 오랫동안 세계 무역규칙은 미국 근로자들과 기업에 불리했다. 이런 일은 바뀔 것이다. 이미 우리의 무역 상대국들은 미국이 자신의 국익에 불리한 오래된 무역거래를 변경하고 종료시킬 것임을 알고 있다. 우리는 NAFTA 상대국들 및 한국과 무역협정을 개정하기 위한 노력에 적극적으로 착수했다. 한걸음 더 나아가 우리는 전 세계의 잠재적인 상대국들과 새롭고 더 유리한 무역거래를 적극적으로 추구할 생각이다.

• 미국 무역법의 적극적인 시행

트럼프 행정부는 모든 국가가 진정한 시장 경쟁을 촉진하는 정책을 채택함으로써 이득을 볼 수 있다고 굳게 믿고 있다. 유감스럽게도 역사적으로 보면 모든 국가가 스스로 그렇게 하지는 않았다. 따라서 우리는 국가들이 불공정한 무역관행으로 이득을 보지 못하도록 하는 적극적인 무역 어젠다를 가지고 있다. 우리는 가능한 모든 수단을 동원하여 이런 노력을 지원할 것인데, 필요시에는 일방적인 행동도 불사할 것이다.

• 다자간 무역 시스템의 개혁

트럼프 행정부는 더 좋은 다자간 무역 시스템 구축에 일조하기를 바라며 세계무역기구(WTO)에서 여전히 적극적으로 활동할 것이다. 동시에 우리는 WTO의 활동이 항상 기대에 미치는 것은 아니라는 것을 인정한다. WTO는 국가들이 새롭고 더 좋은 규칙을 개발할 수 있는 협상장이 되는 것이 아니라 사법적극주의 '판관들'(현재의 실정법이나 규칙보다는 자신의 신념이나 정치적 고려에 따라 판결을 하는 재판관들을 주로 보수 측에서 부정적인 뉘앙스로 일컫는 용어로서, 사법적극주의의 반대말은 사법소극주의이다 ― 옮긴이)이 자신들이 선호하는 정책을 회원국들에 부과하려고 하는 분쟁해결 시스템이 지배하는 경우가 때때로 있다. 어떤 경우 WTO는 중국과 같이 시장을 왜곡하는 국가들을 억제하지 않고 미국 및 여타 시장기반 국가들보다 불공정한 이득을 주었다. WTO가 시장의 효율성 제고를 도모하지 않고 일부 회원국들의 시장접근 장벽, 덤핑, 보조금 및 여타의 시장 왜곡 관행들을 방어하는 방패막이로 이용되었다. 미국은 WTO ― 또는 다른 다자간 기구 ― 가 미국 국민의 경제복지에 필수적인 행동을 우리가 취하지 못하도록 막는 행위를 용납하지 않을 것이다. 동시에 우리는 2017년 WTO 각료회의에서 보여준 바와 같이 미국과 전 세계의 생활수준 향상을 유발할 글로벌 경제시스템을 구축하기 위해 뜻을 같이하는 국가들과 여전히 적극적으로 협력할 것이다.

지금은 미국의 무역정책을 위해 흥미진진한 때이다. 여전히 할 일이 많지만 우리는 이미 새로운 무역 어젠다를 시행하기 시작했다. 이는 정부의 계획과 불공정한 보조금 대신 근면과 혁신을 보상할 것이다. 우리는 정책이 지속적으로 효과를 나타냄에 따라 미국 근로자들과 목장주들, 기업가 및 농부들은 모두 더 공정한 세계에서 경쟁할 기회를 갖게 되어 이득을 볼 것임을 확신한다.

§ 미국 우선주의: 대통령의 2018 무역정책 어젠다 §

미국의 안보와 번영을 촉진하는 무역정책을 수립하기 위해 트럼프 행정부는 5개 주요 우선사항에 집중할 것이다. 즉 i) 국가안보정책을 뒷받침하는 무역정책 채택 ii) 미국 경제 강화 iii) 모든 미국 국민을 위해 효과를 발휘하는, 더 유리한 무역거래 협상 iv) 기존 무역협정하에서의 미국 무역법과 미국 권리의 집행 v) 다자간 무역 시스템 개혁.

1. 국가안보정책을 뒷받침하는 무역정책

트럼프 행정부의 무역정책은 국가이익의 촉진을 의도하고 있다. 그러므로 우리의 무역정책은 국가안보 전략과 일치해야 하고 이를 지원해야 한다. 우리의 적대세력을 강화시키거나 그렇지 않으면 국제 무대에서 미국을 취약하게 만드는 무역거래를 활성화하는 것은 말이 안 된다. 따라서 대통령의 무역 어젠다는 더욱 강하고 안전한 국가를 건설하고자 하는 대통령의 보다 광범위한 노력을 지원하고자 하는 것이다.

2017년 12월 트럼프 행정부는 미국의 새로운 안보전략을 발표했다. 아래에서 기술하는 바와 같이 이 전략의 몇 측면은 특히 무역정책과 관련이 있다.

• 강한 미국 건설

국가안보 전략에 의하면 "강한 미국은 미국 국민뿐만 아니라 이익, 가치, 열망을 공유하여 미국과 파트너가 되고자 원하는 세계 시민들에게 중대한 관심사항이다." 이런 원칙은 무역정책에도 적용된다. 수십 년 동안 미국은 전 세계에서 진정한 시장경쟁을 촉진하고 권장하는 독특한 역할을 수행했다. 이 정책으로 이득을 본 국가들이 많으며, 그것은 모든 대륙에서 평화와 번영을 구가하는 데 기여했다. 그러나 미국 경제가 튼튼하지 못하고 국내에서 개방시장에 대한 지지가 강력하지 못하면 이런 역할을 충분히 수행할 수 없다. 따라서 우리는 미국이 우리 경제를 약화시키고 미국 국민들의 글로벌 무역규칙에 대한 신념을 훼손하는 무역정책에 동의함으로써 글로벌 무역시스템을 강화할 수 있다는 ― 또는 전 세계에서 효율적인 시장을 촉진할 수 있다는 ― 생각을 받아들이지 않는다. 실제로 최근의 역사를 보면 미국이 점점 더 취약해질 때 부정행위를 하는 국가들이 판을 치고 세계시장은 점점 더 효율성을 잃고 있다.

• 국가주권 수호

국가안보 전략은 다음과 같이 상기시킨다. "모든 정치권력은 궁극적으로 국민으로부터 위임받은 것이며 국민에게 책임을 진다." 여기에는 무역규칙을 정하는 권한이 포함된다. 미국 국민은 선출직 공무원들이 무역정책에 관해 내린 결정에 책임을 지도록 할 권리를 갖고 있다. 국제 관료들이 미국 국민에게 무역조건을 부적절하게 설정하는 것은 미국 국민의 이런 근본적인 권리를 부정하는 처사이다. 무역 분쟁을 해결하는 데 합의된 다국적 시스템의 이점이 있는 것은 분명하지만, 그 어느 시스템도 미국과 미국의 선출된 관리가 동의하지 않은 새로운 의무하에 미국 국민이 살도록 강요해서는 안 된다. 이런 원칙 아래 우리의 무역정책은 미국의 국가주권을 적극적으로 방어할 것이다.

• 경제적 경쟁국들에 대한 대응

국가안보 전략에 의하면 "중국과 러시아는 미국의 파워, 영향력 및 이익에 도전하며 미국의 안보와 번영을 훼손하고자 시도하고 있다." 이런 도전들은 국가안보 영역뿐만 아니라 무역정책에도 영향을 준다. 중국과 러시아 양국은 WTO 회원국으로서 다수의 의무를 준수하지 않으려고 한다.

중국은 정부의 역할이 거대하고 점점 더 커지는 국가통제 경제모델을 갖고 있다. 중국 경제의 범위가 의미하는 바는 그 나라의 경제관행이 점점 더 미국과 전 세계의 경제 및 무역 시스템에 영향을 미친다는 것이다. 이제 중국은 WTO 회원국이 된 지 16년이 지났는데도 모든 회원국들이 기대하는 시장경제 시스템을 아직 채택하지 않고 있다. 실제로는 오히려 최근 수년 동안 시장원칙과는 더 멀어지는 것처럼 보였다. 더구나 중국은 현재 세계 2위의 경제대국으로서 세계적으로 시장을 왜곡할 수 있는 거대한 능력을 갖고 있다. 중국의 정책은 중국 국민을 포함하여 모든 사람을 좀 더 효율적인 시장에서보다 더 빈곤한 상태에 처하도록 하는, 글로벌 자원의 배분이 매우 잘못되게 하는 요인이 되고 있다.

물론 중국은 주권국가로서 어떤 무역정책이든지 간에 선호하는 것을 자유롭게 추구할 수 있다. 하지만 미국 역시 주권국가로서 자유롭게 대응할 수 있다. 트럼프 대통령의 지도하에서 우리는 사용가능한 모든 수단을 동원하여 중국이 — 또는 그런 정책을 모방하는 어느 국가이든지 간에 — 진정한 시장 경쟁을 훼손하지 못하도록 할 것이다. 우리는 외국의 불공정한 관행에 대응하여 미국이 필요할 경우 강력한 행동을 취하는 것을 방해하기 위해 중국이나 여타 국가가 국제적인 관료체제 뒤에 숨는 것을 좌시하지 않을 것이다. 간단히 말해서 우리의 무역정책은 — 국가안보정책과 같이 — 미국의 국익 보호를 추구할 것이다.

• 기술의 중요성 인정

국가안보 전략은 다음과 같이 천명한다. "미국은 연구와 기술에서의 우위를 유지해야 하며, 불공정하게 우리의 지식재산권을 취득하는 경쟁국으로부터 우리 경제를 보호해야 한다." 우리의 무역정책은 이런 노력을 뒷받침해야 한다. 실제로 아래에서 좀 더 상세하게 논의하는 바와 같이 우리는 중국이 미국의 기술과 지식재산권을 획득하기 위해 불합리하고 차별적인 노력을 기울이고 있다는 의혹에 관해 1974년의 무역법 301조에 의거하여 이미 조사에 착수했다. 필요시 우리는 이런 종류의 불공정 관행으로 중국이 이득을 취하지 못하도록 301조에 따라 조치를 취할 것이다. 또한 우리의 무역정책은 디지털경제에서의 혁신을 촉진할 것이다. 예를 들면 우리는 온라인 플랫폼에서 번창하는 글로벌 마켓플레이스를 진흥하기 위한 조치를 취할 것이다.

• 타국과의 협력

국가안보 전략에 의하면 "미국은 동맹국과 협력국들 및 협력국이 되고자 하는 나라들과 함께 호혜적 협력을 추구할 것이다. 협력은 책임과 부담의 공유를 의미한다." 이런 원칙들은 우리의 무역정책에 동일하게 적용된다. 트럼프 대통령 치하에서 미국은 전 세계적으로 공정한 시장경쟁을 촉진하기 위해 뜻을 같이하는 국가들과 적극적으로 협력하고 있다 — 하지만 우리는 협력의 대가로 미국의 근로자와 기업들을 불공정하게 불리한 상태에 처하도록 하는 무역거래를 하지 않을 것이다. 시장기반 결과에 맡기고 자국 시장에서 미국에 호혜적인 기회를 제공하는 국가들은 트럼프 행정부에서 진정한 우방과 동맹국을 발견할 것이다. 반면에 우리를 호혜적으로 대우하지 않고 여타의 불공정한 무역관행을 시행하는 국가들은 우리가 스스로의 이익을 어떻게 지키는지 알게 될 것이다.

2. 미국 경제 강화

• 세금 감면과 개편을 통한 경쟁력 향상

2017년 12월 도널드 J. 트럼프 대통령은 통상적으로 세금 감면 및 고용법(TCJA: Tax Cuts and Jobs Act)이라고 알려진 법안에 서명했다 — 이는 미국에서 지난 30년간 가장 큰 규모의 세금 감면과 개편이다. 이 법은 네 개의 목표를 달성하도록 계획되었다. 즉 중산층 가족을 위한 세금 경감, 개인 세제의 간소화 및 해외수입의 송금 그리고 경쟁력 향상에 의한 경제성장이다. 대통령 경제자문위원회의 추정에 의하면 새로운 법의 영업세 조항은 장기적으로 생산량을 2~4% 증가시킬 것이고, 가계의 임금과 봉급 수입을 평균 약 4000달러 인상시킬 것이다.

• 미국 회사들과 근로자들의 경쟁력 강화를 위해 영업세율 인하

세금 감면 및 고용법에서 영업세 개편의 가장 중요한 항목은 법정 최고 법인세율을 35%에서 21%로 인하하여 미국이 주요 무역상대국들과 경쟁할 수 있도록 한 것이다.

중앙 및 지방정부의 법인세율

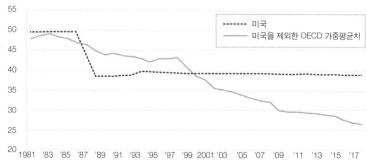

주: 종합 법정 세율에는 평균 지방세가 포함됨.
자료: OECD.

영업세는 1986년에 마지막으로 대폭 개편되었다. 당시 레이건 대통령은 법정 최고 법인세율을 46%에서 34%로 인하함으로써 미국 기업들을 선진국 중 가장 경쟁력이 높게 했다. 그 이후 여타 국가들은 미국과 경쟁하고 투자를 유치하기 위해 세율을 대폭 인하했다. OECD 회원국들의 평균 법인세율은 1986년의 47%에서 2017년에 대략 24%로 떨어졌는데, 이것은 미국의 세율보다 훨씬 낮았다. 미국의 법인세율은 경쟁력이 있었지만, 선진국 중에서 가장 높은 법정 법인세율이 되었다. 이에 대처하여 미국 기업들은 업무를 해외에 외주를 주고 공장을 이전하고 이익을 세금이 낮은 지역으로 옮기며 법인 자리바꿈(corporate inversion: 조세 회피를 위해, 법인을 세율이 낮은 해외로 명목상 옮기는 것─옮긴이)을 통해 본사를 옮겼다. 법정 법인세율을 21%로 인하함으로써 주요 무역 상대국들과 어깨를 나란히 하게 될 것이며 우리 기업과 근로자들이 좀 더 공평한 운동장에서 경쟁을 할 수 있을 것이다. 또한 세금 감면 및 고용법은 개인소득세율을 인하하고 적격 사업소득을 20% 공제함으로써 법인이 아닌 사업체에도 세금을 감면한다.

• 해외 소득 송금

세금 감면 및 고용법의 또 다른 중대한 영업세 개편은 거주지국 과세제도(worldwide tax system)에서 원천지국 과세제도(territorial tax system)로 전환한 것이다. 이는 미국에서 법인으로 설립된 회사들에게 손해가 가지 않도록 하는 것이다. 거주지국 과세제도하에서는 기업체가 세계 어디에서 벌어들인 이익에 대해서도 과세한다. 이와 대조적으로 원천지국 과세제도는 오직 그 나라의 국경 내에서 벌어들인 이익에 대해서만 과세한다. 세금 감면 및 고용법 제정 이전에 미국은 거주지국 과세 제도를 시행한 오직 여섯 개의 OECD 회원국 중 하나였다.[1] 높은 법인세율과 거주지국 과세제도가 복합하여 미국은 선진국 중 경쟁력이 최하인 과세 제도를 갖게 되었다. 이에 대처하여 미국 회사들은 이익금을 미국으로 송금하면 내야 될 높은 세금을 회피하기 위해 외국에서 번 돈을 해외에 재투자했다. 미국의 다국적 기업들은 2015년 말 현재 소득 2조 5000억 달러를 외국에 투자한 것으로 추정된다.[2] 세금 감면 및 고용법에 의해 거주지국 과세제도에서 원천지국 과세제도로 바뀌어 미국 회사들의 세금 특례가 개혁됨으로써 본사가 미국에 있는 회사들이 보던 손해는 없어졌다. 원천지국 과세제도는 미국 기업들에게 공평한 경쟁의 장을 제공하고, 높은 세금을 발생시키지 않고 미국에 송금할 수 있도록 하는 데 도움을 줄 것이다.

원천지국 과세제도로 이행됨에 따라 이미 해외에 축적되어 있는 소득은 15.5%(현금 자산의 경우) 또는 8%(비현금 자산의 경우)의 일회성 세금을 내게 된다. 이 이행세는 축적된 소득을 해외에 갖고 있을 세금 인센티브를 제거하여 더 많은 돈이 미국에서의 투자에 쓰이는 결과를 가져올 것이다.

• 과세 기반 보호를 위한 개편

세금 감면 및 고용법은 또한 이익의 이동을 저지하고 미국의 과세 기반을 보호하기 위해 중요한 개편을 단행했다. 새로운 법에 따라 해외에서 벌어들인 초과 수익은 10.5%의 실효 최소 세금을 낸다(2025년 이후 13.125%로 인상됨).

또한 세금 감면 및 고용법은 새로 규정된 세원 잠식과 남용 방지세, 즉 'BEAT'를 통해 이익의 이전을 최소화하려고 한다. BEAT는 외국 기업에 세

---

1   PWC, "Evolution of Territorial Tax Systems in the OECD," April 2, 2013. http://www. techceocouncil.org/clientuploads/reports/Report%20on%20Territorial%20Tax%20Systems _20130402b.pdf

2   Audit Analytics, Indefinitely Reinvested Foreign Earnings Still On the Rise. July 25, 2016. http://www.auditanalytics.com/blog/indefinitely-reinvested-foreign-earnings-still-on-the-rise/

금 공제가 되는 (상품 비용 이외의) 이해관계자 지불을 하는 회사에 적용되는 대체 최소 세금이다. BEAT는 회사들이 세금이 낮은 지역의 이해관계자들에 대한 지불을 통해 미국에서의 과세 대상 소득을 제거하는 행태를 방지한다.

• 세제개편이 무역 적자에 미치는 영향

경쟁력 있는 법인세율과 새로운 세원 잠식 방지세의 조합은 인위적인 이익 이전을 감소시킴으로써 미국의 무역적자를 줄일 가능성이 있다. 새로운 세법은 인위적인 이익 이전에 관여할 유인을 감소시킴으로써 국내와 해외에서 효율성이 높은 시장으로 이어질 것이다.

• 규제 부담 감소

트럼프 행정부는 무역정책을 통해 마국 기업과 시민들에게 부과된 규제 부담을 줄일 필요성이 심각하다고 생각한다. 트럼프 대통령은 2017년 봄 두 건의 행정명령을 내려 관련 기관들이 이런 목표를 충족하도록 지시했다. 기관들은 기존의 규제조치가 불필요하고 비효과적이며 중복된 것인지, 또는 법적 요구사항이나 행정부 정책과 상반되는지를 결정하는 평가 작업을 체계적으로 진행 중이다. 행정부의 규제정책은 새로운 규제가 하나 생길 때마다 22개를 폐지하였으며, 2017 회계연도에 순(純)현재가치로 규제비용 절감액이 81억 달러가 넘는다. 행정부의 탈규제 약속은 미국의 동맹국과 무역 상대국들을 자극하는 강력한 투자환경에 기여했다.

3. 모든 미국 국민을 위한 효과적인 무역거래 협상

트럼프 행정부는 모든 미국 국민에게 이득을 주고자 의도하는 무역거래를 적극적으로 협상할 것이다. 우리는 이미 NAFTA와 한미 FTA를 개선하기 위한 노력에 착수했다. 우리는 의회에 대통령의 무역촉진권한(Trade Promotion Authority) ― 이는 또한 '신속처리' 권한으로 알려져 있다 ― 의 연장을 요청하려고 한다. 그것은 의회에 제출된 새로운 무역협정을 승인할 것인지 안 할 것인지 바로 찬반 투표를 하도록 하는 것이다. 의회 지도자들과의 논의에 근거하여 우리는 그런 연장에 대한 강력한 지지가 있다고 믿는다. 그 의미는 신속처리 권한이 2021년까지 유지된다는 것이다.

아래에서 더 상세하게 설명하겠지만 트럼프 대통령은 미국 근로자, 농부, 기업체 및 목장주들을 위해 더 유리한 무역조건을 획득하고자 이 권한을 사용할 것이다. 하지만 우리의 노력을 크게 훼손하는 장애를 언급해야 한다. 행정부는 4명의 훌륭한 인사를 무역대표부에서 일하도록 지명했다. 이들 중 세 명은 무역대표부의 부대표로 활동할 것이며, 네 번째 인사는 농업협상대표가 될 것이다. 그들은 대사급이고 아래 기술한 협상을 성공적으로 마무리 짓는 데 필수적이다. 이들 네 명은 ― 각자가 우리 나라를 위해 열심히 일할 의사가 있다 ― 적어도 7개월 전에 상원의 인준 절차에 부쳐졌다. 로널드 레이건 이래 모든 대통령은 취임하고 45일 이내에 적어도 한 명의 미국무역대표부 부대표를 두었다. 현 대통령은 2017년 6월 15일 이래 260일 동안 기다리고 있으며 그가 지명한 인사들 중 상원의 표결에 부쳐진 사람은 아무도 없다. 상원은 신속하게 후보자 4명을 모두 인준해 주기를 촉구한다.

1) NAFTA

NAFTA는 1994년 1월 1일 발효되었으며, 이제 거의 4반세기가 되었다. 당시 미국의 전문가들과 정책입안자들은 전국의 걱정하는 근로자들에게 새로운 협정 덕에 수십만 개의 일자리가 창출될 것이며, 이 협정이 실행되면 미국은 멕시코와의 무역에서 무역흑자 증대를 구가할 것이라고 확언했다. 국제경제연구소는 1993년에 내린 전망에서 이런 생각을 다음과 같이 요약했다. NAFTA로 인해 일자리가 직접 17만 개 창출될 것이고 멕시코와의 무역흑자는 2000년대까지 크게 늘어날 것이다. NAFTA를 승인하는 법안에 서명한 빌 클린턴 대통령은 한 걸음 더 나아가 NAFTA의 환경 및 노동에 관한 부수 협정이 "경제성장과 아울러 사회적 진보를 위한 힘"이 될 것이라고 천명했다.

유감스럽게도 이런 전망은 맞지 않았다. 일부 사람들, 특히 농민, 목장주 및 무역거래에 의존하는 국경지대 주민들에게는 NAFTA의 긍정적인 효과가 나타났다. 그러나 다른 많은 사람들에게 NAFTA는 실패했다. 이러한 미국인들에게 NAFTA의 의미는 실업인데, 특히 제조업 분야에서 그러하며 양쪽 국경에 걸쳐 미국의 크고 작은 도시에서 공장이 문을 닫고 이전했다. 미국과 멕시코의 상품 무역수지는 1994년까지 호혜적인 무역 거래였는데 NAFTA가 발효된 이후 거의 즉시 미국의 적자로 전환되었다. 1995년의 적자는 150억 달러가 넘었으며 2017년에는 710억 달러가 넘었다.

돌이켜보면 이런 모든 일이 어떻게 발생했는지 이해하는 것은 어려운 일이 아니다.

첫째, NAFTA는 미국의 수천 개 기업에 임금이 훨씬 싼 멕시코 노동자를 고용할 수 있는 기회를 제공했다. 실제로 NAFTA는 노동권과 환경보호의 중요성에 관해 야심 찬 언어를 사용했지만 두 이슈는 현재의 NAFTA의

'부속 협정'에 언급되었다. 이는 본질적으로 힘이 없는 분쟁해결 메커니즘이다. 중요한 것은 노동 관련 부속 협정이 결사의 자유와 단체교섭을 포함하여 국제적으로 인정되는 권리를 제한적으로 보호한다는 점이다.

1993년을 돌이켜 보면 NAFTA 옹호론자들은 이 협정으로 멕시코의 생산성과 임금이 급등할 것이라고 회의론자들을 안심시켰다. 그해 클린턴 대통령은 NAFTA의 "의미는 미국과 멕시코 간 임금 격차를 급속하게 줄여주는 것"이라고 단언하기까지 했다. 하지만 NAFTA가 발효된 이후 멕시코와 미국의 임금 및 노동 생산성 격차가 더 커졌다. 심지어 OECD의 보고에 의하면 멕시코의 1년 평균 임금은 1994년의 1만 6008달러에서 2016년에는 1만 5311달러로 떨어졌다.

멕시코의 제조업 근로자는 여타 분야 근로자보다 더 많은 임금을 받고 있지만 멕시코 근로자와 미국 근로자 간 격차는 여전히 현격하다. 멕시코 제조업 근로자들의 평균 일당은 20달러이고 자동차 제조업 근로자는 대략 일당 25달러를 받는다고 한다. 이와 대조적으로 미국의 제조업 근로자 평균 일당은 160달러이다. 더구나 NAFTA에는 의도적이든지 또는 그렇지 않든지 간에 미국 전역의 회사들이 생산을 해외 특히 멕시코에서 하도록 유인하는, 미국 국민의 이해관계에 미흡한 조항이 포함되어 있다. 캐나다의 경우 NAFTA는 농업 부문에서 하이테크 산업에 이르기까지 몇몇 산업에 걸쳐 장기적이고 불공정한 캐나다의 무역관행을 시정하는 데 실패했다.

NAFTA가 시행되자마자 그 결함이 분명하게 되었다. 그때 이래 정치인들은 재협상을 요구했다. 그럼에도 불구하고 트럼프 대통령이 당선되었을 때, 즉 시행 후 20년 이상이 지날 때까지 큰 변화가 없었다.

2016년 유세기간 동안 트럼프 대통령은 현재 형태의 NAFTA는 용납될 수 없다는 것을 분명히 밝혔다. 그는 2016년 6월 다음과 같이 말했다. "나는 우리 나라 근로자들의 처지가 개선되도록 협정 조항을 즉시 재협상할 의도임을 NAFTA 상대국들에 통보할 것이다. 이는 단지 조금만 나아지는 것이 아니라 훨씬 나아질 것을 의미한다. 상대국들이 재협상에 동의하지 않으면 NAFTA 협정 2205조에 따라 미국은 합의를 철회할 의도임을 통고할 것이다."

트럼프 대통령은 취임한 후 거의 즉시 이 약속을 이행하기 시작했다. 수개월 동안 고위 행정부 관리들은 재협상 계획에 대해 의회와 협의했다. 2017년 5월 미국무역대표 라이트하이저 대사는 의회에서 인준을 받고 며칠 내에 재협상에 착수하기 위해 무역촉진 권한하에 요구되는 90일 통고를 의회에 제출했다. 의회에 통고한 지 91일째인 2017년 8월 16일 재협상이 시작되었으며 현재도 진행되고 있다.

재협상에서 미국무역대표부는 모든 미국 국민을 위해 가능한 최선의 거래를 하려고 전념하고 있다. NAFTA는 미국에 불리한 거래임이 분명하지만, 미국무역대표부는 많은 미국 국민이 이로부터 혜택을 본 것을 인정한다. 따라서 미국무역대표부는 NAFTA의 개정된 판으로 차질 없이 이행되도록 다음과 같은 행동을 신속하게 취했다.

- 미국무역대표부는 재협상에 관해 접수된 1만 2000개 이상의 공중 의견을 검토했다.
- 미국무역대표부는 완벽한 새로운 텍스트를 준비했다. 여기에는 새로운 아이디어와 신선한 접근방법으로 가득 차 있다.
- 미국무역대표부와 여타의 미국 정부 기관들은 멕시코와 캐나다의 상대 당국자들이 참석한 가운데 2017년 8월 이래 일곱 차례의 별도 협상회의에 참가했다.
- 미국무역대표부는 웹사이트에 직접 재협상 목표를 공표했으며, 미국이 제안한 모든 범위를 반영하기 위해 2017년 11월 이런 목표를 업데이트했다.
- 재협상에 착수한 이래 라이트하이저 대사와 미국무역대표부 직원들은 수십 명의

의원들을 개인적으로 만나고 의원 및 보좌관들과 협의하는 데 1400맨아워를 보냈다.

• 일을 추진하면서 미국무역대표부는 민간 부문 인사들, 노동계 대표들, 목장주들, 농부들 및 비정부기구 공동체 회원들과 폭넓게 협의했다. 공공 자문위원회에 수십 차례 브리핑하고 이해관계자 협의를 수백 시간 했으며 문호개방 정책을 지속했다.

• 실제로 협상을 할 때마다 미국무역대표부는 의회 직원들과 각종 자문위원회 위원들에게 브리핑을 했다. 자문위원회는 농업, 산업, 중소기업, 노동 및 환경관련 분야를 망라한다.

이런 모든 작업은 의회의 규칙에 따라서 수행되었으며 새로운 형태의 NAFTA에 대한 지원을 구축하고 개정된 협정으로의 원활한 이행을 촉진한다. 간단히 말해서 행정부는 단순히 NAFTA의 제거를 모색했던 것이 아니라 NAFTA에 의존하는 미국 국민들의 불확실성을 경감시키기 위한 노력을 크게 기울였다.

행정부는 두 개의 주요 목표를 갖고 재협상에 임했다.

첫째, 행정부는 21세기의 수준 높은 협정을 대표하는 현대적인 조항으로 NAFTA를 갱신하기를 원한다 — 여기에는 디지털 무역, 지식재산권, 사이버보안, 우수한 규제 관행, 국영기업 대우에 관한 강력한 조항이 포함된다. 모든 당사국은 NAFTA가 시대에 뒤졌다는 데 동의한다. 그것은 대부분의 미국 국민이 인터넷에 대해 들어본 적도 없을 때 체결되었다. 행정부는 NAFTA가 현대화될 때가 되었다고 믿는다.

둘째, 행정부는 NAFTA의 균형 재조정을 모색하고 있다. NAFTA와 같은 협정의 목적은 특수한 규칙을 작성하는 것이다 — 특정 국가들에게 이 시장에 다른 국가들이 하지 못하는 특별한 접근을 할 수 있도록 하는 것이다. 그럼에도 NAFTA

는 미국시장에서 활동하고자 하는 회사들이 설비를 미국 외의 장소에 두도록 조장한다 — 그럼으로써 미국 근로자와 기업들은 공정하지 못한 불리한 입장에 처하게 된다.

이런 사항을 유념하고 미국무역대표부는 재협상을 위한 주요 목표를 다음과 같이 설정했다. "미국의 무역 수지를 개선하고 NAFTA 회원국들과의 무역적자를 줄인다." 이런 목표를 달성하기 위해 우리는 캐나다와 멕시코로부터 미국으로 수입되는 제품, 자동차와 자동차 부품처럼 우리 나라가 커다란 무역 적자를 보는 제품들의 원산지 규정을 철저히 시행하는 노력에 집중하고 있다. 우리의 제안은 그런 제품에 대한 원산지 규정을 강화하고 좀 더 철저한 추적 요구를 통해 더욱 강력하게 실행하며 이 지역, 특히 미국의 콘텐츠가 확실하게 많이 포함되도록 추구한다.

또한 우리는 외주를 촉진할 조항을 회피할 작정이다. 만약 어느 회사가 멕시코에 공장을 짓기로 결정했다면 — 그리고 그 회사가 그렇게 할 합법적이고 시장기반의 이유가 있다면 — 시장이 지시하는 대로 그렇게 하면 된다. 하지만 미국 정부가 NAFTA — 또는 어느 다른 무역합의 — 를 이용하여 외주를 촉진해야 한다는 생각은 받아들일 수 없다. 무역협상의 요지는 시장 효율성을 위한 기회 창출을 증대시키는 것이지 다른 방식으로는 생존력이 없는 외국투자를 촉진하는 것이 아니다.

우리가 노동 및 환경 챕터에서 미국 근로자와 기업체들에게 공평한 경쟁의 장을 제공하는 데 도움이 되고 이 분야의 표준을 제고하는 심각한 제안을 했다는 것도 주목할 일이다. 우리는 양 챕터에서 모든 조항이 협정의 여타 의무에 적용되는 동일한 분쟁해결 메커니즘에 속해야 된다는 것을 강조한다.

만약 우리가 핵심 목표 달성에 성공한다면 재협상된 NAFTA는 모든 미국 국민을 위해 좀 더 공정한 합의로 입증될 것이 분명하다. 여기에서의 미국 국민에는 잘못된 무역협정 때문에 일자리가 취약해진 전국의 제조업 근로자들이 포함된다.

2) 한미 자유무역협정(KORUS)

한미 자유무역협정 체결로 미국이 본 이득은 최초의 기대에 훨씬 미치지 못한다. 협정이 통과되기 이전 미국 국제무역위원회의 추정에 의하면 미국의 대(對)한국 상품 수출은 한미 자유무역협정이 완전히 시행되면 약 97억 달러 내지 109억 달러 늘어나고, 한국의 대미국 수출은 64억 달러 내지 69억 달러 증가할 것이었다. 많은 인사들은 여타의 이득을 지적했다. 예를 들면 한국의 규제환경이 대폭 개선될 것으로 보았다. 그렇게 되면 미국 수출업자들과 기업들을 위해 경쟁의 장이 크게 공평해질 것으로 본 것이다.

하지만 한미 자유무역협정이 시행된 지 거의 6년이 되었는데 그 실적은 실망스럽다.

6차에 걸쳐 관세인하 협상을 하여 현재 상품무역의 90% 이상이 무관세로 되고 있는 상황에서 미국의 대한국 상품수출은 2011년의 435억 달러에서 2017년에 483억 달러로 별로 늘어나지 않았다. 이와 대조적으로 한국의 대미국 수출은 급속하게 증가하여 2011년의 567억 달러에서 2017년에 712억 달러에 달했다. 미국의 대한국 서비스 수출은 초기에 증가세를 보였지만 그 이후 증가세가 크게 둔화되었다. 간단히 말해서 한미 자유무역협정이 발효된 후 2017년까지 미국의 대한국 상품 무역적자는 73% 증가했다.

또한 한국이 한미 자유무역협정하에서의 의무를 충실하게 이행할 태세에 관한 우려가 높아져만 갔다. 한국은 너무 많은 경우 노동, 경쟁, 관세, 의약품과 의료기기 등의 분야에서 주요한 약속을 지속적으로 충분히 이행하지 않았다. 다른 경우 한국은 자유무역협정이 발효된 이후 자동차 분야를 포함하여 추가적인 조치를 취함으로써 협정의 이득을 직접적으로 훼손하고 미국의 수출 잠재력을 제한했다.

이런 사실들에 직면하여 트럼프 대통령은 미국무역대표부에 이런 현안 문제를 해결하고 아울러 한국과 좀 더 공정하고 호혜적인 무역을 하는 방안을 모색하도록 지시했다. 이에 따라 2017년 7월 라이트하이저 대사는 이 협정의 수정과 개정을 모색하는 과정을 시작하기 위해 한미 자유무역협정 공동위원회의 특별회의를 요청했다. 2017년 10월 한국은 수정과 개정에 관한 논의를 추진하기로 합의하고 그런 논의를 하기 위해 12월에 필요한 국내 절차를 마쳤다.

미국무역대표부는 미국의 근로자, 수출업자, 기업체들에게 좀 더 호혜적인 결과를 거두도록 한미 자유무역협정을 개선하기 위한 협상을 계속 진행 중이다. 행정부는 신속한 시간표에 따라 한국정부와 미국의 목표를 적극적으로 계속 추구할 것이다.

미국무역대표부는 다음과 같은 목표를 달성하기 위해 논의와 협상을 진행 중이다.

- 미국의 수출기회를 개선하고 좀 더 균형 잡힌 양국 무역을 촉진하는 결과
- 미국의 이익과 미국의 수출 잠재력에 지속적으로 해를 끼치거나 훼손하는 현안 실행 문제의 해결
- 현 협정하에 호혜적이고 상호이익이 되는 약속의 전반적인 수준을 유지하는 데 필요한 관세에 관한 확약의 재균형
- 미국산 자동차 및 자동차 부품 수출의 비관세 장벽의 축소 및 제거
- 이 협정의 이득을 보장하기 위한 여타 조건의 개선은 미국의 일자리 창출을 더욱 직접적으로 뒷받침해야 한다.

이와 같은 목표를 달성하면 한미 자유무역협정은 미국 국민을 위해 좀 더 공정한 거래가 될 것이다.

3) 여타의 협상

트럼프 행정부는 공정하고 균형을 이룬 무역을 촉진하고 미국 국민의 일자리와 번영을 뒷받침하는 여타 협정을 체결할 의도이다. 행정부는 이런 목표를 달성하기 위해 이미 논의와 과정에 착수했다.

(1) 영국과 무역 및 투자의 확대

미국과 영국의 무역 및 투자 관계는 심도 있고 장기간에 걸친 것이다. 영국은 미국의 7대 상품 무역대상국이고 서비스 무역은 최대 대상국이다. 2016년(연간 서비스 무역 통계를 구할 수 있는 가장 최근 연도)에 상품 및 서비스의 양국 무역총액은 2270억 달러에 달했다. 상품무역의 흑자가 10억 달러이고 서비스 무역의 흑자는 140억 달러이다. 미국과 영국은 직접 투자액이 상호 간 1조 달러가 넘는다. 우리는 언어와 비즈니스 문화가 같고 우수한 규제관행과 투명성을 지지하며 지식재산권을 존중한다. 경제는 다양화되어 있고 기술과 혁신이 성장을 추동한다.

2016년에 영국은 국민투표 결과 유럽연합에서 탈퇴하기로 하고 결별(통상 '브렉시트'라고 함) 조건을 협상하는 과정에 있다. 트럼프 행정부는 영국 및 유럽연합 모두와 경제관계를 유지하고 심화하고자 한다. 영국이 유럽연합에서의 탈퇴와 앞으로의 관계에 대하여 유럽연합과 어떤 조건의 협상을 하는가에 따라 미국의 영국 및 유럽연합과의 무역 모두가 큰 영향을 받을 수 있다.

2017년 3월 영국은 유럽연합으로부터의 탈퇴조건을 협상하기 위해 2년의 과정을 시작했다. 2017년 12월 영국과 유럽연합은 공동 중간보고서를 발표했다. 여기에서 탈퇴와 관련된 쟁점에 관한 합의를 제시했다. 이것을 합의의 제1단계라고 한다. 이미 시작된 제2단계에서 영국과 유럽연합은 영국의 유럽연합 탈퇴 이후 기간 동안의 관계를 관리할 과도기 계획을 논의하고 있다. 이 기간은 2019년 3월 29일 시작해서 적어도 2020년 말까지 지속될 것이다. 우리가 예상하기에 그 과도기에 영국은 유럽연합의 일부가 아니고 따라서 여타 국가와 무역협상을 자유롭게 할 수 있겠지만 과도기가 종료될 때까지는 여전히 협정을 시행할 수 없을 것이다.

트럼프 대통령과 테레사 메이 총리는 2017년 1월에 만나 현재의 미영무역 및 투자 관계를 심화시키기로 합의했으며, 미래의 무역협정을 위한 기초를 놓았다. 미영 무역이 이미 규모가 크고 양국의 경제가 고도로 통합되어 있기는 하지만, 상호 이익이 되는 야심찬 자유무역협정으로 상호 이익을 기대할 수 있는 분야가 많이 있다. 여기에 포함되는 것은 산업 및 농업 상품무역이다. 이 분야에서 관세와 기타 장벽이 여전히 무역에 장애가 되고 있다. 규제 시스템의 차이는 수출업체, 특히 중소기업에 추가적인 부담을 주고 있으며, 보건 및 안전에서의 개선된 결과가 없다. 그리고 무역을 심화시키고 혁신을 장려할 수 있는 서비스, 투자 및 지식재산권에 대한 결의가 있다.

2017년 7월 미국과 영국은 무역 및 투자 실무그룹을 설치했다. 이 그룹은 더 광범위한 미영 운영위원회의 후원을 받고 있다. 이 위원회는 영국이 유럽연합을 탈퇴함에 따라 미국과 영국의 기업체, 근로자 및 소비자들에게 상업적 지속성을 제공하고 탈퇴에 앞서 무역과 투자 유대를 강화하는 방안을 모색코자 한다. 실무그룹은 영국이 유럽연합을 탈퇴하면 곧 자유무역협정을 체결할 가능성을 위한 기반을 닦고 양국이 전 세계의 개방시장을 진흥하기 위해 협력할 수 있는 분야를 탐색하기 시작할 것이다. 실무그룹은 다양한 무역 관련 분야를 검토하고 있다. 여기에 포함되는 것은 산업 및 농업 상품, 서비스, 투자, 금융 서비스 및 디지털 무역, 지식재산권과 실행, 무역 관련 규제 쟁점, 노동과 환경 그리고 중소기업이다.

무역 및 투자 실무그룹은 2018년과 그 이후에 미국과 영국 무역 팀의 지속적인 참여를 인도할 것이다. 이 그룹은 분기별 회의를 계획하고 있으며 양국의 무역정책 관리들은 1년 내내 분기별 회의의 중간에 작업을 진행할 것이다. 이 작업에서 미국의 우선 사항 중 하나는 영국 - 유럽연합 협상 시 나타나는, 잠재적으로 미국 업계에 영향을 미칠 수 있는 쟁점에 대응하는 것이다. 또한 우리가 영국과 함께 작업을 할 다른 분야는 영국이 세계무역기구 일정을 수립하기 시작함에 따라 미국 이해당사자들의 시장접근을 유지하는 것이다. 실무그룹은 또 미영 운영위원회의 일부로 설립된 미영 경제 실무그룹과 함께 작업할 것이다. 이는 영국이 유럽연합을 탈퇴했을 때 미영 협정과 여타 조치가 제대로 작동하도록 보장하기 위함이다. 미국은 영국과 미국이 상호 간 지고 있는 의무가 이전에 미국 - 유럽연합 협정 또는 합의에서 시작된 분야의 상업적 지속성을 유지할 것이며, 브렉시트에 앞서 무역 및 투자 관계를 증대시킬 수 있는 방안을 찾을 것이다.

• 영국과 세계무역기구

영국은 2019년 3월 말 유럽연합을 탈퇴할 때까지 자체의 분명한 세계무역기구 일정을 세울 필요가 있을 것이다. 이 일정에는 관세에 관한 약속 및 양허, 저율 관세할당(TRQs: tariff rate quotas), 서비스 및 농업 국내 지원 수준이 포함될 필요가 있다. 이와 유사하게 영국은 세계무역기구 정부조달 협정을 위한 별도의 일정을 협상할 필요가 있다. 미국 역시 이 협정 가입국이다. 영국은 이 협정에 해당하는 유럽연합의 정부조달액 3300억 달러의 25%를 차지하며 미국의 대(對)유럽연합 정부조달 시장의 최대 수출대상국이다.

트럼프 행정부는 영국이 금년에 세계무역기구 협상 일정을 마련하기 시작하고 세계무역기구 정부조달협정에 가입하기 위한 협상을 시작할 때 미국 이해당사자들의 지분이 충분히 고려되도록 보장하려 한다.

(2) 환태평양 동반자협정(TPP: Trans-Pacific Partnership) 국가들

트럼프 대통령이 최초로 내린 결정 중 하나는 미국의 TPP 탈퇴였다. 그렇게 함으로써 그는 선거운동 기간 중 한 약속을 이행했을 뿐만 아니라 이 나라의 양당으로부터 큰 반대에 부딪힌 제안을 놓고 시간을 낭비하지 않았다. 2016년 대선 선거전에서 클린턴 국무장관도 당선되면 TPP에 반대할 것을 약속했다.

미국은 TPP 탈퇴로 이 협정에 가입한 11개 국가들과 더 유리하고 공정한 무역 관계를 추구할 수 있다. 주목할 점은 미국은 이미 6개 TPP 회원국, 즉 캐나다, 오스트레일리아, 멕시코, 칠레, 페루 및 싱가포르와 자유무역협정을 체결했다는 것이다. 2017년에 이들 국가는 11개 TPP 회원국 GDP의 47%를 차지했다. 위에서 논의한 바와 같이 미국은 현재 멕시코 및 캐나다와 자유무역협정을 갱신하기 위한 회담 중이다.

나머지 5개 TPP 회원국은 일본, 베트남, 말레이시아, 뉴질랜드 및 브루나이이다. 이들 회원국 중 최대인 국가는 일본으로서 전체 GDP의 87%를 차지하고 있다. 트럼프 대통령이 2017년 2월 아베 신조 일본 총리를 방문한 이래 미국은 일본과의 무역관계를 더욱 긴밀하게 할 것임을 분명히 했다. 또한 트럼프 대통령은 여타 TPP 회원국들과 개별적으로든지, 집단적으로든지 간에 시장 성과를 크게 개선할 수 있는 조건으로 거래를 할 의사가 있음을 나타냈다. 2018년에 트럼프 행정부는 이들 국가와 무역관계를 더욱 강화하고 돈독하며 공정하게 하는 노력을 지속할 것이다.

(3) 미국 농산물의 양자 간 시장접근 모색

「농업과 농촌 번영에 관한 태스크포스가 작성하여 미국 대통령에 제출한 보고서」의 하이라이트로 나타난 바와 같이 미국의 농부와 목장주들은 미국 농촌의 경제성장을 창출하고 지속시키는 것을 수출에 의존하고 있다. 2016년에 농가 수입의 20%는 수출로 발생한 것이었다. 미국 농산물은 미국 외의 세계 소비자들 중 96%에 수출되었다. 2017년에 미국 농부와 목장주들 및 기업체들이 수출한 농업 및 농업 관련 제품은 1590억 달러에 달했다. 2016년보다 4% 증가한 실적이다.[3]

미국무역대표부와 농업부는 일상적으로 수행하는 업무가 무역 상대국들의 활동을 조사하고 불공정 무역장벽을 제거하는 일이다. 이런 업무는 미국의 식량 및 농업 수출을 증대하기 위한 전략의 중심이자 매우 중요한 부분이다. 2017년의 연례 보고서는 2017년에 미국 농업 수출에 대한 불공정하고 보호주의적인 장벽을 제거한 핵심적인 성공사례가 하이라이트였지만 더 잘할 수 있고 그렇게 할 것이다.

트럼프 행정부는 모든 수단을 동원하여 미국 농민들이 공정한 대우를 받도록 보장할 것이다. 행정부는 무역 및 투자 기본협정, 자유무역협정위원회 및 여타 대화에서의 장벽을 해소하기 위해 범정부적인 접근을 할 것이다. 또한 이런 활동에 포함되는 것은 93개국에 사무실을 설치하여 171개국을 담당하는 미국 농업부 파견 직원들과 180개국에 주재하는 미국 국무부 직원들의 일상 업무이다. 이들은 무역 쟁점과 통관 문제를 방지하고 신속하게 해결한다. 나아가 뜻을 같이하는 국가들과의 연합을 구축하여 신기술, 동물보건 및 식물보건을 위한 과학과 위험 기반의 규제정책을 발전시키기 위한 행정부의 효율성을 배가시킬 것이다.

---

3 WTO 농업 부문에 기초하였으며, 데이터는 미국 농업부 대외무역서비스의 세계 농업 무역 시스템에서 구한 것이다.

트럼프 행정부는 2018년도 활동의 우선순위를 미국산 식품 및 농산물 수출이 당면한 수많은 불공정 무역장벽에 대처하는 데 둘 것이며 전 세계적으로 모든 상품, 식품, 음료 및 산업용으로 사용되는 농산품의 불공정 무역장벽 해결을 위해 노력할 것이다. 예를 들어 2017년에 완성된 작업을 토대로 미국산 돼지고기와 과일의 아르헨티나 시장을 개방하고, 오스트레일리아에 수출하는 미국산 쇠고기의 과학 기반 표준을 획득하며, 일본에 대해 미국산 양고기, 쇠고기, 원예작물 및 가공 식품의 장벽을 해결하고, 콜롬비아, 니카라과 및 중국에 대한 미국산 쌀의 연중 시장을 구축하며, 미국산 고급 쇠고기의 유럽연합 시장 접근 문제를 해결하고, 미국산 가금류에 대한 인도 시장을 재개방하고 돼지고기 시장을 개방하며, 중동 국가들과 중국 및 여타 국가들과 함께 필요시 과학에 근거한 식품 증명서와 관련된 작업을 하며, 베트남의 고기 내장 시장 개방, 여러 나라에서 농업 생명공학의 파생물인 미국산 옥수수와 대두에 대한 장벽을 해결코자 한다. 행정부는 2017년 현재 미국의 두 번째 시장이자 미국의 농부, 목장주 및 기업농들에게 즉각 큰 규모의 매출고 증대를 가져올 잠재력이 있는 중국 시장의 수출 장벽을 제거하는 데 우선순위를 두고 있다. 위에서 열거한 것들은 행정부가 미국의 농부 및 목장주들이 전 세계적으로 제품을 판매할 기회를 확장하기 위해 우선적으로 활동하는 예의 일부에 불과하다.

(4) 여타 협상

위에서 설명한 바와 같이 미국은 현재 매우 야심적인 협상 어젠다를 갖고 있다. 현재의 우리의 활동 범위는—부대표가 인준되지 않고 있는 것과 함께—필연적으로 다른 협상에 참여할 능력을 제한한다. 더욱이 어떤 무역협상이든 간에 트럼프 행정부로부터 승인을 받으려면 이 어젠다를 통해 논의된 원칙과 부합해야 한다. 그럼에도 불구하고 우리는 전 세계적으로 효율적인 시장을 진흥하는 새로운 무역규칙을 개발하기 위한 노력을 기울이는 데 관심이 있다. 이런 배경을 유념하면서 우리는 이전 행정부가 수행한 협상을 계속 분석하고 있다. 여기에는 현재 추진 중인 서비스 무역협정과 미국과 유럽연합 간 환대서양 무역 및 투자 협의체가 포함된다. 여기에 대해 유럽연합은 지금까지 관심을 거의 표명하지 않았다. 만약 우리가 대통령의 어젠다를 진척시키기 위해 이와 같은 이전의 협상을 이용할 수 있다면, 그리고 미국의 근로자들과 기업들을 위해 더욱 강력한 시장을 구축할 수 있는 기회가 있다면 우리는 주저하지 않고 그런 기회를 붙잡을 것이다.

4. 미국 무역법 시행 및 방어

트럼프 행정부는 시행을 하지 않으면 무역협정이 성공할 수 없다는 것을 알고 있다. 여타 국가들이 미국을 공정하게 대하고 기존 국제 무역협정의 규칙에 따라 활동하도록 보장하기 위해 트럼프 행정부는 미국 무역법과 국제 시행 메커니즘을 계속 이용할 것이다. 미국은 수년 동안 WTO 분쟁해결 시스템이 불공정 무역을 해결하기 위한 미국의 권리를 축소시키고 있으며, 사실상 WTO 규칙을 다시 쓰고 있다는 심각하고 점증하는 우려를 표명해왔다. 트럼프 행정부는 그런 오랜 우려를 공유하며, WTO가 여전히 규칙에 기반한 시스템이 되도록, 그리고 WTO의 분쟁은 미국이 동의한 규칙에 따라 처리되도록 할 결심이다.

1) 무역법 301조

1974년의 미국 무역법(이하 무역법) 제301조는 외국의 불공정 무역관행을 시정하기 위해 제정된 것이다. 301조는 양자 간 및 다자간 무역협정하에서 미국의 권리를 집행하기 위해 사용될 수 있으며, 또한 미국의 교역에 부담을 주거나 제한하는 비합리적이고 부당하며 또는 차별적인 외국정부의 관행에 대응하기 위해 사용될 것이다. 예를 들어 301조는 미국 상품과 서비스의 시장접근을 증대하고, 미국의 해외투자를 위해 좀 더 공평한 조건을 제공하며, 미국의 지식재산권이 세계적으로 좀 더 효과적인 보호를 받을 수 있도록 하는 데 사용될 것이다.

무역법의 301조 조항들은 이해관계자가 미국무역대표부에 미국의 교역에 부담을 주거나 제한하는 외국 정부의 행위, 정책 또는 관행을 조사하고 적절한 조치를 취하도록 청원하는 국내 절차를 제공한다. 미국무역대표부는 직권으로 조사를 할 수도 있다.

미국무역대표부는 조사 시마다 행위, 정책 또는 관행의 조사를 받는 외국 정부와 협의를 모색해야 한다. 그리고 행위, 정책 또는 관행이 무역협정을 위반했거나 부당한 것으로 결정이 나면 미국무역대표부는 조치를 취해야 한다. 그런 사항들이 비합리적이거나 차별적이며 미국의 교역에 부담을 주거나 제한을 가하는 것으로 결정이 나면 미국무역대표부는 조치를 취하는 것이 적절한지 만약 그렇다면 어떤 조치를 취할 것인지를 결정해야 한다.

미국무역대표부가 301조에 따라 취할 수 있는 조치에는 다음과 같은 것이 포함된다. (i) 무역협정 양허 중단, (ii) 관세 또는 여타 수입 제한 부과, (iii) 서비스에 대한 요금 또는 제한 부과, (iv) 미국에 대한 위법행위 제거 또는 보상 혜택 제공을 대상 국가와 합의 그리고/또는 (v) 서비스 부문 허가 제한. 301조 조사가 종결된 다음 미국무역대표부는 조사 대상인 문제를 해결하기 위해 맺은 합의를 외국이 이행하는지 또는 어떤 조치를 취하는지 모니터할 것이 요구된다. 외국이 합의를 준수하지 못하거나 미국무역대표부가 생각하기에 해당 국가가 WTO 분쟁 패널의 권고를 이행하지 못하면 미국무역대표부는 301조하에 어떤 추가 조치를 취할지 결정해야 한다.

• 중국의 기술이전, 지식재산권 및 혁신과 관련된 행위, 정책 및 관행
   2017년 8월 14일 대통령은 1974년의 무역법 302조(b)[19U.S.C. 2412(b)]에 따라 미국무역대표에게 중국의 법률, 정책, 관행 또는 행위가 비합리적이거나 차별적인지 그리고 미국의 지식재산권, 혁신 또는 기술개발에 유해한가에 대하여 조사할지를 결정하도록 지시하는 행정명령을 내렸다.

   대통령의 명령에 따라 2017년 8월 18일 미국무역대표부는 무역법 302조(b)에 의거하여 기술이전, 지식재산권 및 혁신과 관련된 중국 정부의 행위, 정책 및 관행이 비합리적이거나 차별적이며 미국의 교역에 부담이 되거나 또는 제한하는지를 결정하는 조사에 착수했다.

   미국과 여타 외국 기술 및 지식재산권의 이전을 겨냥한 중국 정부의 행위, 정책 및 관행은 고급 기술 산업을 포함한 다수의 산업에서 리더가 되고자 하는 중국 전략의 중요한 요소이다. 이는 중국의 '메이드 인 차이나 2025' 산업 계획과 여타의 유사한 산업정책 계획에 반영되어 있다. 중국 정부의 행위, 정책 및 관행은 여러 가지 형태를 띠고 있다. 초기의 조사는 다음의 특정한 유형의 행동을 고려할 것이다.

   첫째, 중국 정부는 다양한 수단을 동원한다고 알려져 있다. 예를 들면 기술 및 지식재산권의 중국 회사에 대한 이전을 요구하거나 압력을 가하기 위해 미국 회사들의 중국내 활동을 규제 또는 간섭하기 위한 불투명하고 자의(恣意)적인 행정 승인절차, 합작 요구, 외국 지분 제한, 조달 및 여타의 메커니즘이 있다. 더구나 많은 미국 회사의 보고에 의하면 '국가 규칙과 다른' 지방 규칙들과 함께 모호하고 성문화되지 않은 규칙들에 당면하고 있는데, 중국 정부 관리들이 기술이전에 압력을 가하기 위해 그 규칙들을 선별적이고 투명하지 않은 방식으로 적용한다는 것이다.

둘째, 중국 정부의 행위, 정책 및 관행은 미국 회사들로부터 중국 회사들과 라이선싱 및 기술 관련 협상 시 시장에 기반한 조건 설정 능력을 빼앗고 미국 회사들의 중국에서의 자사 기술에 대한 통제를 훼손하는 것으로 알려져 있다. 예를 들어 '기술 수입 및 수출의 관리에 관한 규정'은 수입 기술에 대한 기술 개선의 배상과 소유권에 관한 특수 조건을 지시하며, 또한 다른 조처들은 라이선싱과 기술 계약에서 비시장 조건을 부과한다.

셋째, 중국 정부는 중국 회사에 의한 미국 회사 및 자산에 대한 조직적인 투자 또는 인수를 지시하거나 또는 불공정하게 촉진한다고 한다. 이는 최첨단 기술과 지식재산권을 획득하고 중국 정부의 산업 계획에서 중요하다고 생각되는 산업의 대규모 기술이전을 발생시키기 위함이다.

넷째, 중국 정부가 미국의 상업 컴퓨터 네트워크에 허가받지 않고 침입하거나 그것을 지원하는지 또는 지식재산권, 무역 비밀 또는 비밀 영업 정보를 사이버로 절취하는지 조사할 것이다. 그리고 이런 행위가 미국 회사들에 유해한지 또는 중국 회사들 또는 상업 부문에 경쟁 우위를 제공하는지에 대해 살펴볼 것이다.

이런 4가지 유형의 행위에 추가하여 미국무역대표부는 또한 대통령 행정명령에 기술된 기술이전, 지식재산권 및 혁신과 관련된 중국의 여타 행위, 정책 및 관행에 관한 정보를 살펴볼 것이다. 이는 조사에 포함될 수도 있고 또는 여타의 적용 가능한 메커니즘을 통해 다루어질 수 있을 것이다.

무역법 302조(b)(1)(B)[19U.S.C. 2412(b)(1)(B)]에 따라 미국무역대표부는 적절한 자문위원회들과 협의했다. 또한 미국무역대표부는 정부 내 301조 위원회 위원들과 협의했다. 조사에 착수하는 날 미국무역대표부는 무역법 303조(a)(1)[19U.S.C. 2413(a)(1)]에 따라 조사 대상 쟁점들에 관해 중국 정부와 협의를 요청했다.

미국무역대표부는 2017년 10월 10일 청문회를 개최했으며 2차에 걸친 공중의 서면 의견제출 기간을 가졌다. 미국무역대표부는 학계, 싱크탱크, 로펌, 무역협회 및 회사들로부터 대략 70개의 서면의견을 접수했다.

무역법 304조(a)(2)(B)[19 U.S.C. 2414(a)(2)(B)]에 따라 미국무역대표는 조사에 착수한 날로부터 12개월 내에 무역법 301조에 기술된 행위, 정책 또는 관행이 존재하는지 그리고 만약 존재한다면 어떤 조치를 취할 것인지를 결정해야 된다.

2) 무역법 201조

현대의 미국 무역협정은 무역장벽을 축소하며 미국 수출업체를 위한 기회가 증가하고 소비자의 비용이 감소할 것이란 기대에 기초하고 있다. 하지만 때로는 이런 기대가 통하지 않고 수입증가로 인해 국내 산업이 비상한 경쟁 스트레스를 받게 된다는 것을 인정한다. 이런 가능성에 대처하기 위해 우리의 무역협정은 모두 '면책 조항'이나 '세이프가드(긴급수입제한)'로 알려진 조항을 갖고 있다. 이는 미국과 그 상대국들이 어느 제품의 수입 증가로 해당 제품의 국내 생산자들이 피해를 입을 때 잠정적인 무역제한을 취할 수 있게 한다.

1974년의 무역법 201조는 그런 메커니즘을 제공한다. 그 조항에 의해 국내 생산업자들은 미국 국제무역위원회에 수입증가와 그 증가로 인한 미국시장에의 영향을 조사해달라고 요청할 수 있다. 만약 국제무역위원회가 수입증대로 인하여 수입 물품과 같거나 또는 직접적인 경쟁관계에 있는 물품을 생산하는 국내 산업이 심각한 피해를 입거나 입을 위험에 처하게 된 것을 발견하면, 대통령은 자기 권한 내에서 수입품과의 경쟁을 긍정적으로 조정하기 위한 국내 산업의 노력을 촉진하는 데 필요하다고 생각되는 모든 적절하고 가능한 조치를 취할 것이다. 그런 조치로 인한 경제적, 사회적 편익이 비용보다 더 클 경우에는 그렇게 할 것이다.

미국이 201조를 마지막으로 발동한 때는 2002년이었다. 당시 부시 대통령은 몇몇 철강제품의 관세를 잠정적으로 인상했다. 철강생산업체들은 이때 유예 기간을 이용하여 구조를 개편함으로써 이전보다 더 강력하고 경쟁력 있게 되었다. 트럼프 대통령은 선거운동 기간 동안 무역 분쟁을 해결하고 미국 국민을 위한 공정한 거래를 실현하기 위해 201조를 발동하겠다는 약속을 했다.

2017년 5월과 6월에 미국 생산업체들은 태양 전지와 모듈, 대형 가정용 세탁기의 수입에 관한 조사를 해줄 것을 국제무역위원회에 청원했다. 국제무역위원회는 철저한 조사를 실시하여 두 사례 모두에서 수입증대로 인해 미국 생산업체들이 심각한 피해를 입었다는 결정을 했다. 트럼프 대통령은 201조에 따라 권한을 발동하여 태양 전지와 모듈의 관세를 30% 포인트 올리고 세탁기 수입에 대한 추가 관세를 50% 부과했는데, 역사적인 수준을 상회하는 것이었다.

(1) 대형 가정용 세탁기

미국의 생산업체 월풀과 제너럴 일렉트릭(GE)의 요청에 따라 조사를 실시한 다음 미국은 2012~2016년간 한국과 멕시코산 세탁기에 반덤핑과 상계 관세를 부과했다. 하지만 한국의 주요 생산업체인 LG와 삼성은 중국으로 생산을 이전함으로써 이들 관세의 개선 목적을 좌절시켰다. 그래서 월풀과 GE는 중국산 수입품에 대해서도 반덤핑 관세가 부과되도록 했다. LG와 삼성은 발 빠르게 생산 활동을 다시 이전했다. 그래서 미국 생산업체들은 201조에 눈을 돌렸다. 이 조항은 모든 국가에 무역제한 조처를 적용하여 외국 생산업체들이 한 나라에서 다른 나라로 생산 활동을 이전함으로써 관세를 회피하는 데 제한을 가한다.

국제무역위원회의 조사에 의하면 2012년에서 2016년간 세탁기 수입 물량은 거의 두 배로 증가했다. 삼성과 LG가 정상가격 이하로 공격적인 가격 책정을 함으로써 월풀과 GE는 시장 점유율을 지키기 위해 가격을 내리지 않을 수 없게 되었다. 이미 이전의 덤핑과 보조금으로 피해를 입었던 국내 생산업체들의 재정 상태는 더욱 악화되었으며, 자본 및 연구개발 지출을 삭감하지 않을 수 없게 되었다. 국제무역위원회는 국내 산업이 입은 피해가 심각하며, 수입증가는 피해를 입은 가장 중요한 원인임을 밝혔다.

미국의 생산업체들은 다음과 같이 인급했다. 만약 대통령이 수입 증가에 강력한 규제조치를 취한다면 생산능력 활용을 최대로 하여 생산을 늘리고 축소된 개발 프로젝트를 재고하며 생산 라인 개선에 투자할 것이다. 한국 생산업체들은 미국 내에서의 세탁기 생산계획을 더 신속하게 추진하겠다고 발표했다. 삼성은 사우스캐롤라이나주 뉴베리에서, LG는 테네시주 클라크스빌에 공장을 세우고 2020년 이전에 미국 시장용 세탁기의 대부분을 생산한다는 목표를 설정했다.

대통령은 국제무역위원회 조사 결과에 따라 완제품 세탁기 수입에 저율관세할당 제도(TRQ: tariff-rate quota)를 적용하였는바, 초기 120만 대에 대해서는 관세를 추가로 가격의 20%, 그 이후의 수입에 대해서는 50%를 부과했다. 또한 세탁기의 특정 대형 부품에 TRQ가 적용되어 수입에 추가로 50%의 관세가 부과되었다. 이는 역사적인 수준을 상회하는 것이다. 이런 관세로 인해 수입물량이 줄어들 것이다. 이와 같은 상황 전개로 국내 생산업체들의 가격은 회복될 것이며 시설을 개선하고 제품에 새로운 특성을 도입하는 데 필요한 수익을 올릴 것이다. 또한 이런 관세로 삼성과 LG가 신속하게 생산 시설을 미국으로 옮겨 봉급을 많이 받는 새 일자리를 더 많이 가져오게 될 것이다. 수입에서 국내 생산으로의 이행을 원활히 하기 위해 제한된 수량의 세탁기와 부품은 추가 관세를 면제받는다.

(2) 태양 전지 및 모듈

결정질 실리콘 광전소자(CSPV: crystalline silicon photovoltaic) 태양 전지 및 모듈의 상황은 세탁기와 유사한 패턴을 따랐는데, 거기에는 태양광 산업을 목표로 하는 중국 국가산업계획으로부터 추가적으로 중대한 무역 왜곡 효과가 나타나고 있다. 중국은 지난 10년 동안 전 세계 태양광 공급체인을 지배하기 위해 국가의 장려정책, 보조금 및 관세를 이용했다. 중국의 세계 태양 전지 생산점유율은 2005년의 7%에서 2012년에 61%로 급등했다. 현재는 세계 태양 전지의 60%, 태양 모듈의 71%를 생산하고 있다.

미국 생산업체들은 불공정 무역구제를 적용받아 이런 무역관행으로부터 구조받을 것을 모색했다. 2011년과 2013년에 그들은 반덤핑 관세를 청원하여 성공했다. 처음에는 중국산에 대해, 다음에는 타이완산에 대해 그렇게 했다. 하지만 양 사례에서 다른 국가로부터의 CSPV 태양 상품 ─ 주로 중국인 소유 기업에서 생산된 제품 ─ 이 무역구제 조처를 받는 제품 대신 미국시장에 진출했다. 나머지 2개의 대규모 미국 생산업체는 201조에 의지했다. 그 결과 모든 국가로부터의 수입에 제한 조처가 취해져 외국 생산업체들이 한 나라로부터 다른 나라로 생산 활동을 옮김으로써 관세를 회피하는 데 제한을 가했다.

국제무역위원회 조사에 의하면 2012년에서 2016년까지 미국의 CSPV 태양 전지 및 모듈 수입은 거의 6배 증가하고 가격은 대폭 떨어졌다. 대부분의 미국 생산업체들은 완전히 생산을 중단하거나 생산시설을 다른 나라로 옮겼다. 수요 여건이 대단히 양호한데도 불구하고 가격이 떨어졌다. 남아 있는 생산업체들은 완전 생산능력과 고용 수준 이하로 가동하고 있으며, 재무실적이 지속적으로 적자를 기록했다. 이런 여건에서 생산업체들은 자본투자와 연구개발 비용을 줄이지 않을 수 없었다. 국제무역위원회는 국내 산업의 피해가 심각하며, 수입증대가 그런 피해의 가장 중요한 원인이라고 결정했다.

태양 전지와 모듈 모두의 미국 생산업체들은 수입 구제조처가 취해지면 생산능력과 설비 가동률 및 연구개발 투자를 늘리겠다고 약속했다. 또한 그들이 생각할 때 수입 구제조처가 취해지면 시장 여건이 호전되어 다른 생산업체들이 미국 내에 새로운 시설을 건설하는 유인이 될 것이다.

대통령은 국제무역위원회 조사 결과를 보고 태양 전지와 모듈 모두에 30%의 추가 관세를 부과했다. 그는 이 조처에서 2.5기가 와트의 전지 수입은 제외했다. 이는 수입 전지를 사용하여 모듈을 생산하는 미국 생산업체에 대한 태양 전지 공급을 보장하기 위함이다. 이런 조치들로 인하여 태양 전지의 생산 및 관련 제조업의 고용이 늘어날 것이며, 장기적으로 미국의 태양 에너지 산업 활성화를 보장하는 데 도움이 될 것이다.

3) 반덤핑 및 상계관세

미국 상무부는 부내의 집행 및 준수부서를 통해 수입품이 덤핑(공정가격 이하로 판매)되거나 또는 불공정하게 보조금을 받고 있다고 주장하는 미국 업계의 청원을 받고 반덤핑과 상계관세 조사를 실시함으로써 무역법을 엄격하게 시행한다. 독립적인 미국 국제무역위원회는 해당 수입품이 경쟁하는 미국 산업에 실질적으로 손해를 끼치는지 또는 끼칠 위험이 있는지를 결정한다. 조사는 범위와 복잡성에서 매우 다양하며, 미국 상무부와 국제무역위원회의 부과 결정에 의해 반덤핑 및 상계 명령이 내려질 것이다. 이런 명령은 관세 및 국경보호청에 국내로 유입되는, 덤핑되거나 불공정하게 보조금을 받은 상품에 대해 관세를 부과하도록 지시함으로써 불공정 무역 관행으로 피해를 본 국내 산업에 구제책이 된다. 미국 상무부는 각종 절차를 통해 지속적으로 감시하고 반덤핑과 상계 명령을 시행하며 미국 법원에서, 그리고 WTO 및 NAFTA의 분쟁해결 패널 앞에서 자신들의 결정을 방어한다.

(1) 조사 증가

트럼프 대통령의 집권 첫해에 행정부는 89건의 반덤핑 및 상계관세 조사에 착수했다 — 이전 행정부의 마지막 해보다 59% 증가한 수치이다. 그중에 82건은 국내 업계의 청원에 따라 시작되었다. 조사는 전 세계적으로 철강에서 화학제품, 농산물에 이르기까지 다양한 제품을 망라했다.

(2) 직권조사 착수

불공정한 가격책정과 정부보조금은 그로 인해 타격을 받은 미국 산업계가 반덤핑과 상계관세 청원을 제기함으로써 처리되는 경우가 가장 많지만, 미국 상무부도 반덤핑과 상계관세 조사를 직권으로 실시할 수 있는 법적 권한을 갖고 있다. 25년 만에 처음으로 미국 상무부는 2017년 11월에 두 건의 직권조사를 실시했다. 중국산 일반 합금 알루미늄 판재에 대한 반덤핑 조사와 상계관세 조사를 실시한 것이다. 직권조사를 통해 수출국의 보복을 당할지 모르는 잠재적인 미국 청원자를 보호하며, 소규모 또는 분산된 미국 산업에 필요한 지원을 제공할 수 있다. 또한 직권조사는 우리의 기존 반덤핑 및 상계관세 명령을 우회하려는 시도에 대처하기 위해 잠재적으로 유용한 수단이다. 업무를 진행하면서 행정부는 불공정 무역관행의 시정에 도움을 주기 위해 반덤핑 및 상계관세 조사의 직권 시행을 포함하여 미국 법률에 따라 이용가능한 모든 수단을 최대한 활용할 의도이다.

4) 232조

2017년에 미국 상무부는 1962년의 무역확장법 232조(개정법 포함)에 의거하여 철강과 알루미늄 수입이 미국 국가안보에 미치는 영향에 대한 조사에 착수했다. 2018년 1월 대통령에게 제출된 보고서에서 미국 상무부는 이들 제품의 수입이 국가안보에 손상을 끼칠 위험이 있음을 발견했다. 철강의 경우 2000년 이후 6개의 순산소 전로(純酸素轉爐)와 4개 전기로가 문을 닫았으며, 1998년 이래 고용이 35% 감소했다. 전기 변압기를 위한 것과 같은 철강 유형의 경우 미국 생산업체는 하나만 남아 있을 뿐이다. 알루미늄의 경우 고용이 2013년에서 2016년에 58% 감소했고 6개 제련소가 문을 닫았으며 남아 있는 5개 제련소 중 2개만 완전 가동 중이다. 수요가 크게 증가했음에도 그렇게 되었다. 수입을 억제하고 국가안보를 보호하기 위해 미국 상무부는 일반 관세, 글로벌 쿼터부 표적 관세 및 글로벌 쿼터 형태로 대통령에게 3가지 선택지를 제안했다. 대통령은 이런 권고안 중에서 채택하거나 수정하여 선택할 수 있으며, 또는 232조하에 어떤 조치도 취하지 않을 수 있다.

5) WTO에서의 미국무역구제법 방어

수십 년 동안 의회는 외국 정부나 회사들의 덤핑이나 보조금을 받은 수입품 따위의 불공정한 관행을 통해 또는 유해한 수입 급증으로 미국 회사나 노동자들이 피해를 받지 않도록 하는 일련의 법률을 유지했다. 이런 법률들은 이 나라에서 자유롭고 공정한 무역 시스템을 오랫동안 지지한 미국 정부와 근로자, 농부, 목장주, (크고 작은)기업체 사이에 이루어진 합의의 매우 중요한 양상이다. 또한 이런 법률들은 GATT가 1947년에 설립된 이래 다자간 무역 시스템의 핵심 원칙과 법적 권리를 반영했다. 가능한 가장 강력한 언어로 표현된 GATT 6조가 피해를 입힌 덤핑은 "비난받아야 한다"고 언급한 점이 주목할 만하다. 이와 유사하게 WTO의 보조금과 상계조처에 관한 협정은 회원국들이 특정한 환경하에서 다른 회원국의 유해한 보조금에 대응하여 상계관세를 부과할 수 있도록 명확하게 허용한다. 무역구제는 WTO 협정 이행의 기초이며 시장 왜곡을 회피하려는 것이다. WTO 회원국들이 무역구제가 국제무역 시스템에서 중심적인 역할을 하고 있음을 충분히 인식하는 것은 매우 중요하다.

따라서 WTO에서 미국의 무역구제 법률을 방어하기 위한 우리의 노력은 미국이 불공정 무역관행에 대응할 권리를 확실하게 유지하고 WTO에 대한 미국의 지지를 위한 근본적인 기초를 분명하게 유지하는 데 극히 중요하다. 따라서 미국은 몇몇 WTO 분쟁에서의 도전에 대응하여 행정부의 최우선 과제로서 미국 무역법의 발동을 적극적으로 방어하고 있다.

예를 들어 현재 진행되고 있는 분쟁에서[4] 중국은 자국 생산업체와 수출업체가 관련된 반덤핑 조사 상황에서 미국이 비시장 가격 또는 비용을 거부하고 대체하는 권능에 도전하고 있다. 중국은 WTO 회원국들이 일정한 기간을 정하여 그 기간 이후에는, 중국에서의 실제 사정이 어떠하든 간에, 시장경제 여건이 중국(또는 중국의 산업이나 산업부문)에 존재하는 것으로 자동적으로 간주하는 중국의 가입의정서에 동의했다고 주장한다.

그것은 잘못이다.[5] 중국의 가입의정서 중 한 조항[15절(a)(ii)]이 만료되었다고 해서 이제 WTO 회원국들이 반덤핑 비교를 목적으로 비시장 가격

---

4   United States - Measures Related to Price Comparison Methodologies (WT/DS515).
5   예컨대 the shared U.S. / EU legal interpretation submitted in EU - Measures Related to Price Comparison Methodologies (WT/DS516), found at https://usr.gov/sites/default/files/enforcement/WTO/US.Legal.Interp.Doc.fin.percent28publicpercent29.pdf를 보라.

또는 비용을 거부하고 대체할 권능이 없어진다는 의미가 아니다. 오히려 시장경제 여건하에서 결정되지 않은 가격 또는 비용을 거부할 법적 권능은 GATT 1994 6조 1항 및 6조 2항과 정상가격 책정 시 가격과 비용의 비교가 능성을 보장할 필요에서 나온다. 이런 권능은 6조 1항 및 6조 2항에 존재하며 법률 텍스트와 수십 년간에 걸친 일관된 관행에 반영되어 있다. 즉 6조 1항을 수정하자는 제안과 6조 1항과 6조 2항에 존재하는 법적 권능을 확인하는 6조 1항에 관한 두 번째 주석의 궁극적인 채택(1954~55); 정상적인 가격을 결정하는 데 비시장 가격 또는 비용을 거부하는, 체약국의 6조 1항과 6조 2항의 적용에 관한 일련의 일반적 관행을 보여주는 GATT 사무국 검토(1957); 3개 비(非)시장경제 국가 ― 폴란드(1967), 루마니아(1971), 헝가리(1973) ― 의 GATT 가입 시 GATT 체약국들이 두 번째 주석에서 기술된 '사례'와 다른 상황에서 비시장 가격이나 비용을 거부하는 그들의 기존 권능을 확인한 것; WTO 반덤핑 협정 제2조(1995)가 GATT의 6조 1항으로부터 핵심 개념을 가져와 시장이 결정한 가격 또는 비용이 반덤핑 비교에 필요하다는 것을 ('적정한 비교'와 같은 용어를 통해) 더욱 강조한 것; 중국 가입의정서의 제15절(2001)이 국내 가격이나 비용은 조사 대상 산업에 대해 "시장경제 여건이 우세할 때" 사용될 것이지만 시장경제 여건이 우세하지 않을 때는 거부될 수 있음을 분명히 하고 있는 것에 나타나 있다. 압도적인 증거에 의하면 WTO 회원국들은 반덤핑 비교를 목적으로 가격 비교가능성을 결정하는 데 시장경제 여건하에서 결정되지 않은 가격이나 비용을 거부하는, GATT와 WTO에서의 오랜 권능을 포기하지 않았다.

그리고 사실에 의하면 중국은 WTO에 가입한 후 16년 이상이 지나는 동안 시장경제 원칙에 기초하여 작동하는 경제로 이행하지 않았다. 중국 정부는 여전히 시장에 적극적으로 개입하고 국내 산업에 유리하도록 가격과 비용을 크게 왜곡한다. 이로 인하여 국제무역 시스템에 심각한 스트레스가 초래되었다. 여기에 포함되는 것은 가격의 심각한 왜곡과 과도한 초과 생산능력 및 과도한 생산으로서 그로 인해 과잉 생산된 물건이 전 세계에 덤핑되고 있다. 중국은 아무런 대가도 치르지 않고 정부가 시장 메커니즘에 간섭하고 개입하며 시장결과를 왜곡하고 WTO 규칙을 훼손할 권리가 없다. 미국은 이런 입장을 함께하는 강력하고 그 수가 늘어나는 회원국 그룹과 함께 WTO에서 이런 입장을 적극적으로 방어할 것이다.

또 다른 중요한 분쟁은 캐나다가 제기한 것인데, 반덤핑과 상계관세 절차에서 미국 상무부와 국제무역위원회가 취해온 여러 가지 '조처'에 대한 도전이다.[6] 캐나다는 WTO 협정문에 반영되지 않은 새로운 의무를 고안하려고 한다. 이는 미국의 무역구제 시스템에 대한 광범위하고 무분별한 공격이다. 미국의 무역구제 조처는 미국의 근로자, 농부, 제조업자들에게 피해를 입히는 덤핑이나 보조금에 대응함으로써 공정한 무역을 보장하는 것이다. 더구나 캐나다의 주장은 모든 국가들이 불공정 무역으로부터 자국의 근로자들을 지킬 권능에 위협을 가하고 있으며, 그래서 캐나다의 불평은 캐나다 자신을 위해서도 불리한 것이다. 미국은 캐나다의 근거 없는 주장을 적극적으로 방어할 것이다.

또 다른 예를 들면 미국은 인도네시아가 미국의 상계관세에 제기한 도전을 성공적으로 방어했다. 인도네시아는 수년 동안 국내의 펄프 및 제지 산업에 보조금을 지불했다. 미국 상무부는 인도네시아 종이 생산업체들을 지원하는 보조금 지급 혐의에 대해 3차례의 조사를 했다. 가장 최근에는 2016년에 비코팅지에 대해 조사했다. 미국 상무부의 2010년 아트지 조사에 의하면 인도네시아는 국내 벌목업체들에게 적절한 보상 가격 이하로 입목을 제공하고 원목 수출을 금지함으로써 국내 생산업체들에게 원목 가격

---

6   US－Certain Systemic Trade Remedies Measures (WT/DS535).

을 인위적으로 낮게 유지했다. 그리고 조사 대상인 제지업체의 계열사에게 제지업체의 부채를 1달러당 몇 센트에 수억 달러를 매입하도록 허용함으로써 부채를 탕감해 주었다. 그래서 미국 국제무역위원회는 피해 위험이 있다는 결정을 내렸다. 거의 5년 후에야 인도네시아는 WTO에 이의를 제기하여 미국이 자신의 WTO 의무에 부합하지 않게 행동했다고 주장했다.

WTO가 인도네시아의 주장을 모두 기각함으로서 미국은 완벽하고 완전한 승리를 거두었다.[7] WTO에 의하면 미국 상무부와 국제무역위원회의 인도네시아산 코팅지에 관한 결정은 WTO 규칙과 완전히 부합하는 것이었다. 또한 WTO는 미국 국제무역위원회의 찬반 동수투표와 관련된 미국법률에 대한 인도네시아의 이의 제기를 기각했다. 미국은 덤핑 또는 보조금을 받은 수입품 때문에 피해를 입었거나 그럴 위험이 있을 때 미국 근로자와 산업의 구제를 보장하는 무역구제법을 계속 시행할 것이다.

6) 국제 무역협정하의 미국 권리 보호

미국은 국제 무역협정하에서 미국의 권리를 강력하게 집행하고 있다. 그렇게 하기 위해 우리가 쓸 수 있는 집행 수단을 모두 사용하고 있다. 미국은 몇몇 분쟁해결 문제를 진척시켰다. 미국은 WTO 협정하에 약속받은 혜택을 미국에 거부하는 여타 WTO 회원국들의 조처에 이의를 제기하고 있다. 위에서 언급한 무역구제 분쟁에 추가하여 미국이 취한 조처에 대한 도전을 적극적으로 방어했다. 다음은 미국의 권리를 보호하기 위한 노력을 보여주는 일부 예들이다.

---

7   WT/DS491/R, January 22, 2018 (WT/DS491/6) 채택.

(1) 공격적인 집행 활동

미국은 뉴질랜드와 협력하여 원예 제품과 동물 및 동물 제품에 대한 인도네시아의 수입허가 제도에 문제를 제기했다. 인도네시아는 미국산 원예 제품 및 동물 제품의 수입을 제한하거나 금지하는 수입허가 요건의 복잡한 망을 유지하고 있다. 이런 제한조처로 인해 인도네시아에 대한 수출 기회 상실로 매년 미국 농부와 목장주들은 수백만 달러의 손실을 본다.

WTO에 의하면 미국이 문제를 제기한 인도네시아의 18개 조처 모두는 인도네시아의 WTO 의무와 부합하지 않으며 합법적인 공공정책 조처로 정당화되지 않는다.[8] 이는 미국과 뉴질랜드가 완벽하게 승리한 것이다.

미국은 중국이 쌀, 밀, 옥수수 생산에 제공하는 과도한 정부 지원에 문제를 제기했다.[9] 2015년에 중국의 이런 제품들에 대한 '시장가격 지원'은 중국이 가입 시 약속한 수준을 거의 1000억 달러 초과하는 것으로 추정된다. 중국의 쌀, 밀 및 옥수수에 대한 과도한 시장가격 지원은 가격을 시장 수준 이상으로 올려 중국 농부들의 생산을 증가시키는 인위적인 정부 유인책을 창출했다. 미국은 자국의 쌀, 밀, 옥수수 농부들을 위하여 중국 정부 지원에 문제를 제기하여, 그런 농산물에 대한 왜곡을 줄이는 데 일조하는 한편 미국 농부들이 좀 더 공평한 운동장에서 경쟁하도록 지원하고 있다. 이런 분쟁은 전체에 영향을 주는 중요한 쟁점을 제시한다. 미국무역대표부는 2017년에 패널을 설치하였으며, 이 사례를 적극적으로 밀고 나갈 것이다.

또한 미국은 쌀, 밀, 옥수수에 대한 중국의 TRQ 관리에 문제를 제기했다.[10] 미국 농업부의 추산에 의하면 중국의 이 3개 농산물에 대한 TRQ는 2015년에 70억 달러 이상이었다. TRQ가 완전히 사용되었다면 중국은 작

---

8   WT/DS477/AB/R, WT/DS478/AB/R, November 22, 2017 채택.
9   China – Domestic Support for Agricultural Producers (WT/DS511).
10   China – Tariff Rate Quotas for Certain Agricultural Products (WT/DS517).

년에만 35억 달러어치의 작물을 추가로 수입했을 것이다. 중국의 TRQ 정책은 자신의 WTO 약속을 어기고 미국 농부들이 중국 내 고객들에게 경쟁력 있는 가격으로 고품질 곡물을 수출할 수 있는 기회를 제한한다. 미국무역대표부는 2017년에 패널을 설치했으며, 이 문제 역시 적극적으로 밀고 나갈 것이다.

또 다른 분쟁을 보면 미국은 각종 미국산 농산물에 대한 인도의 수입금지에 이의를 제기하여 성공했다. 인도가 가금육, 계란, 생돈 따위의 농산물에 대한 인도의 수입 금지를 유지하면서 내세운 주장은 조류독감 예방이었다. 예를 들어 WTO는 인도의 금지는 국제 표준이나 위험 평가에 근거한 것이 아니라는 미국의 주장에 동의했다. 인도는 인도산 제품을 선호하고 미국산 제품을 차별했다. 인도의 조처는 필요 이상으로 무역규제를 한 것이었다. 왜냐하면 국제기준을 충족하는 미국 제품의 수입은 안전하고 인도의 제한조처는 미국 수출지역의 특성에 맞지 않기 때문이었다.

이런 승리는 특히 가금 산업 종사자들을 포함한 미국 농부들에 대한 인도 시장의 장벽 시정에 일조하였으며, 여타 WTO 회원국들에게 조류독감 때문에 제한조처를 취하려면 분명하게 과학에 근거를 두어야 된다는 점을 알려준 것이다. 가령 질병의 발발 시 제한적인 지리적 영향을 고려해야 되고 단순히 보호주의를 취하기 위한 구실이 되어서는 안 된다. 인도가 합의한 합리적인 기간 내에 WTO의 권고와 결정을 따르지 못한 이후 미국은 매년 인도에 대한 양허 또는 여타 의무로 제공할 4억 5000만 달러의 유예를 허가해 달라고 WTO에 요구했으며[11] 이 요구사항은 중재 중에 있다. 인도는 사후조처를 취한 것을 WTO에서 검증하도록 요청했으며 그에 대한 절차 역시 진행 중이다. 미국은 이와 같은 동시적인 절차에서 미국의 권리를

---

11   WT/DS430/16.

보호하기 위해 적극적으로 노력하고 있다.

또한 미국은 식료품점에서의 포도주 판매에 관한 캐나다의 규제에 이의를 제기하고 있다. 캐나다의 규제는 정규 식료품점에서 브리티시 콜롬비아 포도주만 판매를 허용하고 수입 포도주는 이른바 '상점 내의 상점'을 통해서만 식료품점에서 판매될 수 있도록 함으로써 미국산 포도주를 차별한다. 미국은 이 분쟁을 통해 적극적으로 미국의 권리를 보호하기 위해 활동할 것이다.

(2) 방어적인 집행 활동

미국은 다른 회원국들의 미국의 활동에 대한 도전을 방어하는 데도 상당한 성공을 거두었다. 위에서 언급한 바와 같이 미국무역대표부는 미국이 종이 제품에 부과한 상계관세에 대하여 인도네시아가 제기한 문제에서 승리했다.

미국은 또한 EU가 항공기에 관해 제기한 문제에서 완벽한 승리를 거두었다. EU는 '대형 민간 항공기의 개발, 제조 및 판매와 관련하여 워싱턴주가 수립한 조건부 조세 유인책'에 문제를 제기했다. 7개의 그런 세금 유인책이 금지된 보조금이라는 주장이었다. EU의 접근방식이 성공했다면 어느 제품이 생산되는 장소에 근거한 유인책을 제공하는 회원국들의 권능에 대한 광범위한 함의를 지녔을 것이다. 하지만 미국은 EU의 논거가 잘못된 것이고 WTO는 문제된 조처를 미국이 유지하는 것을 금지하지 않았다고 설명했다. WTO는 7개의 이의가 제기된 프로그램 중 어느 것도 금지된 수입 대체 보조금이 아니라는 것을 확인하고 미국과 뜻을 같이 했다.

또한 WTO는 미국이 보잉에 제공한 보조금 때문에 에어버스가 대형 민간 항공기를 판매할 능력에서 피해를 입었다는 EU의 주장을 거의 모두 부인하는 패널 보고에서 미국의 손을 들어 주었다. EU는 6년 동안 보잉에 대한 보조금으로 104억 달러를 제공했다고 주장하면서 미국의 29개 주 및 연방 프로그램에 문제를 제기했지만, 패널은 29개 프로그램 중 28개가 WTO 규칙과 부합하는 것을 확인했다. 패널은 단지 하나의 주 단위 프로그램이 WTO 규칙에 반하는 것을 확인했는데, 그 금액은 2013~2015년 동안 평균 1억 달러에서 1억 1000만 달러였다. 미국은 불복했고 패널 보고서는 현재 상소심에 계류 중이며 미국은 상소심에서의 EU의 주장을 적극적으로 방어하고 있다.

(3) WTO 분쟁해결에 대한 미국의 우려

미국이 생각하기에 WTO의 분쟁해결 제도가 미국과 여타 WTO 회원국들이 동의한 규칙에 따라 기능할 때 WTO 권리를 집행하고 규칙에 기반한 무역 시스템을 유지하기 위한 중대한 수단을 제공한다. 하지만 미국은 몇몇 WTO 분쟁해결 보고서가 그런 규칙을 따르지 않았다고 10년이 훨씬 넘게 우려를 표명해왔다.

우려의 가장 중요한 분야는 패널과 WTO 협정하의 권리와 의무를 부가하거나 축소하는 상소기구였다. 미국 의회는 2002년과 2015년에 다음과 같이 지시했다. 행정부는 WTO 분쟁해결 보고서가 WTO 협정을 문언대로 적용하지 않음으로써 미국의 권리 또는 의무를 추가하거나 축소시켰다는 우려를 시정하기 위한 전략에 대해 의회와 협의해야 한다는 것이었다. 부시와 오바마 행정부는 분쟁해결 기구에 대한 미국의 성명에서 거론된 수많은 사례와 우려에 대해 자세히 언급하면서, 자신들이 개혁을 추구할 것이며 각 분쟁에서 WTO의 심판관들이 규칙을 따르고 자신들의 역할을 적절하게 수행하도록 보장하겠다고 천명했다.[12] 2005년에 미국은 또한 다음과

---

[12] 예컨대 다음 참조. WTO 분쟁해결 패널 및 상소기구에 관한 행정부 전략 2015―상무부 장관의 의회 제출 보고서, 제2항 "하지만 동시에 분쟁해결 시스템의 결과로 나타난 어떤 평결

같은 것을 재확인하는 회원국들을 위한 공식적인 지침을 제안했다. "WTO 평결기구들이 시용·하는 해석에 입각한 접근방법은 관련 협정하의 회원국들의 권리와 의무를 보충하거나 축소하는 결과를 가져오지 않도록 주의해야 한다."[13]

이런 노력을 기울였음에도 불구하고 결과는 신통치 않았다. 분쟁 보고서가 여러 분야에서 권리 혹은 의무를 추가하고 또는 축소했다는 우려가 팽배했다. 가령 보조금, 반덤핑 관세 및 상계관세,[14] 기술표준(TBT 협정하에) 그리고 세이프가드(긴급수입제한)[15]에서 그랬다. 다음과 같은 예들이 있다.

- 미국과 몇몇 다른 회원국들은 몇 건의 상소기구 해석에 관해 큰 우려를 표명했다. 이는 WTO 회원국들이 국영기업들을 통해 제공되는 무역왜곡 보조금에 대응하는 권능을 크게 제한하고 모든 시장지향 행위자들의 이익에 큰 위협을 초래할 것이다.[16]

- 몇몇 분쟁 사례에서 미국은 TBT 협정[17]하의 비차별 의무에 대한 상소기구의 해

은 상당한 우려를 제기했다. 예를 들면 미국의 무역구제 조치가 포함된 보고서와 관련된 것이다. WTO 분쟁해결 전반에 걸쳐 경험한 무역구제책에 집중한 것과 더불어 이전에 의회에 보고서를 제출한 이후 기간 동안의 이런 쟁점들에 관한 미국의 경험은 이런 우려 중 어떤 점을 증폭시켰다. 행정부는 현재의 분쟁해결 시스템과 더불어 진행되고 있는 WTO 협상 참가를 통해 이런 우려사항들을 적극적으로 해결하려고 한다."

13 TN/DS/W/82/Add.1 and Corr.1.

14 다음 사례 참조. WTO 분쟁해결 패널 및 상소기구에 관한 행정부전략 2015 — 상무부 장관의 의회 제출 보고서, 9~14항.

15 다음 사례 참조. 2002, 3. 8 DSB 회의 의사록(WT/DSB/M/121), 35항.

16 예를 들어 미국과 몇몇 다른 회원국들은 '공공 단체'(국영기업체가 보조금을 받을 수 있는 것으로 생각될 수 있음) 그리고 DS 379 분쟁에서 비시장경제 방법론하에 상계관세 및 반덤핑 관세의 동시적인 적용에 관한 상소기구의 평결들을 비판했다. 분쟁해결 기구, 2011년 3월 25일 개최된 회의 의사록, WT/DSB/M/294, 18항(미국), 21항(멕시코), 22항(터키), 24항(EU), 25항(캐나다), 25항(오스트레일리아), 26항(일본), 29항(아르헨티나). 또한 WTO 분쟁해결 패널 및 상소기구에 관한 행정부 전략 2015 — 상무부 장관이 의회에 제출한 보고서 12~13항 참조.

석에 우려를 표명했다. 이 해석은 원산지에 기인한 처우의 차이와 관련 없는 요소들의 검토를 요구한다. 미국은 이런 접근방식에 의하면, 국산품과 수입제품을 동등하게 처우하더라도 시장 영향의 차이로 인해 수입품을 차별하는 결과가 될 수 있음을 지적해왔다. 회원국들이 그런 접근방식을 협의했거나 그에 동의했다는 것을 뒷받침할 만한 것이 TBT 협정의 텍스트나 협상 역사에 전혀 없다.[18]

• 미국은 US-FSC 분쟁에서 패널과 상소기구 보고서에 동의하지 않았다. 이 분쟁은 WTO 규칙이 상이한 조세 시스템(거주지국 과세 대 원천지국 과세)을 공정하게 취급하지 않는 해석 결과를 가져왔다. 이 분쟁은 GATT에서 회원국들이 어느 국가가 외국 수입에 과세할 필요가 없다는 해석에 동의했다고 하는, 더 광범위한 관점을 무시했다. 그리고 미국의 외국판매기업(FSC: foreign sales corporation)이 무역을 왜곡했거나 혹은 대부분의 여타 WTO 회원국들이 사용하는 원천지국 과세제도보다 더 왜곡을 한다는 증거는 없다.

• 몇몇 분쟁에서 미국은 상소기구의 GATT 19조 1994와 세이프가드 협정의 비텍스트 기반 해석이 회원국들이 세이프가드 조처를 발동할 수 있는 권능을 심각하게 훼손한다는 우려를 표명했다. 상소기구는 합의된 WTO 텍스트를 무시하고 스스로 고안한 기준을 적용하여 협정의 텍스트를 독해한다.[19]

• 미국이 우려하는 또 다른 분야는 상소기구가 결과적으로 WTO 회원국들이 협상하지도 동의하지도 않은, 금지되는 보조금의 새로운 범주를 만들었다는 것이다 (US-CDSOA).[20] 미국 의회는 불법적인 덤핑과 보조금으로 피해를 본 산업을 지원할 정책 결정을 했으며, WTO 협정의 어느 조항도 WTO 회원국이 반덤핑과 상계

---

17   무역에서의 기술 장벽에 관한 WTO 협정(TBT 협정).
18   다음 사례 참조. 2012년 6월 13일 DSB 회의 의사록(WT/DSB/M/317), 13항 이하 및 2012년 7월 23일 DSB 회의 의사록(WT/DSB/M/320), 94항 이하.
19   다음 사례 참조. 2001년 5월 16일 DSB 회의 의사록(WT/DSB/M/105), 41항 이하 및 2002년 3월 8일(WT/DSB/M/121), 35항 이하.
20   다음 사례 참조. 2003년 1월 27일 DSB 회의 의사록(WT/DSB/M/142), 55항 이하.

관세를 통해 징수한 기금을 어떻게 사용할지에 대하여 제한하고 있지 않다.

미국의 오래 계속된 입장은 패널과 상소기구는 회원국들이 협상하고 동의한 바와 같이 협정의 문언을 철저하게 고수하는 방식으로 WTO 협정의 규칙을 적용해야 된다는 것이다. 시간이 흐르면서 미국의 우려는 점점 더 WTO 회원국들이 정한 규칙을 상소기구가 무시하는 데 집중했다. 역대 행정부와 의회는 이런 우려들을 언급했으며, 미국은 WTO 심판관들이 분쟁해결 절차에 관한 양해(DSU: dispute settlement understanding)에 계획된 대로 역할을 수행할 것을 요구했다. 하지만 문제는 더욱 악화되고 개선되지 않았다. 다음은 미국이 오랫동안 WTO에서 상소기구의 접근방법에 관해 우려를 표명한 사례들 중 일부이다.

① 90일 상소 마감일 무시

적어도 2011년 이래 미국과 여타 회원국들은 WTO 규칙에 정해진, 상소 여부를 결정하기 위한 90일의 법정 마감일을 무시하는 상소기구의 결정에 관해 우려를 표명해왔다. 상소기구는 법정 상소 기간 대신에 개별 상소에 대해 적정한 상소 기간을 정할 권한이 있다고 상정했다. 하지만 WTO 회원국들은 '분쟁해결에 관한 규칙과 절차에 관한 양해'에서 각 상소의 경우 "어떤 경우에도 절차가 90일을 초과할 수 없다"라고 합의했다. 90일 마감일은 상소기구가 상소된 쟁점에 보고를 집중할 수 있도록 보장하는 데 일조한다. 상소기구는 어떤 법적인 근거로 WTO 회원국들이 정한 명백하고 단언적인 규칙을 위반하기로 선택할 수 있는지를 설명한 적이 없다.

2011년까지 상소기구는 필요한 경우에는 상소의 당사국들과 협의하고 그들의 동의를 얻어 당해 상소의 마감일을 연장하는 것을 포함하여 이 마감일을 존중했다. 하지만 상소기구는 접근방법을 변경했다. 이 기구는 당사국들과 협의를 하지 않고 단순히 분쟁해결 기구에 분쟁해결 마감일을 지키지 않는다는 것을 알리고 있다. 최근 수년 동안 상소기구는 또한 보고서를 제출할 기간을 추정하여 60일 이내에 알려야 한다는 '분쟁해결 절차에 관한 양해'의 요구사항을 지키지 않고 있다.[21]

상소기구 접근방법의 두 가지 사례는 현재 준수절차(compliance proceedings)에 있는, 미국과 EU가 관련된 대형 민간 항공기에 관한 최근의 상소들이다. 한 상소에서 상소장 제출은 2016년 10월 13일에 되었으며 상소기구는 2016년 12월 21일 자 서면으로 다음 사항을 회원국들에게 알렸다(상소장이 제출된 뒤 60일 이상 경과 후). "이 상소에서 상소기구의 보고서 회람 날짜는 정해진 순서에 따라 참가국과 제3 참가국에 알려질 것이다."[22] 상소 개시 후 1년이 지났는데도 상소기구는 보고서 제출 추정 기간을 분쟁해결 기구에 알리지 않았다. 이와 유사하게 또 다른 상소에서 상소장은 2017년 6월 29일에 제출되었고, 상소기구는 회원국들에게 2017년 9월 18일 자 서면으로(상소장이 제출된 뒤 60일 이상 경과 후) 다음 사항을 회원국들에게 알렸다. "이 상소에서 상소기구의 보고서 회람 날짜는 정해진 순서에 따라 참가국과 제3 참가국에 알려질 것이다."[23] 하지만 상소기구는 아직도 보고서 제출 추정 기간을 분쟁해결 기구에 보고하지 않았다.

미국과 아르헨티나, 오스트레일리아, 캐나다, 칠레, 코스타리카, 과테말라, 일본, 멕시코, 노르웨이 및 터키를 포함한 여타 회원국들은 상소기구가 초기의 접근방법에서 벗어나 분쟁해결 절차에 관한 양해가 부과한 명시적인 의무를 침해하는 데 대해 반복적으로 우려를 표명했다.[24] 언급된 한 가지

---

21 분쟁해결 절차에 관한 양해 17.5조: "상소기구가 60일 이내에 보고서를 제출할 수 없다고 생각할 때 보고서 제출 추정 기한과 함께 지연 사유를 문서로 작성하여 분쟁해결 기구에 제출해야 한다.

22 WT/DS316/31.

23 WT/DS353/29.

24 2011년 7월 15일 분쟁해결 기구 회의 의사록(WT/DSB/M/299), 11항 이하, 2011년 7월 28일(WT/DSB/M/301), 11항 이하, 2011년 10월 11일 (WT/DSB/M/304), 4항 이하, 2012년

우려는 상소기구의 접근방법의 투명성 부족에 관한 것이었다. 또 다른 우려는 상소기구의 접근방법과 그에 따른 분쟁해결의 지연이 어떻게 다음과 같은 회원국들의 합의와 부합되느냐 하는 점이다. "어느 회원국이 관련 협정 하에 직접 또는 간접적으로 생기는 이득이 다른 회원국이 취한 조처로 손상된다고 생각하는 상황의 신속한 해결은 WTO의 효과적인 기능 발휘와 회원국들의 권리와 의무 사이의 적절한 균형 유지에 필수적이다."[25] 여타의 언급된 우려사항에는 다음과 같은 것이 포함된다. "보고서가 17.5조에 따라 회람된 상소기구 보고서로 생각되는지와 관련된, 그렇기 때문에 그 보고서의 채택 절차와 관련된 불확실성은 유감스러운 일이다."[26]

② 더 이상 상소기구 위원이 아닌 인사에 의한 계속적인 업무 수행

WTO가 적용되는 규칙을 따르지 않은 또 다른 예는 상소기구 위원이 아닌 인사가 상소를 결정하는 업무를 계속한 데서 비롯된다. 최근 상소기구가 더 이상 상소기구 위원이 아닌 인사가 상소심의 심리를 계속하도록 '허가한' 결정은 미국이 표명한 몇몇 대단히 심각한 우려를 자아냈다.[27]

무엇보다 먼저 상소기구는 단순히 상소기구 위원이 아닌 자를 위원이라고 생각할 권한이 없다. 상소기구는 실무절차[28] 규칙 15에서 임기가 만료된 위원을 상소기구 위원이라고 '생각할' 권한을 발견할 수 있다고 주장한다. 하지만 WTO 협정하에서 임기가 만료된 어느 인사가 업무를 계속할지를 결정할 권한과 책임을 갖고 있는 것은 상소기구가 아니라 분쟁해결 기구이다. 실제로 규칙 15 자체는 "상소기구 위원으로서 그 직위가 종료된 인

7월 31일 (WT/DSB/M/317), 17 및 30항 및 2015년 6월 19일(WT/DSB/M/364), 7.8항, 7.16항과 7.17항 참조.

25 DSU 3.3조.
26 노르웨이 성명서, 2015년 6월 19일 분쟁해결 기구 회의 의사록 (WT/DSB/M/364), 7.16항.
27 2017년 8월 31일 분쟁해결 기구 회의 의사록 (WT/DSB/M/400) 5.4항 이하 참조.
28 상소심 실무절차 규칙 15(WT/AB/WP/6) ('규칙 15').

사에 적용된다는 것을 인정한다."[29]

2017년 이전에는 규칙 15가 별로 적용되지 않았으며 상대적으로 짧은 임기 연장을 커버하는 데 사용되었다. 이런 상황은 2017년에 크게 바뀌었다. 왜냐하면 상소기구가 많은 분쟁에 규칙 15를 무한정하고 연장된 기간 동안 그리고 심지어 위원의 임기가 만료되기 이전에 업무가 시작되지 않은 상소 건에도 적용했기 때문이다.

미국은 회원국들이 전임 상소기구 위원들을 대체하는 문제로 옮겨가기 이전에 이 문제를 해결할 필요가 있냐는 데 단호한 견해를 가지고 있다. 미국은 WTO 회원국들이 자신들의 규칙을 존중하고 적절한 조처를 취할지는 중요한 원칙 문제임에 주목했다.

③ 분쟁해결에 필요하지 않은 쟁점들에 대한 권고적 의견 발표

미국은 분쟁해결에 불필요하고 분쟁에서 제기되지 않은 쟁점들에 대해 WTO가 평결하는 경향에 대해 점점 더 우려를 나타냈다. 분쟁해결 절차에 관한 양해의 3.4조는 다음과 같다. "분쟁해결 기구가 내리는 권고와 결정은 이 양해하의, 그리고 관련 협정하의 권리와 의무에 따라 문제를 만족스럽게 해결하는 것을 목표로 해야 한다." 이와 유사하게 3.7조는 다음과 같다. "분쟁해결 메커니즘의 목표는 분쟁에 대한 긍정적인 해결을 확보하는 것이다." 그리고 분쟁해결 절차에 관한 양해의 7.1조 및 11조에 따라 패널과 상소기구는, 분쟁해결 기구가 19.1조에 따라 회원국이 WTO와 부합되지 않는다는 평결을 받아온 조치를 WTO 규칙에 부합되게 만들도록 하는 권고를 "하는 데 도움이 될" 평결을 할 책무가 있다. 따라서 WTO 패널과 상소기구는 "분쟁해결 기구가 권고를 하는 데" 도움이 되지 않는 평결을 하지

---

29 규칙 15는 다음과 같이 규정한다. "상소기구의 위원을 그만둔 인사는 상소기구의 위임과 분쟁해결 기구에 대한 통고로 해당 인사가 위원일 때 담당한 상소의 처리를 완결할 수 있다. 그리고 그 인사는 그 목적으로만 계속 상소기구의 위원으로 간주된다."

말아야 한다.

분쟁해결 시스템의 목적은 보고서를 생산하고 '법률을 만드는' 것이 아니라 오히려 회원국들이 그들 사이의 무역 분쟁을 해결하도록 도움을 주는 것이다. WTO 회원국들은 패널이나 상소기구에 일부 국가 또는 국제 법정이 갖고 있는 것과 같은 '권고적 의견'을 내는 권한을 주지 않았다. 실제로 분쟁해결 절차에 관한 양해와 WTO 협정은 모두 다 각료회의 또는 일반 이사회에서 활동하는 WTO 회원국들이 WTO 협정에 대한 유권 해석을 내리는 '배타적인 권한'을 갖고 있음을 명시적으로 규정하고 있다.[30]

미국은 이 쟁점에 대해 16년 이상 반복적으로 우려를 제기해왔다.[31] 2006년에 미국은 WTO의 심판 기구들이 당면한 분쟁해결을 목표로 하지 않는 평결을 피해야 한다는 것을 재확인하기 위해 채택할 공식적인 지침을

30　WTO 협정(WTO 설립 마라케쉬 협정) 제9조의 2는 각료회의와 일반 이사회가 관련 협정의 "해석을 채택하는 배타적인 권한을 갖는다"는 것을 분명히 하고 있다. 분쟁해결 절차에 관한 양해의 3.9조는 다음과 같이 규정하고 있다. "이 양해의 조항들은 회원국들이 WTO 협정하의 의사결정을 통해 관련 협정의 조항 또는 복수국 간 무역협정의 유권 해석을 모색할 권리를 침해하지 않는다."

31　2001년 8월 23일 분쟁해결 기구 회의 의사록(WT/DSB/M/108), 단락 43 이하 참조(예, 단락 50: "이 경우 하나의, 극히 중요한 하나의 경계를 넘어섰다. 그 경계는 GATT, 이제는 WTO 분쟁해결 시스템이 추상적인 이론적 법률문제에 대한 권고적 이론을 발하기 위해서가 아니라 분쟁의 해결을 위해 고안되었다고 하는 확립된 원칙이었다"). 2008년 11월 14일 (WT/DSB/258) 단락 8 이하 참조(예, 단락 8: "상소기구는 유감스럽게도 그 보고서에서 분쟁해결 절차에 관한 양해의 조항들을 불필요하게 분석하고 분쟁해결 절차에 관한 양해에 전혀 제시되지 않은 규칙, 절차, 심지어 의무까지 창안했다. 미국은 회원국들에게 우려를 좀 더 상세하게 설명한 회람을 참고하도록 했다). 그리고 2016년 5월 23일(WT/DSB/M/379) 단락 6.4 이하 참조(예, 단락 6.4: "상소기구는 단순히 자기들에게, 또는 추상적으로 어떤 회원국들에 흥미가 있을 수 있는 쟁점을 추구해도 되는 학술 기관이 아니다. 실제로 상소기구 자체가 오래전에 언급한 바와 같이, 분쟁의 해결이라고 하는 맥락에서 벗어나 '법률을 만드는 것', 사실상 WTO 협정에 대한 논문을 쓰는 계기로 상소를 이용하는 것은 패널이나 상소기구의 역할이 아니다. 하지만 보고서는 이 상소 사건에서 그런 일을 했다"). 또한 상소기구 보고서에 관한 우려에 대해 미국이 2008년 11월 7일 자 커뮤니케이션에서 제기한 우려(WT/DS320/16) 참조.

제안했다. 하지만 패널이나 상소기구가 불필요한 평결을 하거나 '권고적 의견'을 제시하는 경우가 무수히 많다. 미국은 상소기구가 점점 더 분쟁을 해결하는 데 필요하지 않은 이슈들을 다루고 있으며, 그것이 상소의 종결을 지연시키는 원인이 된다는 것에 주목해왔다.[32] 미국은 하나의 터무니없는 사례에서 상소기구 분석의 2/3 이상—46쪽—이 방론(傍論: orbiter dicta)[33]의 성격인 데 주목했다. 상소기구는 패널과 자신이 한 평결을 뒤집었으며, 이 번복으로 인해 그 패널 보고서에서 취급된 모든 다른 쟁점에 관한 패널의 평결이 무효화되었다고 스스로 말했다. 그래 놓고 상소기구의 보고서는 GATS[34]의 여러 조항에 대하여 장문의 해석을 하였다. 이런 해석은 분쟁해결을 목적으로 하는 것이 아니었다. 그것은 패널의 무효화된 평결에 대한 상소심이었던 것이다. 따라서 상소기구 분석의 2/3 이상은 순전히 법적 쟁점에 관한 조언적 의견으로 되어 있었다. 이는 미국과 WTO 회원국들이 합의한 WTO 규칙에 반할 뿐만 아니라 그러한 불필요한 평결의 성격과 목적에 대한 우려를 제기한다.

④ 상소기구의 사실 검토와 회원국의 새로운 국내법 검토

또 다른 중요한 우려는 상소기구의 사실 검토에 대한 접근방법이다. 분쟁해결 절차에 관한 양해의 제17.6조는 상소심을 "패널 보고서에서 취급된 법적 문제와 패널이 전개한 법적 해석"으로 제한한다. 하지만 상소기구는 시종일관 다른 법적 기준하에서 패널의 사실 인정을 검토했으며, 패널의

---

32   다음 사례 참조. 2017년 9월 29일 분쟁해결 기구 회의에서의 미국 성명(https://geneva.usmissiongov/2017/09/29/statements-by-the-united-states-at-the-september-29-2017-dsb-meeting/) 및 2017년 11월 22일 분쟁해결 기구 회의에서의 미국 성명(https://geneva.usmission.gov/wp-content/uploads/2017/11/Nov22/DSB.pdf).

33   2016년 5월 9일 분쟁해결 기구 회의에서 행한 미국 성명(https://geneva.usmission.gov/wp-content/uploads/2016/05/May-9-DSB.pdf. 아르헨티나와의 분쟁 – 상품과 서비스의 무역에 관련된 조처들(DS453).

34   General Agreement on Trade in Services('GATS').

사실 인정이나 다툼이 없는 사실에 근거하지 않은 결론에 도달했다.[35]

미국은 또한 도전을 받고 있는 회원국 국내법의 의미에 관한 상소기구의 검토를 염려스럽게 주목하고 있다.[36] WTO 분쟁에서 입증될 핵심 사실은 회원국이 문제를 제기한 조처가 무엇을 하는가(또는 어떤 의미인가)이며, 해석되고 적용될 법률은 WTO 협정 조항들이다. 하지만 상소기구는 회원국의 국내 조처의 의미에 대하여 사실 문제로서 상소기구의 검토 대상이 아니라는 것을 인정하기보다는 법률문제로서 상소기구가 검토할 수 있다는 주장을 일관되게 하고 있다. 더구나 상소기구가 회원국 국내 조처의 의미를 검토할 때 패널의 사실 인정을 전혀 존중하지 않는다. 다른 해설가들은 다음과 같이 주목했다.

> [국내법에 관한 패널의 평결은 분쟁해결 절차에 관한 양해 제17.6조의 법률문제]라고 하는 상소기구의 평결 논리는 이해하기가 매우 어렵다. 패널이 국내의 법적 행위 ― WTO 법률의 관점에서 사실을 대표하는 것 ― 가 WTO 법과 부합하는지 또는 부합하지 않는지를 평가한다고 하여 갑자기 국내의 법적 행위의 의미가 WTO 법의 문제로 변하는 것은 아니다. …… 사실의 문제와 법률의 문제 사이에는 식별할 수 있는 선이 분명히 있다. 결국 상소기구의 관할권은 이런 구별에 의하여 정확하게 제한된다.[37]

따라서 상소기구의 접근방법은 WTO 규칙에 어긋날 뿐만 아니라 불필

---

35 다음 예 참조. 2012년 4월 24일 분쟁해결 기구 회의 의사록(WT/DSB/M/315), 단락 74.

36 2016년 10월 26일 분쟁해결 기구 회의 의사록(WT/DSB/M/387), 단락 8.9 이하 참조. 상소기구는 municipal law(국내법)이란 용어를 사용한다.

37 Jan Bohanes & Nick Lockhart, "Standard of Review in WTO Law," *The Oxford Handbook of International Trade Law 42* (2009), 2016년 10월 26일 분쟁해결 기구 회의 의사록에서 인용 (WT/DSB/M/387), 단락 8.14.

요하고 잘못된 접근방법을 고집하는 목적에 대해 우려를 제기하다.

⑤ 상소기구는 자신의 보고서들이 선례로 취급될 자격이 있다고 주장한다

분쟁해결 절차에 관한 양해에 아무런 근거 없이 상소기구는 자신의 보고서들이 선례로서 효과적으로 사용되고 패널이 이전 상소기구 보고서들을 따라야 한다고 '납득할 만한 이유' 없이 역설해왔다. 하지만 이는 WTO 규칙과 부합하지 않는다. WTO 회원국들은 자신들이 합의한 의무의 구속력 있는 해석을 채택하기 위한 하나의, 단 하나의 방법을 확립했으며, 그것은 WTO 협정 제9조 2항이다. 상소기구 보고서들이 관련 협정의 유용한 설명을 제공할 수는 있지만, 상소 보고서 자체가 합의된 텍스트도 아니고 실제로 협상되고 합의된 텍스트의 대용물도 아니다. 사실상 상소기구이 접근방법은 패널이 주어진 문제의 객관적 평가를 수행할 책임을 포기하고 이전 상소기구 보고서들을 그저 따르기민 한다는 것을 의미한다.

5. 다자간 무역 시스템 강화

WTO는 중요한 기구이며 미국은 뜻을 같이하는 회원국들과 함께 WTO 위원회 시스템을 활용하기 위해 연합을 구축한 많은 실적을 갖고 있다. 특히 규칙을 준수하지 않는 국가들이 WTO 규칙을 따르는 조처를 취하도록 압박을 하고 글로벌 무역규칙의 투명성과 예측성을 높이며 분쟁해결에 의존할 필요성을 예방하기 위해 그렇게 했다. 트럼프 행정부는 WTO가 긍정적인 결과를 거두었으며 향후 훨씬 더 많은 성과를 거둘 잠재력을 갖고 있다고 믿는다. 하지만 과거 20년 동안 미국은 WTO가 체약당사국들이 구상했던 대로 작동하지 않는 데 대해 우려해왔다. 그 결과 WTO는 우리 나라가 국익을 위해 활동할 권능을 훼손하고 있다.

이는 새삼스러운 문제가 아니다. 여러 행정부는 WTO 시스템과 그것이 지향하는 방향에 대해 많은 우려를 표명했다. 그런 우려 중에서 첫째는 WTO 분쟁해결 시스템이 회원국들이 결코 주려고 의도한 적이 없는 권한을 스스로에게 부여하고 있다는 것이다. 위에서 논의한 바와 같이 미국은 WTO 분쟁해결에 관해 오랫동안 우려를 표명해왔다. 그런 우려들 중에는 패널이나 상소기구가 평결을 통해 WTO 협정하에서의 회원국들의 권리와 의무를 추가하거나 축소하고 광범위한 분야를 망라하려고 모색한 것이 포함된다. 미국은 절차 문제, 해석적인 접근 그리고 실질적 해석에 대한 상소기구의 사법적극주의적인 접근으로 인해 우려가 점점 더 커졌다. 이러한 접근방법과 평결은 미국과 여타 회원국들이 작성하고 합의한 WTO 규칙을 존중하지 않는다. WTO 회원국들은 이런 우려에 대처할 필요가 있으며, 미국은 이 점에서 회원국들과 협력할 태세가 되어 있다.

둘째, 미국은 또한 WTO가 현대의 세계경제에서 대단히 중요한 합의에 이르지 못하는 데 대해 오랫동안 염려하고 있다.

도하 개발 의제(DDA: Doha Development Agenda) 협상을 타결하고자 15년 가까이 보냈지만 2015년 12월 개최된 WTO의 제10차 각료회의에서 각료들은 집단적으로 DDA 지침을 재확인하는 합의에 도달하지 못한 것을 인정했다. 그 결과 트럼프 행정부는 DDA 지침이나 오래된 DDA 텍스트를 근거로 하여 협상하지 않을 것이며 도하 라운드를 과거지사로 생각한다.

하지만 일부 WTO 회원국들은 계속해서 DDA 지침에 집착한다. 왜냐하면 관련된 초안 텍스트는 그들 나라에 의미 있는 새로운 책무를 면제하고 새로운 무역규칙과 자유화의 짐을 미국을 포함한 소수의 회원국들에게 부담시키기 때문이다. WTO의 긍정적인 미래 지향적 작업은 몇몇 회원국이 DDA 지침이 실현될 때까지 어떤 새로운 작업도 이루어질 수 없다고 주장함으로써 여전히 심각하게 제한을 받는다. 몇몇 회원국의 이런 태도는 오늘날의 무역 시스템에 이득을 줄 수 있는 새로운 이니셔티브를 좌절시켜 왔다. 이런 소수 회원국 때문에 초점이 주로 DDA가 개시된 2001년에 무역이 어떻게 작동할 것인가에 머물러 있고 오늘날의 현실에 있지 않다. 이런 상황은 용납될 수 없다.

WTO가 성공하려면 회원국들이 지난 10년 동안의 실패에서 결별할 필요가 있으며, 그간의 교훈뿐만 아니라 현재의 데이터와 최신의 고지에 근거를 두고 미래의 작업을 하여야 할 것이다. 이러한 방향 전환에는 오늘과 미래의 이해당사자들에게 영향을 미치는 쟁점들에 집중하는 일이 수반된다. 트럼프 행정부는 자유롭고 공정하며 호혜적인 협정을 성사시킬 태세가 되어 있고 그럴 능력이 있는 회원국들과의 협력을 무색하며, 이런 협상 참가국들이 세계경제에서 누리는 지위에 걸맞게 기여할 것을 기대한다.

셋째, 우리는 WTO가 개발문제에의 접근방식을 변화시킬 필요성이 절실한 점에 주목한다. '최저개발국들(least developed countries)'은 UN 기준을 사용하여 WTO에서 정의되는 반면, '개도국(developing country)'을 규정하는 WTO의 기준은 없다. 어느 국가고 간에 자국을 개도국으로 '스스로 선언(self-declare)'할 수 있기 때문에 WTO 협정하에 개도국에 제공되는 모든 '특수하고 차별적인(special and differential)' 대우를 자국에 부여할 수 있다. 아울러 현재 또는 향후의 협상 시 개도국에 제공되는 어떤 새로운 융통성도 부여받을 수 있다. 실제로 이것은 브라질, 중국, 인도, 남아프리카와 같이 보다 발전된 국가들이 소득이 극히 낮은 국가들(very low-income countries)과 동일한 융통성을 부여받는다는 것을 의미한다. 이런 국가들은 세계경제에서 매우 중요한 역할을 담당하고 있음에도 불구하고 그런 대우를 받고 있는 실정이다. 어떤 기관들이 고소득 또는 고중 소득국으로 분류하는 국가들이 저 또는 저중 소득국과 동일한 융통성을 부여받고 있는 불균형은 기존 의무의 적용상 또는 새로운 책무의 개발에서 균형을 찾아야 된다는 문제를 제기한다.

끝으로 WTO가 자유무역의 가치에 대하여 립서비스만 하고 그 가치에 수반하는 책무를 의도적으로 회피하거나 우회하며 때로 위반하는 나라, 특히 중국과 같은 나라들이 등장하는 데 대처할 수 없다고 하는 중대한 우려가 있다.

트럼프 행정부는 이런 우려에 대처하기 위해 뜻을 같이하는 여타 국가들과 다음과 같이 협력할 것이다.

1) 무역협상을 위한 포럼으로서의 WTO

WTO는 본질적으로 회원국들이 내린 결정에 근거하여 업무를 수행하거나 실패하는 회원국 주도 기구인 것으로 생각된다. 일부 회원국들은 너무 완고하게 새로운 협정과 여타 형태의 결과가 오직 각료회의에서만 발생할 수 있다는 것과 모든 일은 DDA 지침과 결부되어야 하며 예외는 극히 적다고 생각한다. 또한 어느 국가든 WTO 협정하에서의 융통성을 이용하기 위해 자국이 '개도국'이라고 스스로 천명할 권능을 가지는 것은 궁극적으로 WTO 규칙의 예측가능성을 훼손하고 새로운 자유화 협정하에서 협상에 의한 결과의 확실성을 감소시킨다.

만약 WTO가 활기찬 협상과 실행 포럼으로서의 신뢰성을 되찾으려 한다면 회원국들이 일을 진척시키고 결과를 포착하는 모든 기회를 놓치지 않고 이용해야 한다. 2019년에 열릴 제12차 각료회의 이전까지를 내다보면서 미국은 다른 회원국들과 협력하여 결과가 뻔하고 위험한 경우가 많은, 모든 것을 각료들의 행동에 맡기는 공식을 피하고 성과 — 설령 점진적인 것이라고 할지라도 — 를 달성할 기회를 찾는 과정을 시작할 것이다. WTO는 쟁점이 농업이든지 디지털 경제든지 간에, 차기 각료회의를 대비하기보다 단지 행동함으로써 국가 수도와 이해당사자들에게 가장 깊은 인상을 줄 것이다.

WTO는 활동의 세 가지 기둥 모두를 수행할 수 있는 생존 가능한 기구로 남기 위해 각료회의 개최 사이에 무역 자유화를 달성하는 수단을 찾아야 되고, 오늘날 무역업체들이 당면한 도전을 해결하는 데 적응해야 하며, 가장 중요한 것은 어느 나라가 이용할 수 있는 융통성이 세계경제에서의 그 나라의 역할과 상응하도록 해야 한다. 우리는 이런 목표로 다른 WTO 회원국들과 협력하기 위해 여타 쟁점들과 기회 중에서도 농업 및 어업 보조금과 전자상거래에 관한 논의를 기대한다.

(1) WTO 농업 협상

1994년에 미국 농부와 목장주들은 전 세계 국가와 무역을 하는 새로운 세계에 진입했다. 당시 미국은 최초로 식품과 농산물 수입 관세를 낮추고 그에 수반하여 무역을 왜곡시키는 국내의 지원과 수출 보조금을 축소하기로 합의했다. 그때 이래 미국의 식품과 농산물 수출은 거의 200% 증가하여 농민 소득의 중요한 추가 요인이 되고 농촌 공동체를 지원했다. 하지만 1994년 이래 WTO는 농업 무역에서의 왜곡 현상을 제거하기 위한 추가 협상을 크게 진전시키지 못했다. 미국 수출업체들이 당면한 수입관세는 우루과이 라운드 시행으로 줄어들었지만, 미국 농부와 목장주들은 수출에 부과되는 여타의 부당한 장벽이 늘어나는 것을 경험했다. 트럼프 행정부는 2018년에 들어서 미국 농부와 목장주들이 공평한 운동장에서 경쟁하는 데 일조하기 위해 WTO에서 두 개의 핵심 분야에 새로운 노력을 기울일 것이다. 즉 WTO 농업협상의 재조정과 농부가 안전한 도구와 기술을 이용할 수 있도록 하는 것이다.

WTO는 전 세계의 농업생산자들을 위해 불공정한 정책을 제거하고 시장기반 무역 시스템을 진흥하는 매우 중요한 기관이다. 트럼프 행정부는 불공정 무역정책을 제거하고 지원과 보호를 실질적이고 점진적으로 축소하는 장기목표를 추구하기 위해 1994년 우루과이 라운드에서 합의된 개혁 절차의 지속을 강력하게 지지한다.

유감스럽게도 최근의 WTO 협상 역사를 보면, 새로운 불공정하고 보호주의적인 조처를 위한 예외를 두는 데 집중했다. 이는 미국과 세계의 농민과 목장주들을 위해 가장 바람직한 일에서 반대로 나가는 노릇이다. 도하 라운드가 실패하자 트럼프 행정부는 2017년 12월에 농업이 당면한 현실 세계의 국제무역 우려를 해결하기 위해 농업 협상을 재조정하고 새로이 활성화할 것을 WTO 회원국들에 요청했다. 미국은 협상을 재조정하기 위해 회원국들이 적시에 법에 규정된 통지를 함으로써 정책과 프로그램의 투명성을 제고할 것을 주장한다. 또한 미국은 회원국들이 공정하고 자유화된 무역이 모든 나라에서 수행하는 농부의 복지를 개선하는 역할을 받아들이고 WTO의 1차적인 목표로서 시장 지향적 개혁을 뒷받침하도록 요청한다.

2018년에 행정부의 WTO에서의 농업 부문의 주요 초점은 오늘날의 농업 분야 무역이 당면한 문제에 대한 논의에 정보를 제공하기 위해 통지를 강화하고 투명성을 높이는 것이며, 농업에 대한 협상의 새로운 방식을 고려하기 시작하는 것이다. 제네바에서 생산적인 논의를 하기 위해 미국은 WTO 회원국들과 다음 사항에 대해 협력할 계획이다.

- 현재 농업 분야 무역이 당면한 쟁점의 파악, 분석 및 합의.
- 고율의 관세, 무역을 왜곡시키는 보조금, 비관세 조치의 적용과 같은, WTO가 대처할 수 있는 불공정 농업 무역 정책의 파악.
- 최근 수년 동안 WTO의 농업 협상이 실패한 이유의 파악.
- WTO에서 이런 문제들을 시정하기 위한 새로운 무역 접근방법의 파악.

(2) 농부의 안전한 도구 및 기술 이용

외국 시장의 규제 장벽으로 인해 미국 농민들이 생산을 증대하고 농촌 공동체에서 경제적인 복지를 제공하기 위해 안전한 도구와 기술을 이용하는 것이 점점 더 제한되고 있다. 우리 무역 상대국들의 과학적 근거가 충분하지 않고 불필요한 부담을 지우며 국제적 표준과 부합하지 않는 규제 방식은 미국의 무역과 혁신에 부당한 장벽이 되었다. 제11차 WTO 각료회의에서 미국은 16개 회원국[38]과 함께 이런 장벽들이 안전한 식품과 농산품의 생산과 무역에 커다란 부정적 영향을 미친다는 우려를 표명하는 각료 공동성명을 발표하고, 그러한 장벽에 어떻게 대처할 것인지 권고했다. 2018년에 트럼프 행정부는 이런 작업에 기반하여 식품과 농산품 수출에 대한 규제 장벽을 축소하기 위한 노력을 할 것이다. 구체적으로 미국은 WTO 회원국들의 연합과 협력하여 농업 생산과 무역을 저해하고 혼란에 빠뜨리는 농약 관련 문제에 대처하기 위해 각료 성명에서 제시한 권고사항의 시행을 진척시킬 것이다.

ㄱ WTO 회원국들은 농약 최대 잔류 수준(MRLs)에 관하여 국제적인 리스크 기반 기준 설정을 위한 국제 식품규격위원회의 능력과 효율성 제고를 위해 협력해야 한다.

ㄴ WTO 회원국들은 자국의 농약 최대 잔류 수준 설정 시 규제시스템의 투명성과 예측가능성을 개선해야 한다.

ㄷ WTO 회원국들은 자국의 지역 및 국제 수준에서의 농약 최대 잔류 수준 설정 시 더 큰 조화를 달성해야 한다.

---

38   아르헨티나, 브라질, 캐나다, 칠레, 콜롬비아, 코스타리카, 도미니카 공화국, 과테말라, 일본, 케냐, 마다가스카르, 파나마, 파라과이, 페루, 우간다 및 우루과이.

ⓔ WTO 회원국들은 특히 개도국에서 저위험 대체 농약 및 소량 사용 작물을 위한 농약을 더 많이 이용할 수 있는 방안에 대해 협력해야 한다.

이런 구상은 한편으로는 전 세계의 농부들이 농약과 기술을 안전하게 사용할 수 있도록 하고 식품과 농산물의 교역을 가능하게 하면서 공중 보건을 보호하기 위해 농약 사용과 관련된 위험을 평가하고 관리하고 의사소통하는 데 있어서의 위험 분석의 중심적 역할을 재확인한다. 과학을 기반으로 한 의사 결정을 하고 국가들이 식품안전에 관한 WTO 규칙을 준수함으로써 우리는 외국시장에서 미국의 건전하고 건강에 좋은 농산품에 대한 불공정한 규제 장벽을 축소시킬 수 있다.

(3) 수산물 보조금

WTO 회원국들은 2001년에 유해한 수산물 보조금을 규제하기 위한 작업을 시작했다. 당시 해산물의 세계무역액은 약 570억 달러에 달했다. 그때 세계 어류 자원의 약 15~18%는 남획되는 것으로 추정되었으며 자원의 절반가량은 완전히 어획되고 있는 것으로 생각되었다(어획량을 늘릴 수 있는 여지가 없다는 의미).

오늘날 어류, 어업으로 가족의 생계를 유지하려 하는 합법적인 어민 그리고 주요 단백질원을 생선에 의존하는 수백만의 개도국 소비자들이 당면한 사정은 매우 악화되었다. 2016년 현재 수산물의 세계 무역은 1260억 달러로 늘어났으며, 중국 1개국의 연간 수출 실적이 그 다음으로 수출 실적이 많은 3개국을 합친 만큼 많다. 전 세계의 어획능력은 2001년 이후 대략 50% 증가하여 일부의 추정에 의하면 어획 능력이 지속가능한 어획을 위해 필요한 수준보다 250%나 많다.

유해한 어업 지원 보조금은 세계적으로 연간 200억 달러에 달하는 것으로 추정된다. 이런 유해한 어업 보조금은 어업 자원의 지속 불가능한 개발을 조장하는 주요 원인으로 생각된다. 최근 식량농업기구의 추정에 의하면 현재 세계 어류 자원의 약 31%는 과도한 어획 상태에 있으며 거의 60%는 완전히 어획되어 효과적인 관리를 하지 못하면 과잉 개발될 위험에 처해 있다.

어류 자원의 과잉 개발을 시정하기 위해 긴급한 조치가 필요하다. WTO 회원국들은 어류 남획과 과잉능력을 악화시키는 이런 파괴적인 보조금 프로그램을 종식시키는 데 크게 기여할 수 있다. 그렇게 하려면 가장 유해한 어업 보조금에 대한 새로운 금지에 합의해야 한다. 트럼프 행정부는 남획과 과잉능력을 초래하는 보조금과 불법 어업활동을 지원하는 보조금의 강력한 금지를 지지한다. 행정부는 어업 보조금에 관한 야심적인 합의에 도달하도록 계속해서 압력을 행사할 것이다. 여기에 포함되는 것은 수년 동안 WTO에서 제대로 이행되지 못한 어업 보조금 프로그램의 투명성과 통지의 강화이다. 합의가 유의미하도록 우리는 중국과 인도를 포함한 해산물의 최대 보조금 지급국가들, 생산국들 및 수출국들을 합의에서 제외시켜서는 안 된다는 점을 강조할 것이다. 미국은 우리의 대양과 법을 준수하는 어민들을 지원할 수 있는 새로운 WTO 규칙을 달성하기 위해 뜻을 같이하는 WTO 회원국들과 협력을 지속할 것이다.

(4) 디지털 무역

디지털 무역은 미국 경제의 모든 부문에 걸쳐 막대한 가치를 제공하고 있으며, 외국 정부들이 디지털 무역에 제한 조처를 취할 때 미국 회사들은 큰 난관에 봉착한다. 2017년 12월 미국은 WTO의 70개 회원국과 함께 이런 쟁점에 관해 가능한 향후 협상을 위한 예비 작업에 착수했다. 트럼프 행정부는 디지털 무역에 대한 제한조처를 시정하는 상업적으로 의미 있는 규칙을 개발할 유용한 포럼으로서 이런 논의를 이용할 의도이며, WTO 내에서 디지털 무역 쟁점들에 관해 앞으로 나아가는 데 우리 행정부와 관심과 뜻을 같이하는 WTO 회원국들과 협력할 것이다.

2) WTO의 발전

트럼프 행정부는 WTO에서 무역과 개발에 관한 새로운 논의에 기여할 의도이다. 이제 회원국들은 도하 라운드 기본틀하에서 일하고 있지 않다. 우리는 무역규칙과 개발 사이의 관계에 대한 심도 있는 이해를 진전시키고 무역규칙에 대한 예외가 새로운 무역규칙 그 자체보다도 먼저 협상되어야 한다는 주장의 사이클을 깨뜨리기 위해 뜻을 같이하는 회원국들과 협력할 것이다. 미국의 견해는 WTO 규칙의 완전한 이행이 지속가능한 발전을 위한 초석이라는 것이며, 사례별로 특수하고 차별적인 처우의 역할은 특정한 WTO 회원국이 특정한 WTO 협정에서 특정한 책임을 완전히 이행할 수 있게 하는 것이어야 한다는 것이다.

3) WTO 규칙을 어기는 회원국들에 대한 대처

미국이 기구로서의 WTO가 회원국들이 합의한 대로 공정한 무역 자유화의 규칙을 확실하게 집행하고 규칙을 어기는 국가들이 출현하는 데 대처하도록 하고자 뜻을 같이하는 국가들과 협력을 지속하는 또 다른 예에는 분쟁해결이 들어 있다. 예를 들어 위에서 논의한 바와 같이 미국은 여타의 관심 있는 회원국들과 함께 중국의 입장, 즉 중국의 물품을 수입하는 회원국들이 중국 경제의 광범위한 왜곡을 묵인해야 하고 어느 다른 WTO 회원국에 허용되지 않는 반덤핑 규칙하의 특수한 권리와 특권을 중국에 부여해야 한다는 입장에 반대하는 데 협력하고 있다. 우리는 WTO가 중국과 같은 나라들의 시장 왜곡 관행이 아니라 열심히 일하고 혁신을 하는 데 보상하는 시장경쟁을 촉진하도록 하기 위해 이런 쟁점들과 그 외의 다른 쟁점들을 적극적으로 계속 추구할 것이다.

§결론§

트럼프 대통령이 당선된 이유 중 하나는 세계무역 시스템을 개혁하겠다고 약속했던 것이다. 그 방식은 미국 근로자들과 기업체들을 위해 더 공정한 결과를, 그리고 전 세계의 국가들을 위해 더욱 효율적인 시장을 유도하는 것이다. 2017년에 트럼프 행정부는 그런 약속을 이행하기 시작했다. 우리는 이미 시대에 뒤떨어지고 불공정한 무역거래를 수정하고 더욱 강력한 미국 경제를 건설하며 적극적인 집행 의제를 추구하고 WTO의 중대한 개혁을 위해 압력을 행사하기 시작했다. 우리는 2018년에 이런 노력을 지속할 것이다.

로버트 E. 라이트하이저 대사_ 2018년 3월

제4장

트럼프 대통령의 다보스포럼 2018 연설 전문

대단히 감사합니다.

비즈니스, 과학, 예술, 외교 및 세계 문제에 관한 지도자들이 여러 해 동
안 모여서 번영과 안보 및 평화를 어떻게 진전시킬 수 있을 것인지를 논의
해온 이 포럼에 제가 참석하게 된 것을 영광스럽게 생각합니다.

오늘 저는 이 자리에서 미국 국민의 관심을 대변하고 더 좋은 세계를 건
설하기 위한 미국의 우의와 파트너십을 확인합니다. 이 포럼에 대표를 보낸
모든 나라와 마찬가지로 미국은 모든 사람이 잘 살고 모든 어린이가 폭력이
없고 가난하지 않으며 공포 없이 자라날 수 있는 미래를 희망합니다.

지난해에 우리 미국은 눈부신 발전을 이룩했습니다. 우리는 잊힌 공동
체를 고양시키고 있으며 흥미진진한 새로운 기회를 창출하고 모든 미국인
이 미국의 꿈 – 좋은 일자리, 안전한 주택 그리고 자녀를 위한 더 나은 삶 – 으로 가는
길을 발견하는 데 도움을 주고 있습니다.

여러 해 동안 침체를 겪은 다음 미국은 다시 한번 경제가 강력하게 성
장하고 있습니다. 주식 시장은 연이어 신기록을 세우고 있으며 제가 당선
된 다음 새로운 부(富)가 7조 달러 이상 추가되었습니다.

소비자 신뢰, 기업 신뢰, 제조업 신뢰는 지난 수십 년 동안의 최고에 달해 있습니다. 제가 당선된 다음 240만 개의 일자리가 창출되었습니다. 소기업 낙관지수는 사상 최고치에 달했습니다. 새로운 실업수당 청구는 거의 반세기 만에 최저 수준에 가깝습니다. 아프리카계 미국인의 실업률은 미국에서 **사상** 최저치에 달했습니다. 히스패닉계의 실업도 마찬가지입니다.

세계는 강력하고 번영하는 미국의 부활을 목격하고 있습니다.

저는 이 자리에서 단순한 메시지를 전달하려 합니다. 즉 미국에서 고용, 건설, 투자 및 성장을 하기에 지금보다 더 좋은 적은 없었습니다. **미국은 비즈니스를 위해 개방되어 있고 다시 한번 경쟁력이 있습니다.**

미국 경제는 세계에서 단연 최대이고 **미국 역사상** 가장 큰 폭의 조세 감면과 개혁을 단행했습니다. 우리는 중산층과 소기업들을 위해 세금을 대폭 감면하여 근로 가족들이 힘들여 번 돈을 더 많이 갖도록 했습니다.

법인세율은 35%에서 21%로 최대한 낮추었습니다. 그 결과 수백만 명의 근로자가 고용주로부터 3000달러까지 조세 감면 보너스를 받았습니다. 조세 감면법은 미국의 평균 가계 수입을 4000달러 이상 올릴 것으로 예상됩니다.

그리고 세계에서 가장 큰 회사인 애플은 해외에서 거둬들인 이익의 국내 송금이 2450억 달러에 달할 것이라고 발표했습니다. 이 회사는 향후 5년 동안 미국 내에 총 3500억 달러 이상을 투자할 것입니다.

지금은 여러분이 사업과 일자리 그리고 투자를 미국에 할 수 있는 완벽한 때입니다. 특히 그렇게 된 것은 규제 축소를 **그 어느 때보다도** 큰 규모로 취했기 때문입니다. 규제는 숨은 세금입니다. 많은 다른 나라와 마찬가지로 미국에서는 선출되지 않은 관료들이 투표나 입법 논의도 거치지 않고 실질적인 책임도 없이 시민에게 참담한 반기업, 반근로자 규제를 부과했습니다.

미국에서 그런 날들은 **지나갔습니다.**

저는 새로운 규제가 하나 생길 때마다 불필요한 규제를 2개씩 제거하겠다고 약속했습니다. 우리는 기대했던 최고치 이상으로 성공했습니다. 1 대 2가 아니라 새로운 규제 **하나당 22개**의 부담이 되는 규제를 철폐했습니다.

기업체와 근로자들을 자유롭게 해줌으로써 전례 없이 번창하고 성장할 수 있는 것입니다. 우리는 자본을 **끌어들이고** 투자를 **유치하며** 생산에 **보상을 주는** 환경을 만들어내고 있습니다. 미국은 사업하는 장소입니다. 그러므로 여러분이 **혁신하고 창조하며 건설할** 수 있는 미국으로 오십시오.

저는 미국을 믿습니다. 미국 대통령으로서 서는 항상 **미국을 우선**할 것입니다. 다른 나라의 지도자들이 자기 나라를 우선하는 것과 똑같이 말입니다.

하지만 **미국 우선**은 **미국 혼자**를 의미하지 않습니다 미국이 성장하면 세계도 성장합니다. 미국이 번영하면 전 세계에 무수한 일자리가 창출되고, 미국이 탁월함과 창의성 및 혁신을 위해 박차를 가하면 어디서나 사람들이 더욱 부유하고 건강한 삶을 사는 데 일조하는 중요한 발견을 가져왔습니다.

미국이 일자리와 성장을 촉발시키기 위해 국내 개혁을 추구할 때 우리는 또한 국제무역 시스템의 개혁 작업을 함으로써 널리 공유되는 번영을 증진하고 규칙을 따르는 자들에게 보상이 돌아가도록 할 것입니다.

일부 국가들이 다른 국가들을 희생시키면서 자유롭고 개방적인 무역제도를 악용한다면 우리는 그런 무역을 할 수 없습니다. 우리는 자유 무역을 지지하지만 **공정하고 호혜적**일 필요가 있습니다.

왜냐하면 불공정 무역은 결국 우리 모두를 망가뜨릴 것이기 때문입니다.

미국은 더 이상 불공정한 경제 관행을 묵인하지 않을 것입니다. 여기에는 막대한 지식재산권 절취, 산업 보조금, 만연한 국가 주도 경제계획이 포함됩니다. 이들 그리고 여타의 약탈 행위들은 세계 시장을 왜곡시키며 기업과 근로자들에게 해악을 끼칩니다. 이것은 미국만의 문제가 아니고 전 세계적인 문제입니다.

우리가 다른 나라 지도자들이 자국의 이익을 보호할 것으로 예상하는 것과 똑같이 미국 대통령으로서 저는 항상 우리 나라, 우리 회사와 우리 근로자들의 이익을 보호할 것입니다.

우리는 우리 나라의 무역법을 시행하고 무역 시스템을 온전하게 회복할 것입니다. 오직 **공정하고 호혜적인** 무역을 고수함으로써 우리는 미국만이 아니라 모든 나라를 위해 작동하는 시스템을 창출할 수 있습니다.

제가 언급해온 바와 같이 미국은 모든 국가와 상호 유익한 양자 간 무역협정을 협상할 태세가 되어 있습니다. 여기에는 대단히 중요한 TPP 11 (캐나다, 오스트레일리아, 일본 등 환태평양동반자 협정을 추진하고 있는 11개 국가 ― 옮긴이)에 속한 국가들이 포함됩니다. 우리는 이미 그중 몇몇 국가와 협정을 맺었습니다. 우리는 나머지 국가들과 개별적으로든지 또는 어쩌면 집단으로 협상을 고려할 수 있을 것입니다. 그것이 우리 모두의 이익이 된다면 말입니다.

또한 저의 행정부는 다른 방식으로 미국의 자신감과 독립성을 회복하기 위해 신속한 행동을 취하고 있습니다. 우리는 시민과 기업들에 감당할 수 있는 가격으로 전력을 공급하고 전 세계 우방국들의 **에너지 안보**를 촉진하기 위해 스스로 취했던 에너지 생산 제한을 해제하고 있습니다. **어느 나라도** 단일 에너지 공급국의 인질로 잡혀 있어서는 안 됩니다.

미국은 힘차게 회복하고 있습니다. 그리고 지금이 미국의 미래에 **투자**할 때입니다. 우리는 미국의 경쟁력 강화를 위해 조세를 대폭 인하했습니다. 우리는 기록적인 속도로 부담이 되는 규제를 제거하고 있습니다. 우리는 관료 제도를 날렵하고 반응을 빨리 보이며 책임을 지도록 개혁하고 있습니다. 그리고 법률의 공정한 집행을 보장하고 있습니다. 우리는 세계에서 최고의 대학과 대학교들을 갖고 있으며 세계 제일의 근로자들을 갖고 있습니다. 에너지가 풍부하고 저렴합니다. 미국에 진출하기가 이보다 더 좋은 때는 결코 없었습니다.

우리는 또한 미국 군대에 역사적인 투자를 하고 있습니다. 왜냐하면 우리는 안보 없이 번영을 누릴 수 없기 때문입니다. 우리는 우방국과 동맹국들에게 자국의 국방에 투자하고 재정적 책무를 다할 것을 요구하고 있습니다. 이는 세계가 불량 정권, 테러리즘 및 수정주의 강국들로부터 더욱 안전토록 하기 위함입니다. 우리의 공동 안보는 각자가 자기의 공정한 몫에 기여할 것을 요구합니다.

저의 행정부는 자랑스럽게도 UN 안보이사회와 전 세계에서 역사적인 노력을 주도하여, 한반도의 비핵화를 위해 최대한의 압박을 가하는 우리의 캠페인에 모든 문명국가들이 단합하여 동참하도록 해왔습니다. 그리고 우리는 협력국들에게 이란의 테러리스트 지원에 대항하고 이란의 핵무기 개발을 저지하도록 지속적으로 요청하고 있습니다.

또한 우리는 동맹국 및 협력국들과 함께 ISIS와 같은 지하디스트 테러리스트 조직을 파괴하는 작업을 하고 있습니다. 미국은 테러리스트들이 그들의 영토와 사람들을 지배하지 못하게 하고 자금줄을 차단하며 그들의 사악한 이데올로기를 사람들이 신뢰하지 않도록 만들기 위해 광범위한 연합을 주도하고 있습니다. ISIS를 격퇴시키기 위한 연합이, 이런 살인자들이 한때 이라크와 시리아에서 장악했던 영토를 거의 100퍼센트 다시 찾았다는 것을 말씀드릴 수 있어서 기쁩니다. 찾은 것을 더욱 공고히 하기 위해 아직도 더 많은 전투와 작업을 해야 합니다. 그리고 우리는 아프가니스탄이 결코 다시는 우리 시민을 대량 학살하고자 하는 테러리스트들의 피난처가 되지 않도록 할 것입니다. 저는 이런 중대한 노력에 합류한 나라로서 여기 대표자가 참석한 국가에 대해 감사드리고 싶습니다. 여러분은 자신의 시민을 보호할 뿐만 아니라 수백만 명의 생명을 구하고 희망을 소생시키고 있습니다.

테러리즘에 대해 말씀드리자면 우리는 나라를 보호하기 위해 필요한 조처를 취할 것입니다. 우리의 시민과 국경을 방어할 것입니다.

또한 국가안보 및 경제안보 양쪽 다의 문제로서 이민 제도를 확고하게 할 것입니다. 미국은 경제는 최첨단이지만 이민 제도는 과거에 갇혀 있습니다. 현재와 같은 대가족 연쇄 이주 제도를 성과 기반의 허가 제도로 대체해야 합니다. 이 제도는 신규 이민자들을 우리 경제에 이바지하고 스스로를 재정적으로 뒷받침하며 국가를 강화시킬 수 있는 능력에 기초하여 선정하는 것입니다.

미국을 다시 건설하기 위해 우리는 또한 근로인력을 개발하는 데 전념해야 합니다. 우리는 사람들을 **의존형**에서 **독립형**으로 끌어올리고 있습니다. 왜냐하면 우리는 가장 좋은 단 한 가지의 빈곤 퇴치 프로그램은 **봉급**이라는 것을 알고 있기 때문입니다.

성공하기 위해 경제에 투자하는 것으로는 충분하지 않습니다. 우리는 **사람에 투자해야** 합니다. 사람이 잊힐 때 세상은 파열됩니다. 오직 잊힌 사람들의 목소리를 듣고 응답을 해야만 우리는 진정으로 모두가 공유하는 밝은 미래를 창조할 수 있습니다.

한 나라의 위대성은 그 나라가 생산한 물건을 모두 합한 것보다 더 큽니다. 한 나라의 위대성은 그 나라 시민의 총합입니다. 즉 그 나라를 본국이라고 부르는 사람들의 가치, 자부심, 사랑, 헌신 그리고 특성의 총합입니다.

제가 맨 처음 참석한 G-7 정상회의에서 G-20 정상회의, UN 총회, APEC 회의, WTO 회의 그리고 오늘의 세계경제포럼에 이르기까지 저의 행정부는 단지 참석만 한 것이 아니라 우리가 자유로운 주권국가들이 공유하는 목표 및 공유하는 꿈을 지향하여 협력할 때 모두가 더욱 강하게 된다는 우리의 메시지를 역설하였습니다.

이 자리에는 전 세계로부터 훌륭한 시민들이 참석했습니다. 여러분은 국가의 지도자들이고 기업체의 거인이자 산업계의 거장들이고 여러 분야에서 가장 총명한 분들이 많습니다.

여러분 각자는 마음을 바꾸고 생활을 변화시키며 여러분 나라의 운명을 형성할 수 있는 힘을 가지고 있습니다. 이런 힘에는 의무가 따릅니다. 현재의 여러분을 만들어준 국민, 근로자 그리고 고객들에게 충성을 할 의무입니다.

그러므로 다 함께 우리의 힘, 자원, 목소리를 우리 자신뿐만 아니라 우리 국민들을 위해 사용할 것을 결의합시다. 그들의 짐을 덜어내고 희망을 들어 올리고 꿈에 힘을 실어줍시다. 그들의 가족, 공동체, 역사 그리고 그들의 미래를 보호해 줍시다.

그것이 우리가 미국에서 현재 하고 있는 일이며 그 결과는 명백합니다. 그렇기 때문에 새로운 기업과 투자가 몰려들고 있습니다. 그렇기 때문에 우리의 실업률은 지난 수십 년 이래 가장 낮습니다. 그렇기 때문에 미국의 미래는 전에 없이 밝습니다. 오늘 저는 우리가 다 함께 건설하는 이런 엄청난 미래의 일부가 되도록 여러분을 초대합니다.

주최 측에 감사드리고 청중석에 계시는 지도자와 혁신자들께 감사드립니다. 하지만 무엇보다 중요하게 날마다 자신의 의무를 다하는 열심히 일하는 남성과 여성들 모두에게 감사드립니다. 그들은 모든 사람을 위해 더 나은 세상을 만들고 있습니다. 우리 다 함께 그들에게 사랑과 감사를 보냅시다. 그들이 우리의 나라들이 잘 돌아가도록 하고 있기 때문입니다.

감사합니다. 하나님의 은총이 여러분에게, 여러분 모두에게 내리기를 기원합니다.

2018년 1월 26일
미국 대통령 도널드 트럼프

제5장

트럼프 대통령의
중국의 경제침략을 표적으로 하는 행정명령

2018년 3월 22일 백악관 공보실 발표

수신: 재무장관, 미국무역대표, 고위 정책고문, 대통령 경제정책 보좌관, 대통령 국가안보 보좌관, 대통령 국토안전 및 대테러 보좌관

제목: 기술이전, 지식재산권 및 혁신 관련 중국의 법률, 정책, 관행 또는 조치에 대한 301조 조사와 관련된 미국의 조치

2017년 8월 14일 나는 미국무역대표(이후 무역대표)에게 중국의 법률, 정책, 관행 또는 조치가 비합리적이거나 차별적인지를 조사하고 그로 인해 미국의 지식재산권, 혁신 또는 기술발전에 해가 초래되는지 파악하라고 지시했다. 2017년 8월 18일 무역대표는 수정된 1974년 무역법(이하 무역법)의 301조(19 U.S.C.2411)에 따라 조사를 실시했다.

미국무역대표부는 조사를 실시하는 동안 관련 자문위원회들 및 관계 부처 합동의 301조위원회와 협의했다. 또한 무역대표는 무역법 303조(19 U.S.C. 2413)에 따라 중국 정부와 협의를 요청했다. 미국무역대표부는 2017년 10월 10일 공청회를 개최하고 두 차례에 걸친 공중 서면 의견 제출 기간

에 학계, 싱크탱크, 로펌, 무역협회, 회사들로부터 약 70개의 서면 의견을 제출받았다.

무역대표는 나에게 다음과 같은 조사 결과를 보고했다.

첫째, 중국은 합작 기업 요건, 지분 제한 및 여타 투자 제한을 포함한 외국인 소유권 제한을 이용하여 미국 회사가 중국 법인체에 기술을 이전하도록 요구하거나 압력을 가했다. 또한 중국은 행정검토와 허가 절차를 이용해서도 그렇게 했다. 이는 무엇보다도 미국의 투자와 기술의 가치를 훼손하고 미국 기업들의 세계 경쟁력을 약화시킨다.

둘째, 중국은 미국 기업들의 투자와 활동을 실질적으로 제한하거나 그에 개입했다. 가령 기술 사용허가 조건에 제약을 가함으로써 그렇게 했다. 이런 제약으로 말미암아 미국의 기술 소유자들은 협상력과 기술이전에 대한 시장기반의 조건을 설정할 수 있는 힘을 빼앗겼다. 그 결과 기술 사용허가를 하고자 하는 미국 회사들은 불공정하게 중국의 기술 사용자에게 유리한 조건으로 거래를 할 수밖에 없다.

셋째, 중국은 첨단 기술과 지식재산권을 획득하고 중국 정부의 산업 계획에서 중시되는 산업 분야에서의 대규모 기술이전을 실현하기 위해 미국 회사들과 자산에 대한 중국 회사들의 조직적인 투자와 획득을 지시하고 촉진한다.

넷째, 중국은 미국 회사들의 컴퓨터 네트워크에 권한 없이 침범하고 도둑질을 하며 또 이런 행위를 지원하고 있다. 이런 행위를 통해 중국 정부는 지식재산권과 무역 비밀 또는 비밀 영업 정보에 권한 없이 접근할 수 있다. 그렇게 입수할 수 있는 것에는 기술 데이터, 협상에서의 입장 및 민감하고 독점적인 내부 비즈니스 커뮤니케이션이 포함된다. 그리고 이러한 것들은 중국의 과학과 기술 발전, 군 현대화 및 경제발전을 포함한 중국의 전략적인 발전목표를 지원한다.

따라서 다음과 같이 지시를 내린다.

제1항 관세

(가) 무역대표는 무역법 301조(19 U.S.C. 2411)에 따라 비합리적이거나 차별적이고, 미국의 무역에 부담을 주거나 제한을 가하는 중국의 행위, 정책 및 관행을 시정하기 위해 모든 적절한 조치를 취해야 한다. 무역대표는 그런 조치에 중국산 상품에 대한 관세인상을 포함할 것인지에 대하여 고려해야 한다.

(나) 이 항의 세부항목 (가)의 목적을 추진하기 위해 무역대표는 행정명령이 발령된 날짜로부터 15일 내에 관세 인상 제안 품목 리스트와 의도하는 인상률을 발표해야 한다. 무역법 304조(b)[19 U.S.C. 2414(b)]에 따라 공고 및 의견제시 기간이 경과한 후 그리고 관련 기관 및 위원회와 협의를 거친 후 무역대표는 법률에 따라 적합하게, 필요하다면 최종 제품 리스트와 관세 인상률을 발표하고 시행해야 한다.

제2항 WTO 분쟁해결

(가) 무역대표는 법률에 따라 적합하게 중국의 차별적인 기술 사용허가 관행을 시정하기 위해 WTO에서 분쟁해결을 추진해야 한다. 중국의 불공정한 무역관행을 시정하기 위해 무역대표는 여타 WTO 회원국들과의 협조하에 이러한 조치를 추진해야 한다.

(나) 행정명령이 발령된 날짜로부터 60일 내에 무역대표는 이 항의 세부항목(가)에 따른 추진 상황을 나에게 보고해야 한다.

제3항 투자 제한

(가) 재무장관은 적절하다고 생각되는 여타 고위 행정부 관리들과 협의하에 법률에

따라 적합하게 행정부 조치를 제안하고, 이용 가능한 모든 법적 권한을 사용하여 미국에서 중시되는 산업이나 기술에 대해 중국이 미국 내 투자를 지시하거나 촉진하는 데 대한 우려를 시정하여야 한다.

(나) 이 행정명령이 발령된 날로부터 60일 이내에 재무장관은 이 항의 세부항목(가)에 의한 추진 상황을 나에게 보고해야 한다.

제4항 발표
무역대표는 이 행정명령을 연방정부 공보에 공표할 권한이 있고 그렇게 하도록 지시를 받고 있다.

도널드 J. 트럼프

트럼프 대통령의 중국 관련 행정명령 서명 시 연설문
2018년 3월 22일

대통령 여러분 감사합니다. 이 명령은 작성하는 데 시일이 오래 걸렸습니다. 여러분은 제가 한 연설, 대담, 인터뷰를 통해 불공정 무역관행에 관해 언급한 것을 여러 번 들으셨습니다. 우리는 아주 짧은 기간 동안에 우리 나라에서 공장 6만 개를 잃어버렸습니다 — 폐점하고 문을 내렸으며 사라졌습니다. 적어도 600만 개의 일자리가 없어졌습니다. 이제 그들이 돌아오기 시작했습니다. 여러분은 크라이슬러에 무슨 일이 벌어지고 있으며 폭스콘이 어떻게 되었는지 알고 있습니다. 그 외에도 수많은 회사들이 미국으로 돌아오기를 원하고 있습니다.

하지만 특별한 문제가 하나 있습니다. 저는 그들을 친구라고 봅니다. 저는 시(진핑) 주석을 매우 존경합니다. 우리는 관계가 대단히 좋습니다. 그들은 북한 문제에서 우리를 많이 도와주고 있습니다. 그것이 중국입니다.

그러나 우리는 무역이 적자입니다. 계산 방식에 따라 다르지만 그 규모가 5040억 달러에 달합니다. 어떤 사람들은 실제로는 3750억 달러라고 할 것입니다. 보는 방식에 따라 많이 다르지만 어떤 방식으로 보아도 세계 역사상 어느 국가의 적자로서도 가장 큰 규모입니다. 그건 통제 불능입니다.

우리는 엄청난 지식재산권을 도둑질당하고 있는 실정입니다. 그 규모는 수천억 달러에 달합니다. 1년 기준으로 그렇다는 말입니다. 저는 시 주석에게 말해왔습니다. 중국 대표들에게 언급했습니다. 우리는 그것을 매우 심각하게 다뤄왔습니다.

여러분이 알고 있는 바와 같이 우리는 NAFTA를 재협상하고 있습니다. 우리는 그 결과를 알게 될 것입니다. 많은 국가들이 더 좋은 무역협정을 협상하고자 합니다. 왜냐하면 철강과 알루미늄 관세 지불을 원치 않기 때문입니다. 우리는 여러 나라와 협상을 하고 있습니다 — 미스터 라이트하이저(미국무역대표)와 미스터 로스(재무장관)가 하는 일입니다.

우리는 유럽연합과 방금 협상을 시작했습니다. 왜냐하면 그들은 정말로 우리나라를 크게 가로막고 있기 때문입니다. 그들은 장벽을 치고 있습니다. 그들은 우리와 무역을 하지만 우리는 그들과 무역을 할 수 없습니다. 그들의 장벽은 매우 강합니다. 그들의 관세는 매우 높습니다. 우리는 그렇지 않습니다. 이런 상황은 공정하지 않습니다.

NAFTA는 미국에게 매우 나쁜 협정이지만 우리는 그것을 더 좋게 만들거나 그렇지 않으면 무언가 다른 조처를 취해야 할 것입니다. 한국과의 협정은 대단히 일방적인 거래입니다. 바꿔야 할 협정입니다.

이와 같이 많은 일이 발생하고 있습니다. 그렇지만 중국과 관련하여 우리는 특히 301조의 무역조치를 취해야 합니다. 그것은 600억 달러가 될 수 있지만 실제로는 우리가 언급하고 있는 것의 일부에 불과합니다.

저는 시 주석을 포함한 중국의 최고위층과 대화를 해왔으며 그들에게 무역 적자를 즉시 1000억 달러 줄이라고 요청했습니다. 막대한 액수입니다. 헤아리는 방식에 달려 있지만 25%에서부터 어쩌면 그보다 훨씬 많을 수도 있습니다. 하지만 우리는 그렇게 해야 합니다.

제가 사용하고 싶은 단어는 '상호적'이라는 것입니다. 그들은 수입차에 25%를 청구하는데 우리는 미국에 수입되는 차에 2%를 매깁니다. 그것은 좋지 않습니다. 그것은 중국이 자신을 재건한 방식입니다. WTO 설립 이래 우리는 엄청난 돈을 지불했습니다—그것은 사실 우리에게 재앙이었습니다. 그것은 우리에게 대단히 불공정했습니다. 중재는 대단히 불공정했습니다. 중재 재판은 대단히 불공정했습니다. 다 알다시피 우리는 항상 소수였으며 그것은 불공정했습니다

그래서 우리는 세계무역기구에 대해 말하고 있습니다. 우리는 NAFTA에 대해 말하고 있습니다. 우리는 중국에 대해 말하고 있습니다. 우리는 유럽연합에 대해 말하고 있습니다. 그리고 저는 그들 하나하나에 대해 협상을 원한다고 말할 것입니다. 저는 많은 경우, 어쩌면 모든 경우 결국 협정을 협상하게 될 것으로 믿습니다.

그래서 우리는 중국과 대화를 해왔으며 대단히 큰 협상을 하고 있는 중입니다. 어떻게 될지 두고 볼 것입니다. 한편 우리는 301조의 조치를 취하고 있습니다. 저는 바로 지금, 여기에서 서명할 것입니다. 저는 밥 라이트하이저 대사에게 301조에 관해, 그리고 협상이 어떻게 되어가는지에 대해 한 말씀 해주실 것을 요청합니다.

우리는 이 나라를 위해 여러 해 동안 해왔어야 할 일들을 지금 하고 있습니다. 미국을 이용하려고 한데 모인 여러 나라들과 나라의 그룹들에 의해 이런 악습이 행해져 왔으며, 우리는 이런 일이 발생하는 것을 원하지 않습니다. 우리는 그런 일이 발생하도록 내버려두지 않을 것입니다. 그것이 아마 제가 당선된 이유 중 하나, 어쩌면 주요 이유 중 하나일 것입니다. 하지만 우리는 그런 일이 발생하도록 내버려두지 않을 것입니다.

우리는 지금 현재 전 세계와의 무역적자가 8000억 달러에 달합니다. 생각해 봅시다. 5000억 또는 3750억 달러라고 합시다. 중국과 5000억 달러라고 합시다. 그리고 전 세계와의 무역 적자가 8000억 달러에 달합니다. 그 의미는 중국이 절반 이상을 차지한다는 것입니다. 그래서 우리는 신경을 쓰고 있습니다. 솔직히 말씀드려서 신경을 쓰면 우리는 훨씬 더 강력하고 부유한 나라가 될 것입니다.

'상호적'이라는 단어가 있습니다. 모두가 다 기억하기를 본인이 바라는 단어입니다. 우리는 상호적이기를 바랍니다 — 거울처럼 말입니다. 어떤 사람은 그것을 거울 관세 또는 거울 세금이라고 합니다. 상호적이라는 단어만 사용하지요. 그들이 우리에게 청구하면 우리도 동일한 것을 그들에게 청구할 것입니다. 그것이 결과에 이르는 방식입니다. 현재의 방식이 아닙니다. 여러 해 동안 — 수십 년 동안 — 그런 방식이 아니었습니다.

그리고 저는 미소를 지으면서, 우리가 협상하는 사람들이, 그들이 정말로 '우리에게 동의한다'라고 말할 것입니다. 제가 정말로 믿는 바는 그들이 그토록 오랫동안 이것으로부터 멀어졌다는 사실을 믿을 수 없다는 것입니다.

저는 일본의 아베 총리 그리고 다른 인사들과 대화를 할 것입니다. 대단한 인사들이고 저의 친구들입니다. 그들의 얼굴에는 약간의 미소가 있을 것입니다. 그리고 그 미소는 다음과 같은 뜻을 지녔을지 모릅니다. '나는 그렇게 오랫동안 미국을 이용할 수 있었다는 것을 믿을 수 없어.' 그런 날들은 이제 지나갔습니다.

라이트하이저 대사, 한 말씀해주시기 바랍니다.

라이트하이저 대사 대통령님 감사합니다. 우선 301조를 모르는 인사들을 위해 설명을 드리면 그것은 우리의 무역 상대국들이 불공정한 행위, 정책 또는 관행을 저지르고 있는 어떤 환경하에서 대통령이 시정조치를 취할 수 있는 상당한 힘과 권한을 주는 법규입니다.

이번 경우 해당 분야는 기술입니다. 기술은 아마도 우리 경제의 가장 중요한 부분입니다. 하이테크 지식 분야에서 일하고 있는 사람이 4400만 명에 달합니다. 어떤 나라도 미국만큼 기술 집약적인 산업을 가진 나라는 없습니다. 기술은 진정으로 미국 경제의 미래의 중추입니다.

이런 문제를 고려하여 대통령께서 미국무역대표부에 조사를 실시하도록 지시했습니다. 우리는 철저히 조사했습니다. 청문회를 개최했습니다. 수만 쪽의 서류를 검토했습니다. 우리는 수많은 사업가들과 대화를 했습니다. 우리는 제가 말씀드리는 대로 증언을 했습니다.

우리가 내린 결론은 실제로 중국은 기술이전을 강요하고 경제적 가치 이하로 기술 사용허가를 요구하며 국가 자본주의 정책을 취하고 있다는 것입니다. 그런 속에서 그들은 비경제적인 방식으로 미국의 기술 속으로 들어가고 그것을 구입하며, 마침내는 사이버 도둑질도 합니다.

이 결과를 대통령이 분석하여 왔습니다―우리의 연구보고서는 200쪽에 달하는데, 우리는 그것을 발표할 것입니다. 대통령이 내린 결론은 적절한 제품에 관세를 부과해야 된다는 것입니다―우리는 나중에 거기에 해당하는 제품들이 어떻게 결정되었는지 설명할 수 있을 것입니다. 우리는 첨단 기술에 관한 중국의 투자에 제한을 가할 것입니다. 그리고 WTO에 제소할 것입니다. 여기서 조치 중 하나는 WTO 규칙의 위배와 관련된 것이기 때문입니다.

이는 지극히 중요한 조치이며 우리 나라의 미래를 위해 전 산업에 걸쳐 진정으로 대단히 의미가 있고 중요합니다. 저는 이런 작업을 할 기회를 준 대통령께 진심으로 감사드립니다.

대통령　감사합니다. 다음은 로스 장관께서 한 말씀하시기 바랍니다.

로스 장관　지식재산권은 우리의 미래입니다. 그리고 금년 6월 미국 특허청이 1000만 번째 특허를 결정하는 것은 우연이 아닙니다―1000만 건의 특허. 세계 역사상 어떤 나라도 그렇게 멀리 가지 못했습니다.

그래서 우리가 취한 철강과 알루미늄 조치는 다소간에 현재의 문제를 처리하는 것입니다. 지식재산권에 관한 이번 조치는 미래를 다루는 것입니다. 그래서 우리는 오늘의 문제와, 지금 해결하지 않으면 앞으로 닥칠 문제 모두를 해결하려고 노력하고 있습니다. 그렇기 때문에 이런 조치들은 매우 중요하며 상호 간 조화를 이루는 것이 중요합니다. 제가 보기에 우리는 이런 문제들에 대해 싸움질하기보다 결국 협상으로 끝내야 할 것입니다.

대통령 마이크 펜스 부통령님, 한 말씀 하시겠습니까?

부통령 대통령님 그리고 모든 귀빈들께 감사드립니다. 오늘의 조치는 여기 계신 대통령님과 우리 전 행정부는 미국인의 일자리와 미국 근로자를 우선할 것이라는 명백한 메시지를 보냅니다.

대통령께서 오늘 301조하에 취할 조치는 경제적 항복의 시대가 지나갔음을 명백히 합니다. 미합중국은 미국인의 일자리뿐만 아니라 향후 수십 년 동안 혁신 경제를 작동시키고 추동할 미국 기술을 보호하기 위해 표적을 정한 집중된 조치를 취하고 있습니다. 이는 트럼프 대통령이 한 약속과 지켜온 약속을 한 단계 더 진전시키는 것입니다.

대통령 자 이제 서명을 할 것입니다. 잠깐, 저는 여기 계신 여러분 모두 다 우리가 대단히 중요하고 긍정적인 협상의 한가운데 있다는 것을 아시기 바랍니다. 미국을 위해 긍정적이고 실제로 여타 나라들을 위해서도 대단히 긍정적입니다.

제 바로 뒤에 우리 나라의 위대한 비즈니스 지도자들이 계십니다. 많은 사람이 우리 나라의 지도적인 여성 기업가라고 인정하는 록히드사의 마릴린께 한 말씀 부탁드리겠습니다. 우리는 수십억 달러어치의 아름다운 F-35를 구매하고 있습니다. 그것은 스텔스입니다. 우리는 그것을 볼 수가 없습니다. 맞지요?

휴슨 여사 대통령님, 맞습니다.

대통령　정확한 게 낫지요. 맞습니까?

휴슨 여사　물론입니다.

대통령　마릴린, 한 말씀 해주시지요.

휴슨 여사　대통령님, 감사합니다. 지금은 우리 나라를 위해 대단히 중요한 순간이라고 말씀드리고 싶습니다. 지금 우리는 항공우주와 방위산업을 위해 매우 중요한 일을 하고 있으며, 우리의 지식재산권을 보호하는 조치를 하고 있습니다. 이미 언급된 바와 같이 우리 회사들이 지식재산권을 도둑맞았다면 우리에게 위협입니다. 왜냐하면 그것은 우리 회사들의 생명선이기 때문입니다 그래서 우리는 트럼프 행정부와 미국 대통령이 취한 이번 조치를 대단히 환영합니다. 감사합니다.

대통령　감사합니다, 마릴린. 이는 많은 것 중의 첫 번째입니다. 이는 넘버원이지만 많은 것 중의 첫 번째입니다.
(행정명령서에 서명하다)
감사합니다, 마릴린. 대단히 감사합니다.

휴슨 여사　대통령님, 감사합니다.

편역
●
박행웅

한국외국어대학교 영어과와 동 대학원을 졸업했다. KOTRA 관장(이탈리아 밀라노, 슬로베니아 류블리아나) 및 정보기획처장, 한국출판협동조합 전무를 역임했다.
옮긴 책에 『밀레니엄의 종언』(공역, 2003), 『네트워크 사회의 도래』(공역, 2003), 『인터넷 갤럭시: 인터넷, 비즈니스, 사회적 성찰』(2004), 『네트워크 사회: 비교문화 관점』(2009), 『구글, 유튜브, 위키피디아, 인터넷 원숭이들의 세상』(2010), 『글로벌 거버넌스 2025: 중대한 기로』(2011), 『신국일본』(공역, 2012), 『소용돌이의 한국정치(완역판)』(공역, 2013), 『마누엘 카스텔의 커뮤니케이션 권력』(2014), 『저작권 판매: 성공을 위한 가이드』(2017) 등이 있다.

해제
●
박동철(박안토니오)

서울대학교 국제경제학과를 졸업하고, 한국외국어대학교 외국어연수원을 수료했으며, 미국 오하이오대학교에서 경제학 석사 학위를 받았다. 주EU대표부 일등서기관, 이스라엘 및 파키스탄 주재 참사관을 지냈으며, 현재 정보평론연구소를 운영하면서 한울엠플러스(주)의 기획위원으로 활동하고 있다.
옮긴 책으로 『글로벌 트렌드 2025: 변모된 세계』(2009), 『합동작전환경 평가보고서: 미래 통합군을 위한 도전과 함의』(2009), 『중국과 인도의 전략적 부상: 1997년 금융위기 이후 아시아의 질서 재편』(2010), 『정보 분석의 혁신』(2010), 『글로벌 거버넌스 2025: 중대한 기로』(2011), 『포스너가 본 신자유주의의 위기』(2013), 『글로벌 트렌드 2030: 선택적 세계』(2013), 『창조산업: 이론과 실무』(2015), 『글로벌 트렌드 2035: 진보의 역설』(2017), 『미래의 초석, 네덜란드 교육: OECD가 분석한 네덜란드 교육정책의 강점과 개선 방안』(2017) 등이 있다.

트럼프의 미국 우선주의

ⓒ 박행웅 · 박동철, 2018

편   역 박행웅
해   제 박동철
펴낸이 김종수
펴낸곳 한울엠플러스(주)
편   집 김용진

초판 1쇄 인쇄 2018년 11월 15일
초판 1쇄 발행 2018년 11월 20일

주소 10881 경기도 파주시 광인사길 153 한울시소빌딩 3층
전화 031-955-0655
팩스 031-955-0656
홈페이지 www.hanulmplus.kr
등록번호 제406-2015-000143호

Printed in Korea
ISBN 978-89-460-6561-1 93340

* 책값은 겉표지에 표시되어 있습니다.